业务流程
穿越从概念到实践的丛林

BUSINESS PROCESS

*A Survival Guide to Trekking
Through Concepts and Practices
of Business Process*

陈 果 — 著

机械工业出版社
CHINA MACHINE PRESS

图书在版编目（CIP）数据

业务流程：穿越从概念到实践的丛林 / 陈果著．
北京：机械工业出版社，2024.7（2024.11 重印）．
ISBN 978-7-111-76195-2

Ⅰ. F273
中国国家版本馆 CIP 数据核字第 2024MD8455 号

机械工业出版社（北京市百万庄大街 22 号 邮政编码 100037）
策划编辑：谢晓绚　　　　　　　　责任编辑：谢晓绚
责任校对：郑　婕　张昕妍　责任印制：张　博
北京联兴盛业印刷股份有限公司印刷
2024 年 11 月第 1 版第 2 次印刷
170mm×230mm・24.5 印张・3 插页・246 千字
标准书号：ISBN 978-7-111-76195-2
定价：99.00 元

电话服务　　　　　　　　　　网络服务
客服电话：010-88361066　　　机　工　官　网：www.cmpbook.com
　　　　　010-88379833　　　机　工　官　博：weibo.com/cmp1952
　　　　　010-68326294　　　金　书　网：www.golden-book.com
封底无防伪标均为盗版　　　　机工教育服务网：www.cmpedu.com

本书献给汉普咨询
中国业务流程管理的领路人

| 推荐序一 |

陈果先生是我们复旦大学管理科学系1988级毕业生。他学习成绩好，工作能力强，之后又从港大－复旦IMBA项目研修毕业，提高了理论知识水平，扩充了实践知识。毕业后，他相继在惠普、IBM、波士顿咨询等多家外企担任经理和顾问。2023年9月，他创立了企业知识开源计划。

近期，他完成了这部名为《业务流程：穿越从概念到实践的丛林》的作品。在我国推动工业数字化转型的关键时期，这本书的出版可谓及时雨。该书回顾了过去30多年来业务流程管理理论的发展轨迹：从早期的科学管理到20世纪80年代的精益流程改进，再到90年代后的企业资源计划（ERP）流程集成，以及当前的流程智能自动化，它厘清了业务流程的发展脉络，区分了众多名词的释义。该书详细介绍了基于业务流程的大型企业的商业模式设计、组织变革、流程管控方式，给后来者许多有益的参照。该书也对流程管理具体信息技术应用的架构进行了比较深入的剖析。总之，该书有比较扎实的理论基础，更有从实践中来和比较务实的特点。

该书的最大特点在于它是一部"流程"或"过程"的大汇总之书，书中列举了各种各样的流程和流程图，更可贵的是，其中许多流程图均有实际应用背景，夸大点说，该书可谓给研究者提供了一个流程图库。书中还引入了各种各样的业务流程管理术语，这些术语的译法在我国并未统一，将来很长一段时间内也很难统一。比如BPR，国内部分单位将其误译成企业流程重组，那么"reengineering"中"工程"的意思去哪儿了？该书做出的汇总，不失供读者研究参照的意义。

本人强烈推荐大家阅读该书，谢谢！

薛华成

复旦大学管理科学系前系主任、教授

2024年3月3日

| 推荐序二 |

    I am excited to see this book on process management from George Chen for several reasons. Primary among them is that the book suggests a rebirth of thinking about how a process orientation benefits businesses. A generation ago, process management and process reengineering were very popular in large organizations around the world. And no wonder: process redesign and the management of large, end-to-end processes were unmatched at aligning work in the direction of customers and coordinating work across departments. Process reengineering encouraged companies to re-imagine how these processes work, bringing the information technologies of the time to bear. Reengineering enjoyed many successes, although in the US it sometimes devolved into mindless job cuts.

    Perhaps for that reason, it fell out of fashion in many companies.

In addition, process thinking required a "left-to-right" focus, in the direction of customers, putting it at odds with more traditional functional and hierarchical "top-down" management. Employees wondered, "who do I report to, the process manager or my line manager?" For many companies the benefits were not worth the effort required to resolve the management conflicts.

As George Chen describes in this book, however, a process isn't complicated. It's simply a sequence of tasks to create a specified outcome. Its value is in understanding how the sequence of tasks fit together and making improvements. It applies at multiple levels—from work performed by individuals or a small work group, key activities within a department, and to end-to-end processes that cut across the organization.

Process management has a long history, some of which is detailed in this book. It includes Frederick Taylor's work in measuring and improving physical labor tasks, Walter Shewhart's introduction of statistical quality control, W. Edwards Demings' efforts to improve quality processes and their extension into "Total Quality Management", the radical change-focused business process reengineering movement of the 1990s, and most recently, the Six Sigma and Lean approaches to incremental process improvement. I am a proponent of all types of process improvement and management, although business process reengineering is the only one that addresses broad, end-to-end processes. Some liken digital transformation to process reengineering, but most of these transformation programs have lacked a structured, measured approach to improving and managing operations.

Although there are important differences among these approaches, the fact that the notion of process keeps reappearing in business is testimony to its importance. There is a permanent need in organizations to improve operational performance, and managing processes is a reliable way to do so. Process thinking may have been somewhat less popular over the past couple of decades, but today I believe that a "new process calculus" is emerging and that it is time for senior leaders to put process management back on their radar screens. Much of that calculus ultimately stems from technology: both technologies that reduce the tedium of process management (such as process mining) and potentially game-changing technologies such as AI that are easier to implement when processes are well-defined and managed.

The availability of these new technologies is a key reason that companies should return to large-scale process management today. A lack of technology support—particularly in incremental process improvement approaches like Lean and Six Sigma—contributed to the decline in popularity of process thinking. Specifically, several new technologies have made business processes either easier or more beneficial to manage. They include process mining and process intelligence, process design tools, business process management systems, and AI for process improvement and enablement. This book is one of the first to consider how these new tools can benefit process management in organizations.

Process management can also improve productivity. Key to productivity gains is to measure and improve business processes, employ intermediate metrics in cycle time and error rates, and ultimate measures in money saved or earned. And because of new technologies, measurement of process performance is increasingly becoming automated. Better managing and improving processes increases productivity by reducing error rates, cycle times, and work that doesn't contribute to desired process outcomes. And new technologies help increase scale, further boosting productivity.

George Chen's book suggests that the motivations for companies to employ process management are higher and the difficulties of doing so are lower than ever before. On the motivation side, there is a virtuous cycle among productivity gains, easier implementation of technology, and better data; on the difficulties side there are numerous technologies that make the work more palatable. Those organizations that have consistently applied process thinking to their operations have reaped the benefits.

It is not just in China that process management is succeeding. In

Europe, companies like Siemens, BMW, and Reckitt have had process management in place for many years. Siemens, despite having a highly decentralized set of business units, has pursued common processes and much more digitized and efficient process designs in areas like order management and purchase-to-pay. BMW has standardized most of its global production processes, which used to vary greatly around the world, and is now focused on support process optimization. The consumer products company Reckitt has combined the organizations for process excellence, process mining, and process automation under an overall banner of digital transformation.

In North America, a number of companies have discovered or rediscovered process management, but are somewhat less likely to be addressing a broad range of processes. Instead they are often focusing on a particular process domain in order to achieve savings and time reductions. Uber (customer service processes), Pepsico (accounts receivable and payable processes), Cardinal Health (order management), Johnson & Johnson (supply chain) and GE Healthcare (financial processes) are examples of organizations that have made significant improvements across major processes.

In short, process can be the unifying link among people, technology, data, analytics, and AI—and marshal them to improve business performance. It can orchestrate a marriage of sorts among these different resources. Process needs to lie at the core because it is how organizations deliver value to customers. Like most good marriages, there will be plenty of challenges to work through. So, it is time for senior managers to put "process" back on their radar screens and to begin to sort out how to make it work in their companies.

After reading this book carefully, organizations that are serious about transforming their operations with AI or who need to dramatically improve their cost or quality positions should strongly consider a major process effort. Process management is the right answer for companies and government organizations that believe that the efficiency and effectiveness of their operations, and how they deliver high-quality outcomes to customers, are critical to their success. It's also very helpful for organizations who wish to get substantial economic value from their technology investments. Of course, each of these things should be true of every company. I hope that the book is widely read across China and the world.

Thomas H. Davenport

Distinguished Professor, Babson College and Fellow, MIT Initiative on the Digital Economy Author of *Process Innovation*, *Competing on Analytics*, and *All In on AI*

我很高兴看到陈果写的这本关于流程管理的书，原因有几个，其中最主要的一点是，这本书重新提出了流程导向如何使企业受益的思考。流程管理和流程再造曾在世界各地的大型组织中非常流行。毫无疑问，流程重设计和对大规模、端到端流程的管理，在以客户为中心来对齐工作以及跨部门协调工作方面是无与伦比的。流程再造则鼓励公司利用当时的信息技术重新设想流程是如何运作的。流程再造取得了许多成就，尽管在美国，它有时会演变成盲目的裁员。

也许正是因为这个原因，流程再造在许多公司已经不再流行了。此外，流程思维需要以客户为导向、横向贯通的关注，这与传统的职能上和层级上"自上而下"的管理模式相矛盾。员工们想知道："我向谁汇报工作，是流程经理还是直线经理？"对许多公司来说，解决管理冲突所需付出的努力并不值得其所带来的收益。

然而，正如陈果在这本书中所描述的，一个流程并不复杂。它只是创造特定成果的一个任务序列。流程管理的价值在于理解任务序列如何组合在一起，为企业带来改进。它适用于多个层级——从个人或小型工作组执行的工作、部门内的关键活动，到跨组织的端到端流程。

流程管理有着悠久的历史，该书有一些详细介绍，包括弗雷德里克·泰勒在测量和改进体力劳动任务方面的工作，沃特·阿曼德·休哈特对统计质量控制的采用，威廉·爱德华·戴明改善质量流程的努力及以此为基础的"全面质量管理"的诞生，20世纪90年代激进的以变革为中心的业务流程再造运动，以及最近的为了持续改进流程的六西格玛和精益管理方法。我是所有类型的流程改进和管理的支持者，尽管"业务流程再造"是目前唯一一种处理广泛的端到端流程的方法。有些人将数字化转型比作流程再造，但大多数转型项目缺乏结构化的、可衡量的方法来改进和管理运营。

尽管这些方法之间存在重要的差异，但流程的概念在企业中不断出现的事实证明了它的重要性。在组织中，提升运营绩效是一种永久的需求，而管理流程则是满足这种需求的可靠方法。在过去的几十年里，流程思维的普及度可能有所下降，但是今天我相信一种"新的流程演算"正在出现，高层领导者是时候再次重视起流程管理的作用了。这种演算在很大程度上最终源于技术，既有可以减少流程管理枯燥乏味的技术（如流程挖掘），也有可能改变游戏规则的技术（如人工智能），当流程被明确定义和良好管理时，这些技术更容易实施。

这些新技术的可用性是当今企业应该回归大规模流程管理的关键原因。缺乏技术支持（特别是在像精益管理方法和六西格玛这些增量流程改进方法中）导致流程思维的普及度下降。具体来说，一些新技术使业务流程更容易管理或能产生更多收益。它们包括流程挖掘和流程智能、流程设计工具、业务流程管理系统，以及用于流程改进和流程实现的人工智能。这本书正是率先考虑这些新技术如何使组织的流程管理受益的代表作。

流程管理还可以提高生产力。提高生产力的关键在于衡量和改进业务流程，并且在处理时间和错误率方面应用过程性指标，在成本节降或利润提升方面应用结果性指标。由于新技术的出现，流程绩效的衡量越来越自动化。可以通过降低错误率、缩短处理时间以及削减不能产生预期流程结果的工作来更好地管理和改进流程，从而提高生产力。新技术有助于扩大规模，进一步提高生产力。

陈果的书表明，当前企业采用流程管理的动机比以往任何时候都要强烈，而这样做的难度比以往任何时候都要低。在动机方面，生产力的提高、更容易的技术实施和更好的数据之间存在一个良性循环；在困难度方面，有许多技术使工作更容易开展。那些始终如一地将流程思维应用于其运营的组织已经从中获益。

流程管理不只在中国正在取得成功，在欧洲，西门子、宝马和利洁时等公司已经实施流程管理多年。尽管西门子的业务单元高度分散，但它在诸如订单管理、采购到付款等领域一直追求通用流程以及更加数字化和高效的流程设计。宝马已经将它在全球的大部分生产流程标准化，这些流程过去在世界各地的差异很大，宝马现在专注于支持性流程的优化。消费品公司利洁时在数字化转型的大旗下，将流程卓越、流程挖掘和流程自动化的组织整合起来。

在北美，许多公司已经发现或重新发现了流程管理，但它们不太可能处理广泛的流程，相反，它们通常专注于特定的流程域，以实现成本节降和效率提升。优步（客户服务流程）、百事可乐（应收账款和应付账款流程）、卡地纳健康（订单管理）、强生（供应链）和通用电气医疗（财务流程）都是在主要流程上取得重大改进的案例。

简言之，流程可以是人员、技术、数据、分析和人工智能间的纽带，可以将它们组织起来以提高业务绩效。它可以协调这些资源之间的各种"联姻"。流程需要处于核心位置，因为它是组织向客户交付价值的方式。就像大多数美满的婚姻一样，这里的"婚姻"也会有许多挑战需要克服。因此，高级经理们是时候再次重视起"流程"，并思考如何让它在企业中发挥作用了。

在仔细阅读了这本书之后，那些认真考虑用人工智能来改变它们的运营，或者需要显著改善其成本或质量状况的组织，应该着重考虑流程管理努力的重点。对那些相信运营的效率和有效性以及向客户交付高质量成果对其成功至关重要的公司和政府机构来说，流程管理是正确的答案。对希望从技术投资中获得巨大经济价值的组织来说，它也非常有帮助。当然，这应该适用于每一家公司。我希望这本书在中国乃至世界各地被广泛阅读。

托马斯·H. 达文波特

巴布森学院杰出教授、麻省理工学院数字经济倡议研究员、

《流程创新》《基于大数据分析的竞争》

《全情投入人工智能》等书的作者

| 序 |

有一位快速发展的中型企业的董事长曾向我抱怨：公司越做越大，规模从几百人发展到了几千人，现在内部要协调一件事情，动不动就在微信上拉个群，每个人都有好几百个工作群，看不过来。所以他觉得公司里有必要搞业务流程。实际上，他揭示了业务流程的真谛——从非结构化的信息交流、工作协作和组织管理，到采用标准化、结构化的流程管理！然而，企业要玩转业务流程却并非易事。

我念大学时学写计算机程序，为了说明程序处理思路而画流程图，这是我与"流程"这个词的初步接触。后来我做了二十多年的管理咨询和 IT 咨询工作，从入行第一天起就在做给客户"梳理业务流程"的事情。我理解的业务流程就是一串活动或任务，按照时间顺序进行的进程排列，这个进程有触发/停止条件及流向规则。从事企业信息系统实施咨询工作，项目开始时一定要和客户列一个"流程清单"，从而明确目标系统所覆盖的业务范围。这个"流程清单"

要有分级编目，第一级对应到软件的大模块，如财务、生产、销售；第二级对应到软件的小模块，如财务－总账、财务－应收、财务－资产会计，最多再往下细分一级。过了若干年，我发现人们开始把这个清单叫"流程框架"或者"流程架构"这类看起来有点高深的词。

我是国内最早接触并实践将大型业务流程管理工具和ERP实施相结合的顾问，不过那时候这种尝试并没有带来理想的效果。如何解决流程规划和流程实施"两张皮"的问题困扰了我很多年。再后来，由于工作涉及大型企业的多个系统的复杂集成，我开始接触到更偏技术集成方案而非业务设计的业务流程管理（BPM）平台、企业服务总线（ESB）软件以及企业系统的服务导向型架构（SOA）等工具。

随着见识增长，我开始注意到工作流、业务流程、业务流程分级、业务流程管理等词语的含义在不同语境下有微妙的区别。最近这些年我感觉自己在"业务流程"这个课题上与企业管理者进行沟通时遇到了越来越多的困扰，越来越难以在咨询项目中去交付业务流程相关的工作了。因为似乎我遇到的每家企业、每个客户，对于什么叫"业务流程"并没有一个通用、明确的定义。有些客户认为业务流程就是管理制度和权限审批，有些客户要求要画出企业从一级流程到六级流程完整的流程地图，有些客户要求业务流程图画得越详细越好，三级不够要细到四级，四级不够要细到五级，这样程序员拿着画出来的流程图就能直接写代码了。

幸好我在全世界可能最以"业务流程管理规范"而著称的一家

美国公司工作过11年，所以我对业务流程的理解，并不仅仅是根据二手信息想象的结果，它更来源于我的切身体验和亲身实践。我曾任职的部门每年都要进行一次线上的流程培训和考试，每次共有十多门课，学完每门课需要半小时到一小时，课程涵盖与本部门工作相关的课题，涉及销售、采购、合同处理、项目交付、项目财务、风控合规、数据安全等领域的流程和制度。所有课程上完后要参加线上考核，成绩合格才能上岗。在这家公司的日常工作中，凡事都得问"这件事的流程是什么"，尤其在涉及客户报价、合同订单、开票收款、期末关账等合规性要求高的业务环节，员工能深切感受到流程的"压迫感"。我在这家公司工作期间，还多次遇到ERP系统、CRM系统的实施上线，得以从流程的直接用户而非外部人员的视角来近距离观察这家有几十万名员工的跨国公司是怎样定义流程、怎样描述流程、怎样保证流程实施，以及怎样管理流程的。

在启动本书的写作时，编辑和我讨论了目前市面上可以买到的与业务流程管理相关的中文图书，我感觉这些书大致可分为以下三类。

第一类是培训派，这类业务流程管理图书的数量最多，其作者基本是面向小微企业做管理培训的培训师，这几年他们宣传的主战场已经从机场书店转战到抖音和视频号了。其主要观点是将业务流程等同于企业管理制度或者岗位操作规范，"管理就是走流程"，强调权限、审批一类的控制手段。虽然这类书用了"业务流程管理"这个词，其内容还常和阿米巴、股权激励等小微企业主喜闻乐见的话题交织在一起，有一些江湖味，但是它们所谈论的流程管理和大企业说的"流程管理"差别很大。

第二类是理论派，这类业务流程管理图书的数量不多，但是在市面上的影响力较大，其作者研究过国外业务流程管理理论以及诸如美国生产力和质量中心（APQC）、国际供应链理事会（SCC）等国外流程管理组织所倡导的实践，和第一类的作者相比，他们对业务流程基本概念的掌握基本准确。然而，这类书的作者大多缺乏对ERP等企业管理核心系统和BPM技术实现手段的了解，欠缺对大型跨国公司流程管理的亲身体验。因此，当他们谈及业务流程理论如何应用于实践时，就流于培训派风格了。

第三类是工具派，和前两类失于臆想或空洞的作品相比，这类书的作者大多有国内大企业的流程管理实践经历或者应用BPM软件的经验。但由于中国企业BPM的应用基础大多较为薄弱，甚至某些自称数字化转型成功的大中型企业也是如此，因此在我来看很难说有流程管理的"最佳实践"，所以这类书的主要关注点在流程模型的文档管理上，对于智能工作流以及企业自动化等流程数字化应用还缺乏深入观察。此外，对于业务流程与运营优化之间的关系、人力资源设计与组织变革之间的关系，这类书的作者欠缺明确的思路，他们关注"对流程的管理"胜过"用流程来做管理"。

要想准确理解企业管理领域的"业务流程"究竟是什么，可以从这个名词的发展史着眼。业务流程在全球范围内管理界的关注度经历了几起几落。管理咨询公司贝恩持续了30年，每两年左右开展一次企业管理工具调研，其 2023 年研究结果显示，业务流程再造（BPR）在上千家受访企业中被提及的使用率，已经从 20 世纪 90 年代初的 70% 下降到了今天的不到 20%，也就是说，今天每五家企业中只有不到一家认为自己把 BPR 当成管理工具。不过，作为管理工具的 BPR 的用户满意度却一直保持稳定，甚至还略有上升。今天，全球企业管理者对业务流程这个话题兴趣下降，可能是因为经历了过去二十多年企业级信息技术应用的发展，很多大型企业自身的业务流程已经比较成熟了。相比其他新兴的管理课题，例如数字化转型、供应链管理、员工体验、多样平等包容等，业务流程在企业内得到的关注确实在减少，它的相对优先级也在下降，最多被认为是一个企业信息技术应用的课题，它所体现的管理思想的先锋度已经今非昔比。

学者们认为业务流程可以追溯到亚当·斯密提出的专业化分工，弗雷德里克·泰勒的科学管理理论和亨利·福特的生产流水线，这些思想和实践使作业标准化和分工协作成为现代管理的基础，也就是业务流程的雏形。秉持科学管理理念的美国工程师们发明了简化工作任务的"流程图表"，创造了"流程"这个名词。第二次世界大战后，流程图被用于质量管理，美国工程师将其带到了日本，在丰田等日本制造业企业发扬光大。20 世纪 80 年代后期，从全面质量管理发展起来的以"自働化㊀"（Jidoka）和"准时制生产"（JIT）为特

㊀ "働"为日文汉字，在精益管理中，"働"强调人力与机器的最佳结合，故本书保留了对"働"的使用。

征的丰田生产方式从日本传到美国，并衍生出了六西格玛、精益改进等管理方法，它们都是业务流程在运营管理中的应用。

20世纪60年代后，欧美管理学领域内科学管理理论和人本管理理论交错发展，企业管理者从资本家转型为职业经理人的企业治理模式更改造了资本主义社会。20世纪80年代末90年代初，由职业经理人领导的改变职能割裂状况，以信息技术来促进横向协作从而对企业组织进行激进式变革的"业务流程再造"管理理论横空出世，使业务流程正式成为盛极一时的主流管理学名词。在这个阶段，BPR理论的火爆催生了以ERP系统为代表的企业软件千亿美元规模的市场，产生了Zachman、ARIS等将业务模型和信息系统联系起来的企业架构（EA）理论，欧美大公司争相推行整合企业职能信息的ERP系统。

然而到了20世纪90年代末，由于一些不成功的BPR案例的负面影响，加之员工和中层经理不信任BPR，BPR背负了"砍人不增效"的恶名，在管理界被"千夫所指"，三位BPR理论奠基者甚至在媒体上公开发表了对BPR理论的反思，业务流程管理进入了低潮期。2010年前后，跨国公司全球化运营的发展，以及互联网技术演进和流程技术标准建立背景下工作流技术的普及，使共享服务转型，业务流程外包盛行，业务流程管理的理念复兴，重新成为企业管理领域的热点。

最近几年，管理扁平化、敏捷组织、大平台小组制等后工业化时代的组织理念在欧美企业兴起，而具有工业化时代特征、强调预设规则和结构化任务的业务流程思想在新的组织环境下再次显得不合时宜。在信息技术上，智能体和业务环境相互学习，自动生成内容，已成为人工智能新的业务应用形式，业务流程数字化将呈现出不同于传统信息系统业务流程的新形态。

业务流程是从欧美传进中国的管理思想和方法，在我的印象中，"业务流程"一词在国内是2000年以后才普及的。在此之前的20世纪90年代，process一直被翻译成"过程"，当时中国最热门的引自西方现代企业管理体系的ISO 9000质量管理体系，其八大核心原则之一"process approach"被翻译成"过程方法"，而business process在ISO 9000的话语体系里被叫作"业务过程"。

2000年后国内开始出现管理咨询和ERP实施，管理咨询顾问习惯把business process叫作"业务流程"，"业务流程"这个说法由此才在中国企业管理界普及起来。当时举起中国IT咨询旗帜的汉普创造了"管理流水线"的说法，这个画面感很强的名词对"业务流程"在中国管理界的普及起到了很大作用，而那个时代IBM咨询在市场上卖IT咨询的套路——"战略—组织—流程—系统"连贯的企业转型四段论，可以说影响了一代咨询顾问和企业管理者，使流程在企业管理体系中的定位深入人心。

管理理论和IT技术的市场生命周期有个规律——炒作周期和实用性周期有若干年的时间差。业务流程管理在中国企业界的炒作高潮期是2010年前后，当时很多大中型企业推行了业务流程建模系统，同时ERP应用也到达一个高潮。

很多人认为ERP系统就是业务流程管理系统，还有人以为光靠业务流程建模系统就能够落地业务流程，而实际情况和他们所认为的差距很大，ERP里本身并没有业务流程。ERP是一个在线事务处理系统，它保存了业务流程相关的业务对象（例如客户、订单、物料等）信息和事务记录，但是并不记录流程信息。而BPM系统本来被期望处理流程的建模、实施、执行和运维全过程，最后却变成了画流程图和制作流程文档的工具，流程模型与信息系统运行和实际业务活动之间"两张皮"的问题无法解决。

最近这些年，市场上对业务流程的炒作和前些年相比进入了低潮期，可能这正是流程管理类企业应用进入成熟期的信号。虽然企业管理者对于流程管理有很多概念上的模糊认识，但是流程在企业管理中的地位却越来越稳定，"流程"这个词频繁出现在期望业务运营稳定、标准、可控的领导口中。在中国企业走向组织成熟和管理成熟的过程中，越来越多的企业领导者在寻求从"拉个群"到流程管理，他们在如何识别流程、保证流程得以施行方面还存在着很多困惑。

在我的咨询生涯中，既有成功推动流程变革的案例，也有很多无法推动变革，颇觉郁闷的案例。我曾帮助过多家企业设计产销协作流程，成功地实现了营销、计划、生产和供应链的联动，提升了库存周转率，提高了准时交付率。我也遇到过有家大型企业为了加强对战略性大客户的营销，专门成立了一个部门，负责推进企业各条产品线在战略性客户营销上的协同作战，而我认为这本来应该是一套"战略性大客户"营销的业务流程变革，应对现有企业客户销售体系进行优化，而不是单搞一套系统，单拉一个部门造成组织内部新的割裂。

"业务流程管理"作为一个企业管理名词有两层含义。一是"对业务流程的管理"，流程管理是企业的职能管理职责之一，通常属于信息管理部门或者数字化部门，有些企业也将其牵头职责放到质量管理部门、财务部门、人力资源部门或者战略管理部门，对业务流程进行管理的具体流程如下。

- 流程识别：识别企业有哪些业务流程。
- 流程建模：构思每个流程具体长什么样子，用流程图来建立模型。
- 流程分析：分析流程存在什么问题，怎么改进。
- 流程部署：流程如何实现，需要用什么工具来自动化运行。
- 流程监控：怎样保证理论上的流程在实际运行中符合预期。

二是"用业务流程来进行管理"，业务流程是一种工具和方法，它最终要应用于具体的业务环境，可以从三个视角来看业务流程的应用：运营管理视角、组织管理视角和信息技术应用视角。

- 运营管理视角：质量控制、六西格玛和精益改进。
- 组织管理视角：组织效能、组织变革、运营模式、运营转型、企业风控管理和内部控制合规等。

- 信息技术应用视角：基于流程来实施ERP、业务流程管理，并且利用人工智能等新技术实现"管理流水线"的全面自动化。

本书覆盖了上述内容，希望能带领企业管理者和业务流程的执行者穿越纷繁复杂的业务流程名词、理念和实践的丛林，找到自身实现现代化业务流程管理的道路。

最后，感谢望繁信科技提供了流程挖掘的写作素材，神策数据提供了客户旅程编排的相关素材，在写作过程中，我还参考了华为、IDS Scheer、微软、SAP和IBM等公司的公开资料。

目 录

推荐序一
推荐序二
序

第 1 章　什么是业务流程　/ 1

1.1　流程和业务流程概念辨析　/ 5

1.2　活动链都是流程吗　/ 15

1.3　流程识别　/ 25

1.4　流程建模　/ 45

1.5　流程绩效和对标　/ 70

1.6　用户旅程和流程　/ 78

第 2 章　纵览业务流程管理　/ 93

2.1　流程管理的起源　/ 98

2.2　BPI：流程改进　/ 106

2.3　BPR：业务流程再造和再设计　/ 116

2.4　BPE/BPM：流程工程和流程管理　/ 129

2.5　企业架构　/ 141

2.6　流程管理的治理机制　/ 151

2.7　变革管理　/ 170

2.8　中外流程管理文化比较　/ 181

第 3 章　用流程来做管理　/ 189

3.1　商业模式　/ 193

3.2　运营模式　/ 200

3.3　组织协作　/ 214

3.4　结构转型　/ 226

3.5　风控合规　/ 240

3.6　绩效提升　/ 251

3.7　基于流程的成本　/ 263

第 4 章 流程管理数字化 / 275

4.1 流程管理技术栈 / 279

4.2 业务应用软件 / 300

4.3 从流程管理到自动化 / 312

第 5 章 流程智能 / 327

5.1 什么是流程挖掘 / 331

5.2 流程挖掘的应用 / 335

5.3 任务挖掘 / 345

5.4 流程智能的发展 / 348

写在后面 / 359

参考文献 / 361

第 1 章

什么是业务流程

CHAPTER 1

我思故我在。
——笛卡儿

哲学里的"形而上学"关注超越经验和感知的抽象层面的问题，如存在的本质、实体的属性、关系和原因等，它可以追溯到古希腊哲学，"形而上"是"在形式之上"或"超越现象之上"的意思。形而上学的研究对象包括整个宇宙和实体的本质、现实的结构，以及抽象的真理、目的、原因、概念和原则，它包含多个子领域，包括宇宙论、存在论、时间论、自然哲学、心灵哲学等，其中，存在论研究存在的本质、存在的种类以及实体之间的关系。

　　"业务流程"就是将企业或组织放在存在论的镜头下，来抽象描述其存在：业务流程是组织的各个实体之间的关联和存在的体现，它在本体上定义了组织内部各个实体的角色、关系和活动。通过业务流程，组织能够清晰地描述内部的实体之间如何相互作用、依赖和协同工作；业务流程不仅是对组织运作方式的抽象，更是对组织本体结构的映射，为实现组织的目标和完成组织的任务提供了有序的结构和指导。

然而，流程究竟是什么，它为什么会存在，它在企业内以什么方式存在？如何识别流程并描绘流程？对此中国管理界有各种说法，例如有一些流程专家认为："流程是一系列活动的连接和流转，这些活动可分为两类，一类是管控活动，涉及各级别和各部门经理人的决策、审批、评审、会审、签字、授权、批准等，另一类是专业活动，即真正让产品和服务产生、流转并交付的活动，比如市场调研、设计、制造、发货等。"流程设计是对这两类活动的交错排列、连接。

这个说法符合很多中国企业对流程的理解，或者说对"流程"这两个字的字面意思的理解。不过流程这个概念是个舶来品，因此中国流程专家的方法论和国外的业务流程管理方法论有所不同，这就造成一个问题：如果要面向实施的话，流程管理本身是个极具工程化特点的体系，事件、活动、数据、表单、角色、控制流、组织单元等流程对象都需要进行标准化定义，怎样保证按照中国流程专家的方法论做出来的流程模型，能够在主流的业务流程管理软件里落地呢？

所以我觉得有必要先讨论流程和业务流程的基本概念。

1.1　流程和业务流程概念辨析

业务流程建模标注（Business Process Modeling Notation，BPMN）对业务流程的定义是：一个业务流程由为了配合一个组织性或技术性环境而开展的一系列活动组成。这些活动共同实现一个业务目标。（A business process consists of a set of activities that are performed in coordination in an organizational and technical environment. These activities jointly realize a business goal.）

业务流程再造最有名的倡导者托马斯·H.达文波特对流程和业务流程的如下定义被广泛引用：

流程是一组结构化且可度量的活动，旨在为特定客户或市场产生特定输出。它强调了如何在组织内完成工作。（A process is a structured, measured set of activities designed to produce a specified output for a particular customer or market. It implies a strong emphasis on how work is done within an organization.)

业务流程是"为实现已定义的业务结果而执行的一系列逻辑上相互关联的任务"。(Business process is defined as "a set of logically related tasks performed to achieve a defined business outcome".)

"流程"和"业务流程"是不是一回事？我们先来咬文嚼字一下。

先说"流程"，一般认为这个词来自英文单词 process，而这个英文单词的词源是拉丁语 processus 或 processioat，拉丁语含义是指一个已完成的事情所执行过的动作，及其完成的方式。因此，流程是一组相互关联的任务和活动的集合，这些任务和活动是响应流程的使用者为实现特定结果的事件而启动的。流程在我们身边无处不在，它是所有涉及时间、空间和运动等概念的行为的基础。

process 这个英文词常被翻译成"过程"，在使用网易有道或者百度翻译等翻译软件把 process 翻译成中文时，"流程"和"过程"是被混用的，这常给读者带来困扰。20 世纪 90 年代"业务流程"这个词在中国还未开始流行时，在企业管理领域里很流行的业务流程改进标准和质量管理体系 ISO 9000 就把 process 叫作"过程"。这个叫法一直流传至今，直到今天在中国质量管理界还习惯将 process 叫作"过程"而非"流程"。

流程这个词用在企业管理语境里，最早是制造企业为了描述作业规范和岗位协作而产生的，其含义与另一个中文词"制造工艺"接近。化工业等没有物理变形的连续性制造的行业被称为process industry，常被翻译成"流程工业"，以示与机械行业这样有物理变形的"离散制造"行业的区别。对制造工艺（即制造过程中使用的设备、步骤顺序、加工参数等）的开发设计，在流程工业里常被叫作"过程工程"（process engineering），也有叫"工艺工程"的，化工厂的生产线控制系统称为process control system，即"过程控制系统"或"工艺控制系统"，也有些叫作"流程控制系统"，离散制造型企业的"工艺规划"也是来自英文process planning。这些词中process的含义和业务流程中"流程"的含义有些微差别。在上述语境里，中文的流程、过程、工艺等意思其实是一样的。

另外，英文里有很多和process意思接近的词，翻译成中文时经常和"流程"混用。在组织业务运营的具体任务执行中，一连串的标准化动作和规定操作程序，例如麦当劳餐厅服务员炸薯条、做汉堡的过程，叫"标准操作规程"（Standard Operating Procedure，SOP），这里的P代表procedure，它算不算流程呢？很多管理学者和经理人把SOP也归为流程的一种类型，即任务级的流程，SOP通常用文档而不用流程图的形式表达；不过，实际在中文应用中"规程"和"流程"常是混用的，没有很严格地区分。另外一个经常产生混淆的名词是"流"（flow），中文"流"和"流程"字面上相近，也常混用。在business process这个词组没被发明前，第二次世界大战前后，欧美制造业的工业工程专家们就发明了描绘工作过程的图表，被称为"流图"（flow chart），即现在的流程图的前身，"流程图"和"流图"两个词在实际使用中也没有严格区分。流的另一个组词是"工作流"（workflow），工作流是业务流程数字化在执行层级的实施方式，可以认为它是一个 IT 系统。可以说，"流"是"流程"的一种表达和实现方式。

"业务流程"在"流程"前加了"业务"二字，这里的"业务"来自英文 business，"业务流程"通常对应于英文 business process。英文词组 business process 产生于何时也不太可考，我的观察是"流程"这个词自 20 世纪 40 年代制造业的工作简化、标准化以来开始普及，而"业务流程"作为一个企业级管理名词被广泛接受和传播则是从 20 世纪 80 年代末的"业务流程再造"开始的。business 这个词在英文里有"生意、业务、公务、商业、公司"等多个含义，不同语境下的 business，在中文翻译中经常产生歧义，例如 2000 年前后 IBM 的宣传口号说企业信息技术应用的战略方向是 e-business，这个词在大众传播时的官方翻译是"电子商务"，这和意指在网上卖东西的线上零售的"电商"或"电子商务"（e-commerce）之间产生了广泛的误会。实际上，IBM 用的是 e-business 这个词的本义"企业数字化"，business 代表企业，不仅指卖东西、做生意，也包括企业内部的财务管理等活动，就相当于今天人们说的"数字化转型"。

如果把 business process 翻译成"生意过程"，可能会把很多人搞懵。当"process"前加上了 business 时，business 这个词在这个语境里的本义究竟是指公司里的事务，即"业务"，还是指公司本身呢？是不是把"业务流程"翻译成"公司流程"，更能代表30多年前托马斯·H.达文波特等人在发明业务流程再造（BPR）这个词时，强调公司级而非职能级的变革的本意？

今天，业务流程这个词已经流传甚广，其微妙含义却有诸多混淆，我们来正本清源：business process（业务流程）指的是企业内相互连接的核心任务和活动，这些任务和活动可以分类和分组，如管理类、运营类、支持类。在管理语境下，说到"业务流程"这个词时就包含了三层意思的集合。

1. 宏观层

对企业等组织的存在形态的抽象描述，用来说明其业务运行的操作集。例如企业涉及研发、制造、交付、营销、服务、财务等业务，或者营销部门涉及产品规划、渠道开发、品牌宣传等业务。这个抽象模型通常被称为"价值链"，即"企业价值链"或"营销价值链"。价值链是企业衔接业务战略和组织运行的结构性设计。

2. 中观层

对宏观层业务操作集中的每项业务进行的逐一展开的详细描述。这样的描述通常用可视化的业务流程图（即前文说的"流图"）来说明，例如事件驱动流程链（Event-driven Process Chain，EPC）、BPMN等都是画业务流程图的标记规范。中观层的业务流程可以按流程、子流程来进行详细度嵌套，这个抽象模型就叫"流程"（process），可以对应到前文说的"流程"这个词的概念。对一个流程内容的文本描述，应该包含代表组织角色的代词、代表对象的名词、代表活动或任务的动词、代表状态的形容词，例如，"张三审批了订单，订单被审批通过"。

3. 微观层

对中观层的活动或任务所拆解到的最细层面，也是整个业务流程里最小颗粒度的信息记录。在对最小颗粒度的名词定义上，不同的流程理论流派会采用不同的词语，有些叫职能（function），有些叫活动（activity），有些叫任务（task），还有些叫步骤（step）、操作（operation）、事务（transaction）等。不同语境下常有概念混淆，一般来说"职能"和"活动"的意思比较接近，而"任务"是比"活动"和"职能"更细一级颗粒度的动作。例如"把大象放进冰箱里"叫活动，而"打开冰箱门""把大象放进去""关上冰箱门"则叫任务；或者"通知客户"叫活动，而"打电话通知""发微信通知"则叫任务。微观的业务流程可以用 EPC、BPMN 等结构化信息的标记规范来表达，但由于拆解到最小颗粒度的可视化流程可能已经很难阅读了，所以用文本、图片等非结构化信息的文档来表达可能更便于开发和使用。

综上所述，在严格意义上"业务流程"这个词相对公认的定义是"价值链+流程+任务"的集合。这就是"流程"和"业务流程"

这两个词的概念区别——"流程"是"业务流程"的一个部分。不过，在实际表达中，"流程"和"业务流程"经常没有太严谨的区分，至少在口头表达上是经常混用的。

在一些中国公司的管理语境里，这两个词之间有细微差别，同时，这些语境下"流程""业务流程"等所表达的意思，又和主流的业务流程管理理论里的意思有所区别。例如，一些管理培训讲师将岗位职责或者SOP叫作"业务流程"；又如，很多中国公司习惯将办公自动化（OA）中的审批流称为"流程"。有一派国内理论将采购到支付、生产计划等业务运营过程称为"业务流程"，而将审批流称为"管理流程"，以示和他们说的"业务流程"相对应。请注意，他们说的"管理流程"和流程分类里说的"管理流程"又是完全不同的概念。表达上的混乱常造成沟通误会，例如"流程挖掘"（process mining）常被误解为针对审批流程的发现，而不是针对业务活动的发现，当你给对方解释清楚"流程挖掘"的含义的时候，对方会说，你这个不叫"流程挖掘"，而应该叫"业务流程挖掘"，可是英文里还真没有"business process mining"这种表达方式。

在辨析了"流程"和"业务流程"的字面意思及其在企业管理语境里的常用含义后，为了叙述方便，同时符合读者的语言理解习惯，本书后文对这两个词不做刻意的区分，如无特殊说明，两个词可以互换使用。

我们再从本体论的角度，对构成流程的要素做个深入描述，在工程化流程建模方法里，还可以对这些要素做进一步的模型细化。

- 流程分类和分级：根据流程抽象的颗粒度以及流程所属的业务领域来组合，可分为流程域（流程类）、流程组、步骤等概念。每个流程步骤是一个工作单元，由一个或多个流程角色在一组规则的约束下执行活动或任务，这些参与者更改一个或多个资源或企业对象的状态，以创建某个期望的输出。
- 活动和任务：指一个实际的操作过程，对于一项输入，通过执行本过程，可以形成该输入的状态变化。这个过程涉及监督或完成与其他参与者的交互，根据知识、判断、经验和本能做出复杂的决策。
- 事件（event）：事件是触发流程和活动产生或结束的机制，只有能够识别流程的事件触发机制，才能描述清楚一个流程。触发事件可分为三类：一是行动性事件，当个人或组织出于某种原因决定做某事时，就会触发流程，例如客户决定下订单、经理决定需要雇用新员工等，你不能提前准确地预测该事件何时会发生；二是时间性事件，当到了某个预设的日期或时间，就会触发某个流程，例如设备定期维修、算薪发薪、月末结账、库存盘点等，与另外两类事件不同，时间性事件是可以预知的；三是条件性事件，对业务活动进行监测，一旦达到某种条件或者符合某个规则时，就触发相应的流程，例如股票价格达到预定的水平，触发买入或卖出流程，设备运行出现故障，触发维修流程等。不仅流程由事件开始和收尾，流程中的活动与事件也总是交替出现的，这是

EPC 描述流程的原理。
- 流程流：根据流程的输入和输出状态的顺序、序列和进展，定义执行流程的流程流。
- 流程路径（path）：流程中活动的连接走向，通向一个子流程。
- 流程规则（rules）和关口（gateway）：在流程中定义或限制工作的某些特性，解析为"或""与""非"等逻辑判断，确定流程的走向；根据表达的条件和流程规则，在关口决定流程的分叉或者合并。
- 流程绩效：企业评估流程或活动在特性、质量、效能、成绩等方面，是否达成预期目标。
- 流程角色（process role）和流程执行者（process actor）：流程角色是跟流程相关的一套具体规定的预期行为和行动权力，旨在使其执行者在工作中成功地履行职责。每个角色代表组织内一组被允许的操作，表现了企业运营所需要和被赋予的权限，流程角色会对应到组织中某个岗位或某个具体的人，而这个人就是流程执行者。
- 流程所有人（process owner）：指流程参与者中对流程管理承担端到端责任的角色，该人具有适当的权力、胜任力和个人能力，可以做出决策以确保流程得以开展和控制，并管理流程生命周期的所有规则和关键决策。

业务流程概念的产生跟企业应用计算机密不可分，当用计算机程序来抽象企业和流程的本体，并且实现流程运行的半自动化（即流程中的活动一部分是由人来操作的，一部分是由计算机来操作的，从而实现流程的流转）或全自动化（即流程从开始到结束，不需要人的介入，完全由计算机和机器来自动运行）时，将业务流程建立为一个计算机可以理解、管理并执行的工程化流程模型，便是"业务流程工程"，其中几个流程相关关键对象（流程、工作流管理系统、活动、任务、活动实例、调用应用软件）的逻辑如图1-1所示。

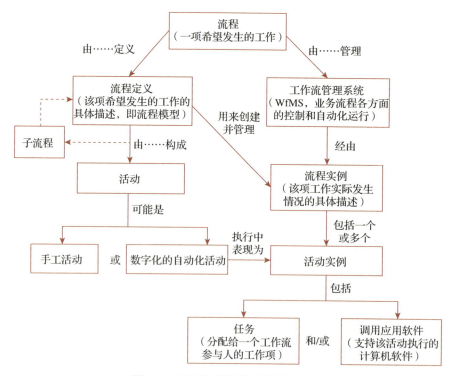

图1-1 工程化流程模型的关键对象

1.2 活动链都是流程吗

业务流程是一项有特定目标的工作在组织内被完成的过程。一个组织存在很多种工作形式，有高度结构化、重复发生的工作，也有结构松散、内容随机变化的工作。那是不是企业中由一组符合达文波特定义的活动构成的时序链条都可以叫流程呢？这个说法在业界并没有达成一致意见。我个人倾向于认为流程是指处理例行业务的工作，是企业内多种组织协作的工作模式之一，而那些非例行业务的、随机性的组织内外协作，则不应该算作"流程"。如果将非例行工作列入流程工程及流程管理的范畴，会造成企业因工作过度工程化而过于死板，从而阻碍创新及人员主观能动性的发挥。

运用流程来做管理，流程本身要有特定的业务和组织的应用场景，即形态稳定的业务、循环往复操作的活动，使得该工作在被重复完成时能起到降本增效、控制风险、提升客户满意度的效果，这些流程管理活动如下。

- 按照业务模式的类型来设计流程，例如将产销衔接分成按订单制造和按库存制造，合理地明确组织分工，加强组织协作。
- 找到影响关键改进的沟通断点、效率瓶颈或成本浪费，进行优化。
- 识别业务过程中的关键风险点，采取风险规避措施。
- 运用信息技术来实现活动衔接和作业执行的自动化。

企业里什么工作需要流程化，什么工作不需要流程化，是企业在做组织设计时要考虑的问题。从两个维度，即工作的结构化程度和产出的确定性出发，企业的业务活动被分为四种活动链模式（见图1-2）。而流程就落在结构化程度和确定性皆高的这个象限里。

图1-2　四种活动链模式

- 结构化：工作过程的规范性可以使过程分成明确的阶段或步骤，再具体细分为任务或活动，每个任务或活动都有明确的责任人，有标准化的作业指导。结构化程度高的工作的产出是确定的，可以事先定义工作流，实现事件触发的工作流自动化，而结构化程度低的工作则须适应临时出现的业务事件，需要由人员按需决定在特定事件下的工作方式、路径和策略，按需定义工作流来支持自动化的工作流转。
- 确定性：在组织内重复出现的工作内容，其结果是可重现、可预见的。基于期望达成的目的来触发相关的任务和活动，并且驱动各个任务或活动之间的衔接。确定性高的工作是重复性的运营工作，过程风险较低，而确定性低的工作则是创新性、探索性的工作。企业工作的确定性是可以转化的，确定性低的工作如果在组织内重复出现，做多了就逐渐被提炼总结，最终沉淀为可重复使用的企业知识，从不确定变得确定。

四种活动链模式的比较如表 1-1 所示。

表 1-1 四种活动链模式的比较

活动链模式	适用的业务领域	数字化手段	组织管理特点
个案	销售、客户服务、内部服务（如 IT、人事服务）	适应性个案管理企业知识库	基于专业能力分工的分布式组织，对内外客户提供按需服务，根据请求产生临时工作流
项目	资本性投入、复杂产品研发	项目管理系统阶段评审系统	项目型组织，以规划和执行、阶段评审、时间节点和预算控制为管理导向
协同	市场营销、业务战略、数字化产品	组织协同工具，如飞书、钉钉、Slack	基于平台的敏捷组织，根据工作任务形成临时小组，持续迭代工作方式，信息开放、沟通扁平化
流程	财务、人力资源、生产、仓储物流、订单交付、质量控制	业务流程管理ERP 等企业系统RPA（机器人流程自动化）	流程型和职能型相结合的组织，稳定重复的工作，注重效率和风险、成本控制

在企业的运营体系中，这四种活动链模式可能同时存在或形成组合，不过不同业务领域有其主要的工作模式，比如流程适用于确定性高、稳定重复的领域，协同适用于环境不确定、创新性强的领域。企业应该根据自身的实际情况确定在某个特定的业务领域中采

取什么样的工作活动链模式。例如同样是服装生产，如果是给明星设计并缝制单件高级定制服装，那算一个"项目"，而给品牌提供大批量设计和销售的服装产品，则算"流程"。又如在企业销售管理中，销售总监需要定期听取客户经理的大客户规划和销售人员的销售进度汇报，并给出销售管理的指令，这种重复性、结构化的销售评审方法是"流程"，而对于每个具体商机所产生的销售活动，则需要有高度的灵活性，给予前线作战团队更大的授权，这属于"个案"。

1. 个案

个案和流程的相似之处在于，它们都是通过处理一系列相互关联的活动，达成特定的业务目标。人们在口头上常把个案说成"流程"，例如你向公司 IT 服务部门提交了一个服务请求或者信息问询，被告知"正在处理流程中"。个案与流程的不同之处在于，前者的关联活动的结构化程度较低，定义不明确，连接关系松散。在达成目标的工作过程中，个案的行动决策不是通过事先确定的、一致性的方法得出的，而是由涉及的人基于自己的判断和直觉，并结合组织知识的支持做出的。个案管理更适合于流程执行中需要动态行动和特别决策的复杂案例。

例如公安局的刑侦调查就是一个"个案"。在调查直至破案的过程中，每一个行动方针都无法预测或标准化。环境驱动着行动的顺序，决策是基于每一步实现的结果做出的。信息的可获得性成为取得成果的主要驱动力。选择的方法是不断适应环境而决策，而不是预先设定结构化活动组合。

2. 项目

项目是指在一定期间内，运用有限的资源达成特定目标的一次性活动。项目目标和活动都是"一次性工作"，我们所做过的项目都是不可逆的、不可复制的，项目的产出都是独特定制的。在美国项目管理协会的项目管理知识体系（Project Management Body of Knowledge，PMBOK）中，项目管理包括项目启动、项目规划、项目执行、项目监控和项目收尾等五大过程组，这些过程组和项目管理的十大知识领域（包括范围管理、整合管理、进度管理、成本管理、采购管理、沟通管理、质量管理、资源管理、风险管理、干系方管理等）排列组合，形成了几十个子过程。所以项目的特点是，用结构化的工作产出不确定的成果。

虽然一次性的项目管理和流程化的运营管理并不是对立的，在运营管理中可以应用项目管理的方法来处理一次性的问题，但是从具体管理及业务活动开展的特性来说，流程和项目是两种不同思路及方法的管理技术，流程的标准化管理特性比项目强。

3. 协同

形式最为灵活的协同并非意味着混乱和效率低下，本章开篇描述的那个场景，即"微信群"的协同方式是可以改进的——我一直认为"微信群"并不完全适用于企业办公场景,随便拉工作群实际极其低效,微信组织信息和工作线索的方式结构化程度很低,可能给员工造成不必要的心智负担。国外流行的企业办公协同工具 Slack 的"频道"功能,能较好地解决主题和人员信息的结构混乱问题,"频道"是组织层面的对特定主题的标注,相对持久,频道建立可以按部门、团队、项目、产品等分类,有利于提升沟通协作的结构化程度。此外,Slack 频道里长时间沉淀的内容,最后会变成企业知识,甚至可以加以整理形成企业知识库,更好地指导业务。

在实际企业管理中,有些运营活动是否有必要流程化是值得商榷的,我认为需要依据企业自身的规模、行业特性以及管理成熟度而定。例如战略管理,目前在国内企业界流行的"华为 DSTE 方法"是一套流程化的工作程序,实际上 DSTE(Develop Strategy to Execute,开发战略到执行)管理体系借鉴了 IBM 等大型公司的公司战略管理流程,这套流程本身就被纳入了企业流程标准化国际组织 APQC(American Productivity & Quality Center,美国生产力与质量中心)的流程分类框架。然而,当公司或业务处于高度不确定的环境中,或者其规模还不足以产生很高的管理复杂度时,我认为并不一定适用华为 DSTE 这种"重型"的战略管理流程,尤其是对快速发展的中小型企业来讲,生搬硬套大企业的复杂管理方法,可能是未老先衰、官僚主义的表现,它们应该采用敏捷迭代的方法来决策业务方向——这种情况下战略管理的工作模式就不是流程,而是协同。业务流程是工业化社会的特点，在后工业化社会里，组织形态越来越敏捷化，协同在敏捷组织内占据了更大比例。

4. 流程

那组织内具备什么特性的一串活动可以被视作一个"流程"呢？

- 在组织内可以被重复观察到的、产出可预计的、可以用结构化的方式来描述的一串活动，只有这样的一串活动，才能以本书讨论的流程管理的方式去进行控制，否则它就属于"个案""项目"或者"协同"。
- 这串活动可以用"动词＋名词"来命名，这串活动的产出可以用"过去分词＋名词"来命名，能这样被命名的一串活动叫流程，例如，"休假"不是一个流程，而"申请休假"是一个流程，申请休假的产出是"已批准的休假"。
- 这串活动本身是有组织管理意义的，它是用于解决企业管理问题的工具。如果不具备管理意义上的最低要求，便可以认为它没有重要性，可以忽略掉它是个流程，这些意义包括：一，有客户愿意为该流程的产出付费，或者说该流程的结果带来客户价值增值，例如供应链计划流程虽然是组织内部工作，但是其目的是提高交付效率，仍然是创造客户价值增值的；二，组织自己愿意为其他组织来接管这个流程付费，例如订单发运通知流程；三，有法律或者强制性规范要求对组织执行这个流程进行监管，例如员工录用流程，乃是出于劳动法对雇用合规的要求。

- 对流程的范围和颗粒度的定义，适合按照业务流程管理的逻辑去认识。比流程的颗粒度大的概念是"流程类"和"流程组"，流程类或流程组可以是价值链的某个环节（即某个组织职能，如财务、计划等），也可以是"端到端流程"（如"订单到交付"）；比流程的颗粒度小的概念是"活动"和"任务"，而且流程中的活动也可以再打开、细化分解，成为这个流程的子流程。首先，"流程"或"子流程"是要包含在"流程组"范围中的，不包含在它范围中的可能不是一个流程；其次，太细、太微观的活动不是一个流程，关于颗粒度的定义并无一致的标准。可参考的例子是，有些管理流程方法论认为涉及三个以上参与者的活动才能叫流程，一个人或者两个人做的工作都不叫流程；有些公司规定跨部门的工作才叫流程；有些方法论认为活动的最小颗粒度是一条信息记录，每条信息记录是活动的一个实例，例如"检查厕所卫生"是一个活动，如果没有分别检查马桶、检查台盆的信息记录，那么活动的颗粒度就是"检查厕所卫生"（以及检查表上每两小时打一个勾）。

对于企业总体的流程模型以及每一个流程，都存在流程生命周期管理，如图 1-3 所示。通过这个循环，流程得以持续迭代和完善。

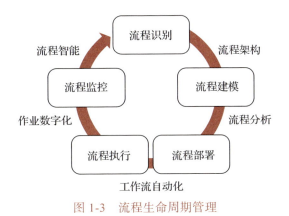

图 1-3　流程生命周期管理

流程识别（process identification）：一串活动被视作一个流程就是流程识别，它是从提出并解决一个企业业务问题的角度展开的。与所要解决的问题相关的一个或一组流程被识别、划分和相互关联，形成一个分级分类的、结构化的流程清单，这些流程和流程组汇总起来反映了企业运营全貌。这个流程清单也称为流程架构（process architecture），用来支持后续流程生命周期的管理。通常，流程识别包括对流程关键绩效指标（KPI）的识别。

流程建模（process modeling）：即用图形化方式将流程文档化。前文说到业务流程分为宏观、中观和微观等层级，不同层级会采用不同的视觉标记符号或者文档模板的模型，一般宏观流程模型是价值链、中观流程模型是流图、微观流程模型是软件功能或者操作程序说明文档。企业建立的流程模型可能存在多个状态版本，例如当前状态（as-is）、未来状态（to-be）、可能状态（could-be）等。基于流程模型可以开展定性、定量的分析、优化，发现流程存在的问题、根因，提出解决方案以及 KPI 改进目标等，这个过程输出的是流程分析。

流程部署（process deployment）：也称为流程实施（process implementation），流程从当前状态到未来状态，依据其组织变革的剧烈程度，可分为流程改进、流程重设计、流程再造等类型，让未来流程跑起来就是流程部署。它包含了两层意思：组织变革和信息技术应用。组织变革指的是流程参与者的行为变化，以及为促成这些行为变化所采取的措施；信息技术应用主要指记录、共享业务信息，以及使流程活动被自动连接、流转所需的信息系统的开发和实施。工作自动化是流程部署的理想输出，而在实际流程中，人员介入在大多数情况下是不可或缺的。

流程执行（process execution）：流程是业务运行的理论状态，而每一次具体的业务运行构成了一个流程的执行实例。流程就像道路，流程部署好了可以比作把道路修通了，而一次流程执行等于是在道路上的一次通行。为了记录流程执行，数字化水平高的企业可以留下尽量详细的足迹，即作业数字化。

流程监控（process monitoring）：即流程在执行过程中的运行维护，可以实时搜集、分析、监测与流程相关的 KPI 数据，评估它与 KPI 期望目标的偏差，识别流程中的瓶颈因素，或者诊断问题根因，采取纠正性措施。基于对流程反复执行的持续监控所形成的洞察，被称为"流程智能"，用于指导未来的流程优化，或者为人工智能赋能以提升流程执行的自动化水平。

1.3　流程识别

业务流程管理首先要回答的问题是：组织里哪些工作可以被抽象为一个流程？每个流程解决了企业的什么问题，它的内容、范围和边界是什么？这些流程之间的关系是什么？回答这些问题的工作称为"流程识别"。流程识别的产出是流程清单，也称为流程架构，以此为基础，再详细逐一描述每个流程具体长什么样，就启动了流程梳理（process mapping）或流程建模。流程识别是流程全生命周期中各项业务流程管理工作的起点。

每家公司的运营都是一系列"业务流程"的集合，流程支持公司新产品的创造，促进服务交付，执行公司规章制度，维护合规，确保公司在任何时候都朝着总体目标前进。将流程作为工具来进行企业管理有多种方式，有些是局部性的，例如，某个精益六西格玛项目是将企业局部业务的"流程"提炼出来，用来分析并改进措施；有些则是全局性的，从整体上建立公司或者某个业务领域的总体流程视图，并且由粗及细地分解到最小颗粒度的流程，用管理咨询顾问的说法，就是用"相互独立，完全穷尽"（MECE）的形式来识别所有存在的流程。

我早年做 ERP 系统实施时，在项目启动后首先就需要做流程梳理，对现有流程逐一分析并制定未来流程，即制定"业务蓝图"。在这个过程中，我在项目上经常遇到来自客户的挑战是：究竟是先有流程，还是先有流程清单？

如果是先有流程清单，即根据过去的经验拿出一个流程清单来确定范围，再去逐个细化流程的话，会被客户挑战流程清单是否存在遗漏流程的情况；SAP软件标准实施方法论——ASAP方法，提供了一个参照性的四级业务流程清单，这个通用的流程清单比较理论化，而每个客户的实际业务情况千差万别，用这个清单很难完全覆盖客户的业务细节。

而如果是先有流程，即按照职能大模块（如财务、生产、销售、采购）去调研客户业务，发现一个业务问题就设计一个流程，并匹配软件系统的功能点的话，这种头痛医头、脚痛医脚的做法又会被客户认为流程设计缺乏体系性、完整性。我曾经遇到过某个民营企业老板，挑战项目团队提交的业务蓝图是否完整覆盖了ERP软件可以覆盖的所有流程，甚至要求我把SAP ERP系统打开，逐个功能演示给他看，生怕花巨资购买的软件把什么功能给漏掉了。

先有流程还是先有流程清单，就像一个"先有鸡还是先有蛋"的难题。做事一定要方法正确，如果把企业比喻为地理意义上的世界，流程识别就是看清究竟有多少条路，而找路有两种方法：一种方法就像是我们看百度地图，先总体俯瞰世界全貌，拉近到亚洲，拉近到中国，拉近到上海，再拉近到徐家汇，最后拉近到徐家汇的某一条街道，这样看清了所有道路，就得到了流程清单；另一种方法就像是人们在大航海时代去探索世界，本来世界是一片"黑暗"，你开辟一段航路，就"点亮"一片区域。企业内存在很多流程，它们是怎么被识别、被定义并被组织起来的呢？

首先，我们要形成对流程定义的前提假设，即我们做流程是为了解决什么业务问题，是供应链计划问题、生产问题还是财务管理问题，沿着这个问题来定义流程的范围。识别、定义流程有三种探索手段，这些手段在实际工作中会组合使用。

- 循证式探索：我们可以找到各种各样的证据，研究一个流程是如何存在、如何运作的。这些证据一是各种政策、制度、单据、手册、作业指导、职位说明、组织结构图、系统操作说明书等业务文档；二是通过行为观察，例如以扮演顾客来体验客户服务流程的主动观测方法，或者以旁观者身份来研究从采购请求到采购支付等端到端流程的被动观测方法，来直接跟踪一个流程；三是针对信息系统的流程分析，对只涉及一个或者跨越多个信息系统的自动处理流程，例如保险公司的保险理赔流程，或公用事业公司跨越 ERP 和 CRM 系统的"表计到开账"流程，手工或者智能化地从信息系统的数据中提取出流程信息。后面我们还将详细讨论"流程挖掘"这种基于人工智能算法的流程发现的技术手段。

- 访谈式探索：对流程相关的课题专家或流程用户开展访谈，询问组织内某个业务是如何运行的，从而一步步地发现流程。由于个体的知识和视角可能是局部性的，访谈者往往需要对多个被访谈者进行交叉验证，形成流程的完整拼图。可以从流程起点，即触发流程的事件开始顺流而下探索，也可以从流程终点，即流程结束的事件或状态开始逆流而上探索。例如探索订单到交付的流程，可以从请求创建订单开始，也可以从客户收到订单货物开始。

- 研讨会探索：研讨会比较适合于已经有了一个初步的或宏观的流程框架或者流程模型，但还需要对流程进行细化讨论以探索细颗粒度流程或者对流程模型进行修正的情况，通常基于前面两种探索方式的产出。让研讨会参与者充分参与讨论的一种技巧是"牛皮纸练习"（或者叫"牛皮纸流程梳理"）。引导员在墙上贴上一大张牛皮纸，其上横向是某个端到端业务的范围，即某个业务的价值流，纵向是不同的部门或岗位，然后要求参与者使用各种颜色的便利贴来共同构建流程的概略草图，不同颜色的便利贴分别代表不同的活动／任务／事件、处理时间、当前问题痛点、衡量指标等。引导员将开始事件的名称写在便利贴上，并将其张贴在牛皮纸上的某个位置，然后问参与者接下来会发生什么，参与者会提到一个或多个可能的关键活动，并将这些活动以及处理时间、问题痛点等相关信息写在不同颜色的便利贴上，再贴在牛皮纸上，从左到右或从上到下梳理好活动顺序。这样做的目的只是探索流程，并不是进行精确的流程建模，因此无须对于流程规则、分支等画出连接线条。例如，对于某个关键活动可能有多个参与者提出更细节的活动，可能就会找到子流程嵌套关系。为了保证研讨会的效率，引导员必须把握参与者提出的活动的颗粒度，不宜太粗，也不宜太细。我曾经操作过的一个案例如图1-4所示。

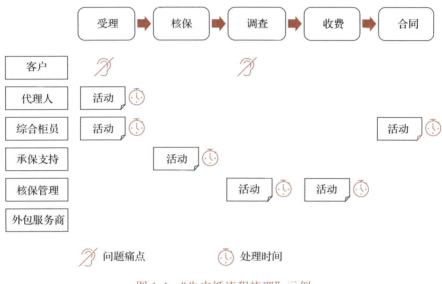

图1-4 "牛皮纸流程梳理"示例

其次，对于流程在组织内存在的形式以及如何被串接起来，有两种观点：其一，认为若干活动链条是相对独立的，每条链条都是为了完成一个特定的业务目的，叫"一个流程"，企业存在很多条流程，所有的流程都可以按照树状结构的分层逻辑被归类及组织；其二，认为企业所有流程都是相互连接的网状结构，就像世界上的路网一样，一个流程是这个网状结构中的一个局部。我曾经在一家企业见到他们的流程工程师用流程建模工具画了一张纵横交错的流程网络大图,并用工程绘图仪印出来贴在墙上,覆盖了一整面墙,甚是壮观。

从大多数企业的实践来看,第一种观点更常见一些。

尽管大多数公司都有流程管理的归口职能部门,但是很少有公司有足够的资源和精力识别出企业的所有流程,严格地分析和重新设计每个流程,为每个流程部署自动化技术,并持续地监控每个流程的绩效。企业每项管理活动都是有成本的,业务流程管理也不例外,对每个流程投入的管理成本如何产生管理效益,是管理者应该关注的问题。我经常见到企业招标全面流程管理项目,不过我不赞成企业搞"煮大海"式的业务流程梳理,那些试图事无巨细、360度无死角地梳理出企业所有流程的努力是很难见效的,我会建议企业的流程管理活动在特定的解决业务问题的目标和预设的前提下,或者在一个有明确范围和目标的流程管理项目的背景下,去开展具体的流程识别。

企业识别流程并形成流程清单的方法有三种:自上而下、自下而上和参考模型(见图1-5)。

1. 自上而下

从组织的业务战略和商业模式入手,识别有哪些业务活动和业务能力,相应地解析出流程类或流程组,再从中分解出流程。定义包含若干流程的流程组通常有两种思路:一是用价值链里的职能域和业务域来构建流程组,二是用端到端流程来识别企业各种从需求到交付服务的领域。有些流程方法论认为这两种思路也可以结合使用。

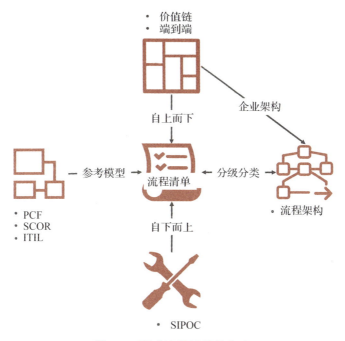

图 1-5 形成流程清单的方法

价值链分析模型是由管理学家迈克尔·波特提出的,他在 1985 年的著作《竞争优势》中首次介绍了这个概念。该模型旨在帮助企业分析其内部活动,识别其核心竞争力,找到降低成本、提高效率和创造价值的机会。它是最广为接受的流程归类模型,最初区分了两类流程:核心流程(称为主要活动)和支持流程(支持活动)。后来又增加了第三个流程类别:管理流程。构成价值链分析模型的每个概念性单位都是一个企业职能领域，如财务、计划、生产、营销、销售、直接采购、间接采购等。

- 核心流程涵盖了公司的基本价值创造，即生产客户所支付的商品和服务，包括设计和开发、制造、营销和销售、交付、售后以及直接采购（即制造产品或提供服务所需的采购，属于生产体系的一部分）。
- 支持流程是支持那些核心流程执行的流程，包括间接采购（即行政办公、业务支持等方面的采购）、人力资源管理、信息技术管理、品牌公关、财务会计管理和法律服务等。
- 管理流程为核心流程和支持流程提供方向、规则和实践指导，包括战略规划、计划预算、合规和风险管理，以及投资者、供应商和合作伙伴管理等。

"端到端流程"这个词本来是指客户需求从提出到得到满足的过程。实际上价值链的核心流程就是一个端到端流程，后来发展为泛指企业内任何跨职能的需求从提出到得到满足的过程，常见的企业端到端流程如下。

- 供应链相关：订单到交付（order to delivery）或者订单到现金（order to cash）。
- 采购相关：采购到支付（procurement to payment）。
- 研发相关：创意到产品（ideation to product）。

- 销售相关：商机到订单（opportunity to order）或者线索到客户（leads to customer）。
- 客户服务相关：问题到解决（issue to resolution）。
- 人力资源管理相关：雇用到退休（hire to retire）。
- 财务会计相关：记录到报表（record to report）。
- 战略管理相关：战略设计到执行（strategy design to execution）。

价值链和端到端流程有一定的概念交叉，在企业流程的顶层规划中，宏观流程域设置究竟是按价值链的职能域还是按端到端的流程域，似乎无法兼顾，因此常带来困扰。例如，你不能既设计一个"供应链管理"，又设计一个"订单到交付"，这两个概念是打架的。也有一些做法是把两种方式混在一起，因为"流程"本身的定义就是从一个开始事件到一个结束事件，所以从概念上说，任何流程都可以用"端到端"的方式来命名，例如一家项目型 IT 服务公司，假定其核心流程分为销售、交付两大流程域（流程类），流程域之下再细分子域（流程组），既可以用职能域方式来命名，也可以用流程域方式来命名（见表 1-2）。

表 1-2 职能域和端到端的流程域的对比

流程域	职能域	端到端的流程域
销售	商机评估 技术方案 合同商务	需求到追单 调研到投标 中标到合同
交付	项目计划 项目执行	合同到立项 开始到结束

2. 自下而上

过去企业在一些具体业务活动中会对流程进行梳理，这些活动包括质量管理、工作分析以及其他管理活动。通常这些流程工作是局部性的，缺乏公司体系性视角，也可能缺乏公司级的流程描述标准的支持，流程文档的规范性不高。例如，有些公司在贯彻 ISO 9000 标准、推行精益管理、应用六西格玛管理法的过程中，积累了不少流程资产，这些流程资产大多比较碎片化。需要对它们进行归集、去重、提炼、抽象，形成通用性更高的流程。

在全面质量管理（TQM）和六西格玛改进中常用的 SIPOC 模型也是一种流程识别模型，它的原理是将企业模型抽象为五个环节，而流程居于中心。

- Supplier（供应商）：提供流程所需的资源或材料。
- Input（输入）：流程所接收的供应商提供的输入。
- Process（流程）：描述了从输入到输出的具体工作步骤和操作程序。
- Output（输出）：流程生成的产品、服务或结果。
- Customer（客户）：接收并耗用流程产生的输出的最终用户或下游流程。

SIPOC 模型的流程分析目标是通过发现问题，找到瓶颈，改善工作，清除无价值的工作任务并缩短周期，提升生产效率与企业竞争力。尽管 SIPOC 模型将自己定位于宏观流程定义，但如果从流程管理的角度来看，它实际上还是一种自下而上的分析方法。

3. 参考模型

一些行业性机构、流程研究机构、套装企业管理软件提供了具备业务含义的流程清单，例如 APQC PCF、SCC SCOR、ITIL 等。

- APQC 提出的 PCF（Process Classification Framework，企业流程分类框架）是最有影响力的一个企业流程参考清单，它不仅有跨行业的通用版，而且有许多行业专用的流程清单，还根据各个行业的特点对通用版进行了简化或者细化，例如制造在通用版的制造流程组里有 4 个流程，而在航空和国防行业版里则有 16 个流程。这些行业流程清单都是 APQC 的行业代表性机构开发的或者它们跟有关行业标准协会合作开发的。

- SCOR（供应链运作参考）模型是一个广泛应用的、通用的、跨行业的供应链管理标准体系，由国际供应链理事会开发，其目的是促进企业和跨企业的供应链管理流程的协调、优化和改进。

- ITIL（Information Technology Infrastructure Library，信息技术基础设施资料库）是源于英国政府的一套企业级 IT 服务管理框架，它基于 IT 服务的服务价值体系、价值链和价值流的结构建立了一套 IT 运营管理流程，涵盖了从需求到交付服务的全流程，包括项目管理、关系管理、风险管理等管理流程，以及持续交付、持续部署等技术流程。

- 一些大型企业管理软件公司（例如SAP）或者咨询公司（例如IBM、埃森哲等）为了支持自己的产品或服务走向市场，便于客户理解并使用产品，也都提出了基于自己产品或服务的流程框架。
- 有些行业组织提供的参考模型虽然不是流程框架，可能以"企业能力模型""业务架构"等命名，例如在电信业务运营领域，电信管理论坛（Telecom Management Forum，TMF）提供的电信运营图（Telecom Operation Map，TOM），全球领先银行、技术提供商和学者组成的银行业架构网络（Banking Industry Architecture Network，BIAN）提供的银行企业架构参考模型等，但这些模型也包含了流程参考模型，以及相应的信息系统和数据模型。

企业在选用参考模型时，可以从流程框架的涵盖范围、完整性、模块化程度、表达准确性、一致性、分级结构的合理性、总体可用性、自身相关性、市场普及性和成熟度等角度综合考虑，选择适合自身实践的流程框架。

图1-6是某大型集团（有三个业务不同的产品事业部）综合了APQC的PCF和端到端方法形成的企业流程框架（EPF）。

识别流程并形成流程清单除了上述三种方法，还可以利用企业架构方法来推导出流程架构。

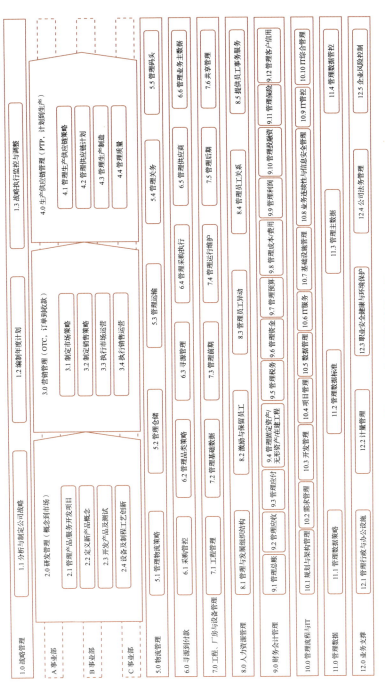

图 1-6 企业流程框架示例

流程是企业建立业务模型的一种方式或者是构成企业业务模型的一个部分。当前企业业务建模的主要方式称为"企业架构"（enterprise architecture），它旨在详细描述企业业务，并且将企业业务要素（包括战略、组织、活动、能力、流程等）与各种信息技术资源（包括IT应用、数据、基础设施等）整合进一个集成模型。企业架构将整个企业中优化流程的努力（包括手动的和自动的）——这些流程往往是零落、分散的——转化为一个集成的体系，使信息技术能对业务变化做出持续响应，并支持业务战略的交付。企业架构和业务流程管理存在着共同的发展渊源，今天很多建设了完善的企业架构管理的大型组织，在治理模式上都会将业务流程管理作为企业架构管理的一个组成部分。

在管理界和IT界有多种企业架构方法体系，其中使用最为广泛的是由企业信息技术国际标准化组织 The Open Group 提出的 TOGAF（The Open Group Architecture Framework，开放群组架构框架），它分为四个架构域，涉及从业务设计到技术实现。

- 业务架构定义了业务战略、治理模式、组织架构和关键业务流程，它描述了企业的组织、人员、职能和活动的构成关系。
- 数据架构描述了一个组织的逻辑和物理数据资产，以及数据管理资源的结构。
- 应用架构提供包含待部署的独立应用及其之间的交互作用，

以及应用与组织的主要业务流程间的匹配关系的蓝图。
- 技术架构描述了支持业务、数据和应用程序服务部署所需的数字化技术架构、逻辑软件和硬件基础设施，阐述了其功能、技术特性和标准。

企业的流程清单和流程图是业务架构的输出成果，而数据架构、应用架构和技术架构通常合称为"技术架构"。

在业务架构层面，TOGAF看起来很繁复，其架构元模型涉及几十种业务架构和技术架构的对象，对象之间的逻辑关系严密，概念表述比较拗口，例如描述对象的制品有目录（catalog）、指标（metrics）、图表（diagram）等多种形式，非专业人士很难看懂。为便于理解，我基于TOGAF的业务架构，将从业务战略推导出流程图的思路简单提炼为如图1-7所示。

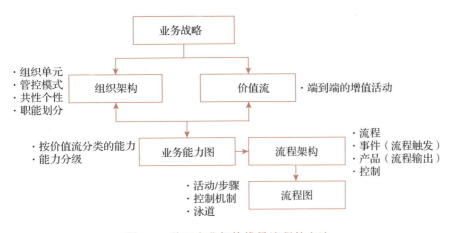

图1-7 基于企业架构推导流程的方法

- 业务战略：业务战略涉及公司（即一个商业组织）的收入来源、利润来源、价值主张、目标客户、核心资源、渠道通路、竞争屏障等；组织可以用商业模式画布、战略地图等可视化方式来描述业务战略。
- 组织架构：业务战略决定了一个公司的组织架构和管控模式，即各个组织单元的职能划分、权责分配和汇报关系。大型组织的组织单元可能涉及区域、客户类别、产品类别等多个维度的组织划分以及矩阵交叉关系，在不同的组织维度上形成业务单元。在运营上，需要厘清哪些业务是公司内跨业务单元的共性业务，需要标准化流程管理，哪些业务在基于共性的基础上可以集中处理，由"共享服务中心"来交付内部服务，例如间接采购、财务、人力资源；哪些业务应该根据业务单元的实际情况，制定个性化的流程。组织架构和管控模式是流程架构和流程设计的重要输入。
- 价值流：价值流是指产品或服务从需求产生到价值实现的所有活动和流程，以及在这些活动和过程中创造和交付价值的方式；价值流图（value stream map）是对价值流的可视化呈现。价值流可以用来描述公司顶层业务设计，也可以用来描述公司里某个具体业务领域从工作目标到工作结果的全过程，"价值流"和前文的"端到端流程"概念类似。价值流来源于精益管理方法，可识别整个流程中的价值活动和浪费活动，有助于组织集中精力改善那些真正为客户创造价值的部分。把价值流放到业务架构中和组织架构平齐，就是在从横向集成的视角来识别跨部门的协同合作，有助于打破信息孤岛，识别组织优化和效率提升的机会。

- 业务能力图："业务流程"和"业务能力"是两个意思接近，很容易令业务分析人员混淆的概念。能力是指企业可以拥有或交换的某种优势，用以达到特定的业务目的；能力图（也可称为能力地图或者能力图谱）是对组织所有能力的图形化展示，IBM CBM 是业务能力图的典型代表，图 1-8 是 IBM CBM 机械行业业务能力图示意。

业务能力提供了业务流程执行的目标、范围和可能性，所以，能力图是识别流程的前导性模型。能力框架和流程一样也可以分类（横向按照价值链的环节分，纵向按照战略关联性分，例如指挥性、控制性、执行性）和分级（由粗到细，分解为一级、二级、三级等）（见图 1-9）。业务能力是怎么定义的呢？理论上有各种定义方式，有人认为是基于流程的抽象，即对细颗粒度业务流程的抽象，以找到可复用的流程能力，还有人认为是基于企业业务数据的抽象，即用信息技术手段对业务对象进行操作，定位对数据操作的能力复用。实际在能力梳理的架构设计工作中，存在基于流程、基于数据或两者结合的方式。

	集团管理	研发与技术管理	生产	采购与物流	市场与销售	金融与租赁	服务与售后服务
指挥	集团战略与业务单元策略	新产品策略	制造策略	供应链战略与规划	客户管理策略	整体资本规划	设备售后服务策略
	组织与流程策略及创新	组合战略与规划	供应链模式	供应商策略	销售与促销规划	租赁与融资策略	整体服务策略制定
	财务与运营管理策略	研究与开发	供应链计划	物流与运输策略	品牌管理	风险管理策略	维修质量数据分析与策略
	信息技术规划	设计规则与策略	制造规则与政策		获利能力分析		
控制	人事管理	项目群管理	制造排程	供应商绩效分析	关系监控与机会管理	租赁客户关系管理	保修管理
	财务管理	配置管理	制造监控	战略寻源	需求预测与分析	信用与风险管理	维修代理商管理
	绩效管理	设计验证	质量控制	采购目录制定	经销管理	融资与资金筹措	质量管理
	QHSE	工艺管理	维修计划	零部件库存		租赁规则	零部件进出存管理
	知识产权管理	变更管理		销售和运营计划与协调			
执行	预算管理	机械设计	工厂运作	库存管理	租赁合同	融资归档计算	维修商零部件库存
	成本管理	车辆设计	计划订单处理	采购订单处理	订单配置与管理	租赁登记	机械维修处理
	资金管理	工艺设计	配置作业	供应商计划与协调	订单执行追溯	费率计算	索赔登记
	IT信息技术	模具设计	工程变更处理	仓储与运输	价格处理	资金回收	维修费用计算
	福利与薪酬	产品数据管理	外协生产协调	采购执行		设备回收	二手机械回收重用
		BOM配置	维修管理			设备使用追踪	

图 1-8　IBM CBM 机械行业业务能力图示意

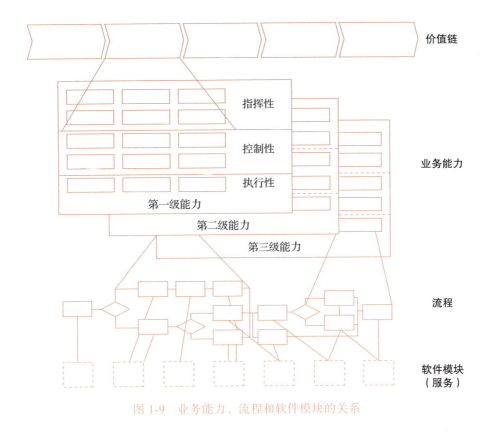

图 1-9 业务能力、流程和软件模块的关系

- 流程架构：流程是实现业务能力的一系列业务活动、触发事件、控制机制的集合。如果咬文嚼字地来定义，业务能力用名词表示，流程则用动词加名词表示，例如："订单处理"是一个能力，"审核订单""下发订单"则是执行这个能力的流程。一个组织的所有流程全部集中起来，按照一定的逻辑规则来分级分类，所构成的结构化清单就形成了"流程架构"或"流程清单"。由于业务能力和流程二者的概念实在过于

接近，也有学者认为二者有一一对应的关系，"能力"就是"能交付流程结果的力"，假如"制作面条"是一个流程的话，"交付面条"就是一个业务能力。业务能力和流程的关系并无一致性定论，各位在实践中可以自定分析方法。

- 流程图：流程图是对被列入流程清单的每一个流程的可视化展现，企业的能力图是一个无始无终，能力之间弱关联的网状拓扑结构，而每个流程的流程图则是一个有起点和终点，活动之间强关联的线性拓扑结构。将构成一个流程图的每个对象实体，例如事件、活动、组织、文档、产品、逻辑规则、连接关系等用数字化方式来实现，就形成了流程的数字化模型。对流程数字化模型进行管理的信息系统叫业务流程管理系统（BPMS），后文会详述。而一个或多个流程里的活动还可以对应到企业应用软件里特定的功能，或称服务，这些服务通过流程被组织起来，就构成了流程自动化运行。

尽管我对 TOGAF 进行了简化，但是这个自上而下推导出组织内存在哪些流程的逻辑还是相当复杂的。在我过去的咨询工作中，很少有机会能够用这种方法来制定流程清单，辨析企业实际或者应该存在哪些流程。对照参考模板进行修改优化通常是更便捷的方式。在其他企业管理领域里有类似现象，例如在人力资源管理体系中，企业存在哪些职位和职族是怎么得出来的？学校里的 HR 管理教材会说职位是通过对员工的工作任务、动作分析进行观察、访谈从而提炼、总结、抽象出来的，这叫"职位分析"，跟前文提到的推导流程架构的方法非常类似。但是现实中，我很少见到职位是这么得出来的，这种说法太过于学术化了——大多数企业的职位定义都是以类似行业或企业的职位和职位体系的定义为模板稍加修改得来的。

1.4　流程建模

在现实中，经常听到有企业领导或者咨询顾问说："我们要把流程做得很细，只有做得很细，才能在业务中落地，要细化到'六级流程'，要细化到动作级的流程。""咨询顾问把流程梳理得越细越好，程序员拿着你们画的流程图就能直接写代码了！"

实际上程序员是不可能拿着流程图就写出代码的，程序员的开发输入一般来说不只是流程文档，还有更多的软件功能需求——包括用户界面、后端逻辑、数据库操作、数据模型等，每个功能都有明确的描述和预期的输出，流程图只是需求描述的方法之一而已，那么把业务流程"梳理得越细越好"的意义何在呢？另外，我认为让顾问把系统开发出来的、未来在系统里跑的今天还不存在的详细流程画出来，也是一件几乎不可能的事情。就我这么多年的经验来看，系统开发环节有其质量控制的方法，这已经超出了管理咨询意义上画业务流程图的范畴，咨询顾问画的流程图应该是针对解决现状问题的可能（could-be）流程。英国统计学家乔治·博克斯（George E. P. Box）有句名言："所有模型都是错的，但其中有些是有用的；关键问题是错到什么程度模型就没有用处了。"所以，完全正确、精密、全面的流程模型是不存在的，关键是你做的这个模型是为了解决什么问题。

有一位朋友苦恼怎么做企业的流程建模。为了实施新一代管理核心系统，他正在带领某大型国企集团的业务架构团队梳理企业流程，领导要求在做流程之前先制定个"场景清单"，用这个场景清单推导出来有哪些流程。"场景清单"是指围绕业务目标，尽可能描述全和描述清楚各种具象化的业务场景，包括要解决的具体问题和期望诉求，为后续流程和方案的设计提供比目标更加具体的输入。场景清单的内容有主场景、分支场景、场景描述、服务对象、用户诉求、管理诉求、运营诉求、发生频次、现有IT支撑情况、当前痛点等。为了描述场景和流程，他还要带领团队画出用例图、业务场景图、流程图、领域事件表、实体关系图等。

我问朋友："你们的流程方法论究竟是什么？你们怎么定义什么叫流程？为什么要做流程？"朋友说主要是搜集用户对业务流程的需求，指导未来的管理核心系统建设。我问只是搜集需求吗？难道不是开个研讨会，在一张牛皮纸上，用贴便利贴的方式让所有业务部门的所有用户按照功能、数据、表单等维度来整理想法吗？至于后面的数字化建设，不同的系统建设策略有不同的做流程的方法——你要是实施套装软件，就没有必要去画什么用例图、领域事件表、实体关系图了。你们搞这些东西给谁看？这些都是自研系统才需要做的文档；要是实施套装软件的话，你们应该把精力放在讨论业务流程的业务问题上，让业务人员看懂比让程序员看懂更重要。

朋友认为我说的很有道理，流程分析要看为了达到什么目的。分析方法搞得太复杂，反而迷失了方向。

我们想讨论怎么建立流程模型，流程模型究竟要长成什么样子，就要回到流程的基本定义上：什么是流程，你画流程图的目的是什么？上一章我们讨论了流程识别的方法，对于识别出来的流程，可以用图形化的"流程图"来展现。画流程图常见的方法流派如下。

（1）流图。在科学管理流行的时代，美国工业工程师们推出了描述工作标准化的流图，仅用于描述作业类型和工作过程，和今天的流程图有较大差别。不过它被认为是最早的流程图，即后文提到的图 2-2。第二次世界大战后开始出现电子计算机，为了方便客户编写计算机程序，新兴的计算机厂商们发明了一系列标注信息处理的生成、操作、存储、判断的图表符号，并称之为"流图"，主流计算机厂商推出了塑料制的流程图绘制工具模板，这些标准化的流程标注方式被使用至今。由美国国家标准协会（ANSI）制定的规范，就是我们在 Visio 或者 PPT 里看到的那些流程符号。用它们画出来的流程图直观、简单，通常用于对流程建模的严谨性和体系性要求不高的情形。

（2）事件驱动流程链（EPC）。由奥古斯特-威廉·舍尔教授（August-Wilhelm Scheer）教授提出的集成信息系统架构（Architecture of Integrated Information Systems，ARIS）里的流程建模规范。EPC认为流程是由一系列事件触发的，并且针对事件的行为又将引发新的事件，流程表现为"事件—功能—事件"的串接。EPC的主要元素是事件、功能、组织单元、数据以及被称为"规则"的逻辑运算符（包括"与""或""异或"）。ARIS在欧洲普及度较高，尤其是在使用SAP的大公司中。

（3）统一建模语言（Unified Modeling Language，UML）。由对象管理组织（Object Management Group，OMG）维护，是一套做软件开发系统分析的标准化建模符号，主要用于描述信息系统开发的需求，包括用例、时序、类、状态/活动、部署、组件、实体关系等，也常被业务分析师们用来画流程图。

（4）集成定义语言（Integrated Definition Language，IDEF）。由美国政府和军方在20世纪70年代开发，是一套包括十几种不同用途的建模规范族，从功能建模到数据、仿真、面向对象的分析/设计以及信息收集等。这是最早的流程图规范，我念大学时，教授教的画流程图的方法就是IDEF，不过看起来非常不直观，普通业务人员很难看懂。

（5）业务流程建模标注（BPMN）。由业务流程管理标准化协会（Business Process Management Initiative，BPMI）创建的标准，后来随着该协会加入OMG成为OMG标准之一。BPMN目前是业务流程建模的行业事实标准，它提供了丰富的符号集，既可用于使用少数符号的面向流程梳理的描述性建模，也可用于工程性目的、较为复杂的正向流程建模，或者用于基于流程挖掘的流程可视化展示。目前最新版本是 BPMN 2.0。

如果是管理咨询项目要分析业务，或者是业务部门要分析某个具体的流程，那么美国国家标准学会制定的 ANSI 流程图就足够表达意思了，甚至可以用任何观众能看得懂的流程标记符号。如果是企业要建立覆盖全公司业务的业务流程管理体系，设立企业级的流程模型规范，并且实现流程模型和自动化工作流软件的衔接，那么采用 EPC 或者 BPMN 画流程图是必须的。

在中国市场上的流程建模工具有两个流派：其一，ARIS 派，十多年前德国爱迪斯公司（IDS Scheer）的 ARIS 流程架构方法启蒙了中国的业务流程管理思想，今天中国市场上的不少 BPMS 产品公司及核心人员都跟 ARIS 有一定的渊源，尽管因知识产权问题，其产品无法直接照搬 ARIS 的术语，但是原理和思路还是从 ARIS 处继承来的；其二，BPMN 派，受到 WfMC（Workflow Management Coalition，工作流管理联盟）、OMG 等技术标准化组织以及美系软件公司的影响，它们大多具有中间件软件或者工作流管理软件的背景，流程标记大多采用 BPMN 规范。

在流程建模的思路和标记规范上，ARIS 派和 BPMN 派有所不同，同时 ARIS 派比 BPMN 派更强调企业级总体流程建模的分级架构。ARIS 出现得更早，在 20 世纪 90 年代 ERP 热时和 SAP 同步成长，在欧美大公司的应用很广泛，一度是开展流程建模来辅助 SAP ERP 实施的标准配置。BPMN 出现得比 ARIS 晚十多年，表现形式上比 EPC 更直观。近年来，BPMN 流程吸收了很多 EPC 的思想特性，在国外的应用普及程度已经超过了 EPC 流程，不过在我国的普及程度还有待进一步提升。ARIS 产品开发商 IDS Scheer 在十多年前被德国中间件软件公司 SAG 收购后，新版本的产品除了继续保留 EPC 标准外，也在主动拥抱 BPMN 标准。图 1-10 是 EPC 和 BPMN 的大致比较，可见二者有颇多相似之处。

我们在 1.1 节中讨论过流程的宏观、中观和微观层级。在建立企业级流程模型时，需要根据上一章讨论的流程架构来设计流程分级模型，不同层级的流程可能采用不同的可视化模型，前面说的 EPC、BPMN 一般适用于中观层的流程描述。

流程分级并没有统一的标准或方法，在学术书或者咨询方法论中，有的说最多三级，有的又说可以分到七级。无论是哪种理论和方法，在实践中都存在着一些无法自圆其说或难以操作的地方。我总结了两种分级思路，姑且称为分解法和分类法。

1. 分解法

流程分级的分解法以 ARIS 为代表，其思想是在顶层通过价值链等方式进行流程粗颗粒度的归类，再在中低层将具体的流程按照细节程度从粗到细地分解，这样形成粗颗粒度流程和细颗粒度流程的上下嵌套关系。如图 1-11 所示，流程之间有三种关系。

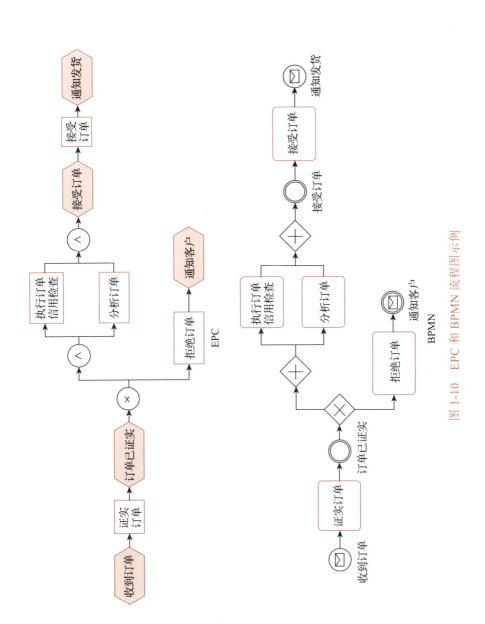

图 1-10 EPC 和 BPMN 流程图示例

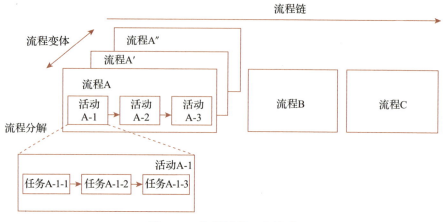

图 1-11　流程间的三种关系

- 流程链：流程/流程组之间有顺序或有逻辑的关联关系，这种关系是水平的，关联性可以不太强，例如价值链的各个环节就是流程连接关系，图中表现为流程 A、流程 B 和流程 C。
- 流程变体：对于同样的工作，某一个特定的流程/流程组可能会根据一些变量，衍生出多个流程形态，图中表现为流程 A、流程 A′ 和流程 A″。例如，同样是客户订单交付，针对不同性质的客户和不同产品类型及其供应链形态，分别采用按订单配置（Configure to Order，CTO）、按订单组装（Assemble to Order，ATO）、按订单生产（Make to Order，MTO）等模式——有些方法论里所称的不同"业务场景"或"场景"，就是流程变体的意思。如图 1-12 所示，因为产品型业务和服务型业务的商业模式不同，有两个"订单到现金"流程，这就是同一个流程层级的两个平行的流程变体。

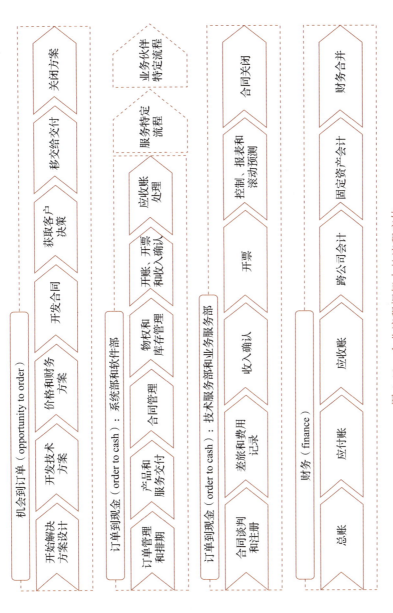

图 1-12 企业流程框架中的流程变体

- 流程分解：如果一个流程中的某个活动可以被打开，由更细的流程来详述，这个流程就可以分解出一个或多个子流程，进而形成流程的层级关系。高层级的颗粒度粗，低层级的颗粒度细。

ARIS 早年的流程建模工具就是基于这样的流程分级模型思想，提供了完整的流程横向分段拆解、纵向树状分解的流程模型集成的技术解决方案。ARIS 流程模型的设计技巧是从创建一个高层级的企业概念模型（即企业价值链）开始，然后逐级分解并添加细节，形成若干层级。随着流程模型纵向延伸和横向扩展，上下级以及同级的各个流程之间会有很多交互连接的复杂关系。内容太多的流程模型可能不便于管理或理解，需要主动把它分拆成几段。ARIS 流程模型具有两种分拆方式。

- 上下分解（hierarchical decomposition），"把大象放进冰箱里"如果是个流程中的活动，可以往下拆解为三个更细的活动，即"打开冰箱门""把大象放进去""关上冰箱门"。这些细分活动可以是串行或者并行关系，共同构成汇总活动。
- 水平分段（horizontal segmentation），例如"商机到订单"的流程可能非常长，可以横向拆成"商机到合格""销售投标""价格谈判""合同签署"四段流程，四段流程之间有顺序关系。

企业流程模型的建模顺序既可以从上往下（从粗到细分解），也可以从下往上（从细到粗汇总）。流程从粗到细分解，究竟可以分解成几层，并无一定之规。ARIS 的企业级流程模型的分层有两个概念。

（1）层次（layer）。ARIS 将企业流程分为三个层次，同时提供了几十种用于描述流程的业务模型和信息模型。在流程管理中最常用的有三种，即分别用在三个流程层次上的价值链模型价值链图、流程模型 EPC 和 活动模型 FAD。

概念性层次。业务模式，是企业运营的宏观视角，即我们在 1.1 节所说的价值链。它在流程可视化方式上是企业级流程总览，按一定顺序排列的没有直接的活动关联的若干流程组称为价值链图。价值链模型旨在表现组织的商业模式，并非指导具体业务运作。

流程性层次。企业运营背后的活动排列结构，是企业运营的中观视角，即我们在 1.1 节所说的狭义的"流程"，这是 ARIS 流程模型的重点，采用 EPC 流程图的方式来展现。流程活动可以对应到某个信息系统或者系统模块，同时被分配给组织单元。

规程性层次。具体活动任务的细节，是企业运营的微观视角。它的可视化模型是活动模型，而不是流程模型。每个活动模型针对上一层次的某个流程中的一个活动做更详细的描述，包括对应的软件系统具体功能、相关信息表单、操作人员角色等，称为功能分配图（Function Allocation Diagram，FAD），如图 1-13 所示。

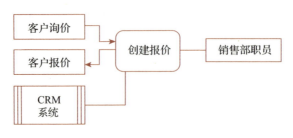

图 1-13 功能分配图示例

这三个层次的流程对象可以建立钩稽关系：从某个价值链环节打开到一个或若干个 EPC 模型，而 EPC 模型中的某个需要重点说明的活动，再被详述为活动模型。

（2）层级（level）。为了在逻辑上或者视觉表达上看起来结构化程度更高，上述三个层次中的某些层次可以再分解为几个层级——"概念性层次"可以分出一到两个层级；"流程性层次"可以分出二到四个层级，相互套叠；而"规程性层次"没法再细分，就是一个层级。

这么加总算下来，企业级流程模型就包含三到七个层级了，具体究竟要分成几个层级，ARIS 没有明确的规则，如果把层级分得太细，那么业务原则和逻辑反而会在众多复杂层级中迷失方向。

ARIS 并没有提供每个层级流程定义的具体业务内容，也没有提供包含具体业务内容的流程分类框架指南。不过，跟 ARIS 联系紧密的德国企业软件公司 SAP，于 ARIS 流程分级模型提出的同一时期，在其 ERP 实施指南——ASAP 方法论中，给出了一个包含 ERP 软件涉及业务范畴（例如财务、管理控制、生产、销售、物料管理、产品数据管理等）的五级流程参考框架。这一框架可以作为 ARIS 的业务内容参考和对应。

在流程性层次上，ARIS 采用了称为 EPC 的流程描述方法。EPC 是最主要的一种流程模型，如果你要做一个真正称得上"业务流程"并可以指导实际运营管理的企业级流程模型的话，其他模型都可以不用，但是 EPC 是必须用的。尽管其他模型都可以叫流程模型，狭义上的"流程"就是指 EPC 流程图。EPC 流程图的主要符号如图 1-14 所示。

图 1-14　EPC 流程图的主要符号

- 事件：流程开始的触发、过程中状态和结束的产出。
- 功能：代表流程中的一个动作，也可称任务或者活动。
- 组织单元和岗位角色：与动作相关的组织内的定位和人员。
- 信息或资源对象：与动作相关的数据、文档凭证（指与系统相关的信息表单）以及软件系统的功能。

- 逻辑运算符：流程走向的逻辑判断，即规则。
- 流程路径：可以经此打开连接到另一个流程，即 EPC 模型。

EPC 建模方式比较灵活，可以选择使用多种流程模型构成元素，也可以只包含事件、功能和规则，这种看起来比较直观、简单的流程图称为"精简 EPC"（lean EPC）。ARIS 对一个 EPC 流程有若干条建模规则，这些规则确立了 EPC 流程的严谨性。

- 每个流程模型必须至少有一个开始事件和一个结束事件，触发功能和事件总是交替发生，触发功能和事件只有一个传入和传出连接，流程走向总是使用规则来拆分和组合。
- 触发一个功能的多个事件，使用一个规则来组合。
- 规则不能跟随在单一事件后，决策由功能做出。
- 做出决策的功能，总是跟随在规则后。
- 规则显示遵循一个决策的若干流程路径的有效组合。
- 跟随着规则的事件，表明决策的实际结果。
- 规则不能有多个输入和多个输出。

我们可以观察如图 1-15 所示的 EPC 流程图，"生产""处理收货"都是通过流程路径相互连接的，这样就实现了流程的横向连接或者纵向分解。流程分解的目的只是便于阅读，就算 ERP 流程纵向分解出几个层级，流程上的功能/事件/规则的定义和类型都是一样的。从这个角度上说，基于 EPC 建模规则建立的流程都是流程——就像父亲是人，儿子也是具有同样生理特征的人，不会变成其他物种。

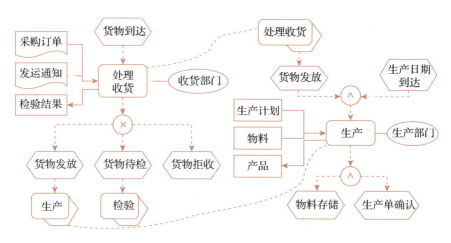

图 1-15 EPC 流程图示例

所以，当人们说业务流程分几级时，我比较倾向的说法是：业务流程分成三层次的模型，其中，流程模型可以按照活动嵌套的逻辑来拆分，分几级一点都不重要。

需要注意的是，并非所有的流程信息或者每一层次的流程图都必须在 ARIS 中进行图形化、结构化建模，无论是流程组定义、概念想法、需求定义，还是流程活动的详细描述、作业指导等，都可以在文本格式或者其他格式的文档中进行描述。用户可以将这些文档链接到相关 ARIS 对象上，所以即使没有直接对其建模，各种信息源也可以链接到模型架构中，这样 ARIS 流程模型就成为一个以结构性流程为框架的完整的企业信息存储库。

经常有朋友跟我探讨：过去公司搞了很多制度文件，今天又说要搞流程，流程和制度究竟是什么关系？怎么能把制度变成流程？怎么保证制度都被流程覆盖了，对流程覆盖不了的制度该怎么集中管理？制度一大堆，有些早就过时了，不知道怎么和流程对应起来？如果制度修改了，如何及时对流程进行调整？

我觉得这些与其说是管理方法或者解决方案方面的问题，还不如说是中国企业管理的术语标准化问题。什么叫制度，什么叫流程？社会上没有标准化的概念，这造成在管理实践中名词使用混乱，分不清当企业领导说要做"流程"或者做"制度"时究竟是要做什么。

如果我们与欧美企业习惯的管理术语做个对应：制度对应 policy，流程对应 process，规程对应 procedure，那么这几个概念可以解释如下。

- 制度是公司或某个职能领域内的方向性、原则性的规定。通常，制度的表现形式是文本。
- 流程是对企业活动的横向或纵向分解。通常，流程的表现形式是流程图或流程模型，一般来说，流程模型可以通过信息系统来实现自动化。
- 规程是当流程最小颗粒度的活动无法或者没有必要再分解时，通过文本来说明的标准化操作要求，也称 SOP 或者工作指导（work instruction）。

举例说明。

- 《员工出差管理制度》是制度，规定了员工出差的交通工具、酒店费用、出差补贴的标准等。
- 出差申请、出差报销是流程，这些流程在差旅管理信息系统里处理。
- 员工在出差报销表上贴发票时的规范是规程，如不能把发票摞着贴，要一张张摊开贴，便于财务共享中心扫描处理。这叫SOP，是通知性文件。

那它们在企业内怎么管理呢？制度和规程一般都以文档的方式存在，而流程以流程模型的方式存在，流程模型在ARIS这样的业务流程管理系统里被管理，通过企业信息系统来运行。企业级流程模型是对企业活动由粗到细的分解，那么所有的文件都可以挂在某个颗粒度的活动上，各级流程模型都与企业文档之间有连接关系。

ARIS是行业里最早出现的基于工具管理的结构完善的企业级业务流程模型。今天在国内也有一些和ARIS类似的流程管理工具。如果不使用这种复杂的工具及严谨的流程模型定义，而是单纯使用手工来管理流程分级，使用相对宽松的流程标记方法（如ANSI标记或其他自行定义的标记规则）来画流程图，也是可以的。例如管理咨询项目中经常采用的如图1-16所示的流程梳理方法，很明显，这也是一种"嵌套式"的流程分解思想。

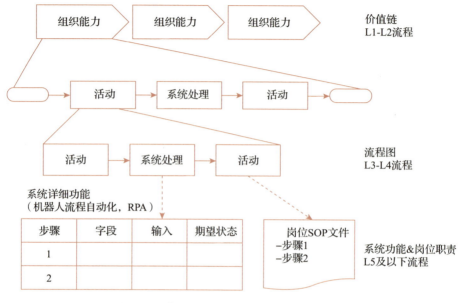

图 1-16 管理咨询项目常用的流程梳理方法

在管理咨询项目中做流程梳理时,为了使业务分析容易理解,价值链层级通常分解为一至两级,流程图层级一般分解为两级,即所谓的三级流程、四级流程,到五级流程一般采用文档描述的方式,包括软件系统功能的描述,以及岗位职责及详细作业说明。不同层级采用不同的标记符号和视觉展现方式。

2. 分类法

前述分解法比较适用于自上而下,由粗到细的流程建模,但是这种方法严谨性、体系性很高,操作起来比较复杂、耗时。而分类法并不特别强调流程的横向分段和纵向分解的结构化关系,只是提供了一个流程分类分级的层级结构，让用户可以将一个个离散的流程装进这个分类框架里，这种思路的代表是APQC PCF。

PCF是一个业务流程的层级列表，包括13个工作的类别，包括战略、研发、销售、生产、财务、人力、IT等企业职能。每一类别里又将工作分解为越来越细的单元或级别，即流程组、流程、活动和任务。APQC提供了一个跨行业通用流程模板和若干个行业专用流程分类模板。

很多人把APQC PCF的每一个层级，叫作某级流程。这个说法可能会造成误解，因为按照APQC PCF的本义，其上的每个对象是一个分类节点，这些分类节点有一定的逻辑联系，但是节点之间并非顺序执行关系，所以应该不算流程或者构成流程的活动。例如，"管理财务资源"不是一个活动，而是"流程分类框架的第一个层级的财务类流程的集合"。

APQC的官方文档里明确说明，流程框架分级水平的一致连贯性并不高。它的一级分类有13个类别，第13类叫"开发和管理业务能力"，其实就是前面12类领域里装不下的职能，包括项目、质量、EHS等，因此也可以叫"其他类"。而在有些情况下，这些"其他类"下的二级流程分类的业务重要程度并不比财务、人力等一级分类的低，例如建筑工程公司、IT服务公司，项目是它们核心的运营体系，那么项目应该算为一级分类。

因此，我们要澄清流程分类的概念，什么是分层级和分类别。

分层级是指对于业务细节的颗粒度，不同层级有不同的表现形式，例如高层级可以用价值链图来串接流程类和流程组的关系，中层级用流程图来可视化地展示流程的内容，低层级用文档来说明活动或任务的具体内容。

分类别是指把具有共同特性的流程放在一起。我们在前文中讨论过，职能和端到端是两种分类的角度：一种是价值链上的职能体系，例如财务、销售等职能域可以用来归类流程，同时，为了使流程归类的结构化程度更高，组织行为由高到低的层级，即战略设计层、管理控制层和业务执行层可以和职能组合起来，形成类别；另一种是"端到端"，和职能相比更加强调跨部门协作，常见的端到端定义有"创意到产品""订单到现金""需求到商机""采购到支付""记录到报表""请求到解决"等。

通过组织行为和价值链组合来分类别，通过业务细节的颗粒度来分层级的组合示意如图 1-17 所示。

在中国企业的实践中，还常能看到一种分流程层级的逻辑，即按照公司的组织层级来分。我在一家大型制造企业的流程咨询招标文件里看到过这样的定义：集团级流程叫一级流程，事业部级流程叫二级流程，部门级流程叫三级流程，小组级流程叫四级流程，小组里的人与人之间的互动叫五级流程，个人的动作分解叫六级流程，每个动作里的电脑屏幕字段操作叫七级流程。我认为这种做法其实不太符合跨部门流程管理的初衷，企业做业务流程的目的就是推动组织扁平化和简化管理，这种流程分级方法存在着对业务流程的误解，认为"流程就是管理制度"。

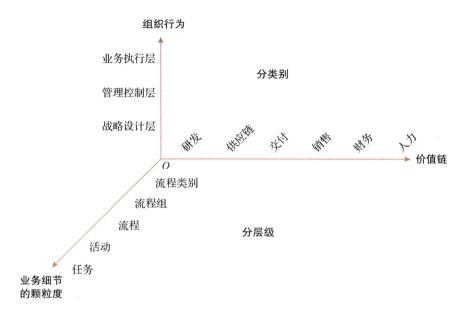

图 1-17 流程分层级分类别的维度

APQC 分类方法的第一层级就是企业价值链模型,分为两大类:运营类;管理和支持类。在运营类之下包括战略、研发、销售、实物产品交付、服务交付、客户服务等;在管理和支持类之下包括人力、财务、信息技术、资产、风险合规、外部关系、开发和管理业务能力(流程、项目、质量、变革、EHS 等),13 个类别共同构成了 APQC PCF 的第一层级。

从类别往下细分,APQC PCF 每一层级定义的颗粒度原则是什么?如果说"流程"是可以描述并指导业务操作的模型,那究竟哪一级颗粒度算流程?

我认为 APQC PCF 的每一个层级不能叫"某级流程"——

APEC PCF 的分类层级树上的每个对象，只要还能往下分解，就是一个分类节点；只有不能往下分解了，才是一个包含了若干功能和事件，可以用流程图的方式来展现的"流程"。我们可以用图 1-18 来展示 APQC PCF 的流程组织体系，只有第三层级的 1.1.4、1.1.5，第四层级的 1.1.1.3、1.1.1.4 以及再也不能往下细分的第五层级的对象，是可以用流程图来可视化展现的"流程"。其他对象都是内装若干子文件夹以及流程图的文件夹。

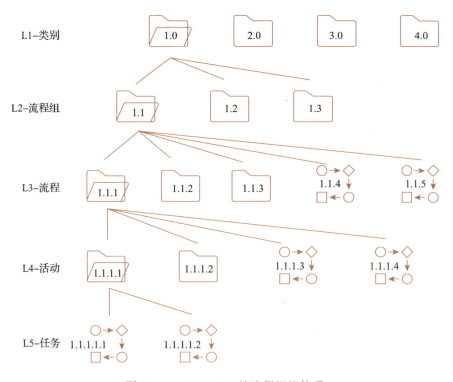

图 1-18　APQC PCF 的流程组织体系

如果我们把口语中说的"某级流程"定义为可以用可视化方式展现的一组按时间顺序排列的活动序列，用于指导工作的流程图的话，那么可以分别把 1.1.4 和 1.1.5 叫"三级流程"，把 1.1.1.3 和 1.1.1.4 叫"四级流程"，把 1.1.1.1.1 和 1.1.1.1.2 叫"五级流程"，然而，这些流程图之间并没有上下级的分解关系，反而存在一定的横向逻辑联系。不过 APQC 并没有像 ARIS 那样提供一套流程图的建模规范，也没有关于流程表达符号、流程连接和流程分解的具体定义。

PCF 本身只是一个五级的流程清单，这个清单是一个由粗到细的业务流程分类的定义，例如，管理人力资源（一级）—寻源/招募/录用员工（二级）—寻找候选人（三级）—管理猎头公司（四级）。PCF 的官方定义很清楚地说明："PCF 并不是整个组织中工作流程的可视化展现。它不是流程图、工作流图或泳道图。PCF 可用于创建这些模型，但是 PCF 本身缺乏传统上包含在这些图中的附加信息。"也就是说，PCF 应该搭配 BPMN、EPC 这类建模方法一起使用。

三级节点叫"流程"，构成二级节点的"流程组"之间可以有一定的串接关系，图 1-19 显示了上一节里我们提到的某企业的流程框架的二级流程组订单到收款（OTC）被打开后的三级流程之间的串接关系。显然，这应该叫作"流程地图"（process map），而不是"流程流图"（process flow chart，即通常语境下的"流程图"）。

68 业务流程：穿越从概念到实践的丛林

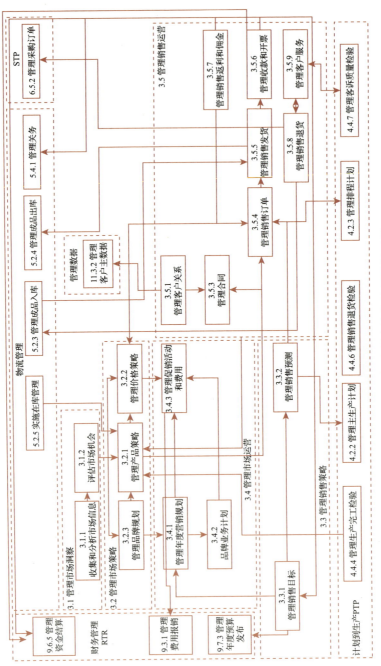

图 1-19 三级流程串接的流程地图示例

APQC PCF 提供跨行业通用的或行业专用的流程清单模板，企业在应用时可以对其进行裁剪。比如后文会提到，IBM 应用 APQC 就有所不同，它基于 APQC 构建了自己的流程框架，称之为 IBM 的 EPF。虽然 IBM 在 EPF 下罗列了上千个流程名称，但在实际的流程管理工作中，它只是根据业务转型的范围，选择少数特定类别的流程，进行深入的流程变革及数字化实现。

除了 APQC 外，行业中还存在多种流程分级的方法论，其中大部分集中在业务行为的软件实现上。为了分析和设计组织内的工作流和流程，它们使用诸如"流程""子流程""活动""任务""规程""事务"或"步骤"等术语来描述不同颗粒度的工作执行方式，这些名词的业务性质和彼此之间的区别并没有准确定义，给流程分析师带来了很多困扰。不同体系对于分类颗粒度的叫法都不一样，我们可以对比几个例子，看看不同体系下流程层级的命名及其大致对应关系（见表 1-3）。

表 1-3 不同体系的流程层级命名及对应关系

流程层级	APQC	SAP ASAP	SAP solution manager	SCOR
1	类别	业务域		
2	流程组	流程组		流程类型
3	流程	业务流程	场景	流程配置
4	活动	业务流程变式	流程	流程要素
5	任务	流程步骤	流程步骤	工作流
6		活动		

在现实的管理咨询或者企业管理事件中，为了避免概念混淆，

我觉得在术语上，把流程分级简化到三个层面会更有利于沟通：顶层、中层和底层。在不同的层面解决不同的业务问题，使用不同的流程工具（见表 1-4）。

表 1-4 流程分级管理的简化

流程层面	解决的业务问题	流程模型	数字化实现	流程框架对应
顶层：价值链	解决业务的方向性问题（例如采取按库存制造还是按订单制造的产销衔接模式？这将决定配置几套流程）或者组织的结构性问题（哪些组织能力可以合并或集中？哪些业务要在什么层级标准化？是否做共享服务？）	价值链图或业务能力图（CBM），无固定格式	该层本身一般无直接的数字化手段	一般指企业流程框架的第一和第二级
中层：流程	解决组织协作、业务效率提升、风险控制等问题，定义部门职责、部门间的工作接口，发现运营性而非结构性的组织变革机会，例如增加某个跨部门的协调机制，BPR、BPI 项目通常在这个层面开展	流程图，目前主流标准是 BPMN 2.0	业务流程管理系统，包括流程建模、流程集成和自动化工作流；流程会调用企业级系统（例如 ERP）的功能	一般指企业流程框架的第三和第四级
底层：任务	解决职位分析和定义等问题，定义详细职位描述或者 SOP，以及信息系统功能描述、操作手册撰写、RPA（机器人流程自动化）部署等	可以用 BPMN 描述，也可以由企业组织自定义格式的文档来描述，包括信息系统用户界面的设计	具体被调用的企业系统（例如 ERP）或者数字化服务；RPA 是任务自动化的工具	一般指企业流程框架的第五级及以下

1.5 流程绩效和对标

企业管理中常见的设问是"结果重要还是过程重要？"，如果说

KPI，例如销售合同额、营业收入、税前利润、现金周转等是组织的结果指标的话，那么流程绩效就是衡量业务流程完成得好坏的指标，是衡量过程而非结果的指标。管理者衡量业务流程的好坏可以从流程本身运行的质量、效率、成本等角度去看，也可以从流程产生卓越运营（operational excellence）的结果角度来看。企业的 KPI 分解的源头是企业战略，分解过程可以采用平衡计分卡一类的方法，而流程绩效则是从流程的角度来建立企业的绩效体系。由于流程在企业内重复发生，管理者在一个周期里衡量流程绩效，或跟自身历史水平比，或基于标准化流程基准开展行业对标，从而检查改进，这个过程可以在组织内无限循环往复。

企业明确地定义业务流程并进行流程管理，一个重要目的便是进行组织内外的对标（benchmarking）。对标是指组织通过与其他同行业或同类组织进行衡量指标比较，以识别自身业务流程的相对绩效水平，与企业内的相同类型组织（例如一家集团的不同工厂）也可以进行对标。开展对标的各个衡量指标就是跟流程相关的"流程绩效"指标。

基于公认的业务流程框架，确保组织对业务流程的理解和定义与行业中其他组织保持一致，制定体系化的流程绩效的衡量标准和目标，确保对标所使用的数据是准确、完整和可靠的，方能使得不同组织之间的数据可比较。通过对标，组织可以了解自身业务流程在行业或市场上的绩效水平究竟如何，做得好在哪里，差在哪里，这有助于识别改进机会，学习和借鉴行业最佳实践，以提高自身业务流程的效率、竞争力和创新性。通过对标，组织还可以基于对行业或同类组织的流程绩效最佳水平的了解，给自身设定既具挑战性，又现实可行的业务流程改进目标，推动业务流程的改进活动。

对标是 APQC、SCC 等国际性流程标准化组织建立的初衷，遗憾的是由于各种原因这些组织在中国的影响力不大，只有很少的中国企业会参加这些组织的对标。不过，基于对标的流程绩效管理，以及基于流程的绩效体系设计的思想，还是值得中国企业学习的。

从卓越运营的结果角度来设计流程绩效的思路是：跟流程分级分类的原理一样，我们可以将流程绩效也分成若干级，与分级流程对应。具体的对应关系是，在宏观层，一组宏观的流程绩效指标可能跟多个宏观的流程类有关系，而在中观层和微观层，流程或活动的流程绩效指标则可以定得更加具体。

我们可以用价值树驱动的方法来设计流程绩效，在公司层的价值驱动因素是：第一，增长，以收入衡量；第二，盈利能力，以销货成本、销售费用和管理费用来衡量；第三，资本利用率，以与现金周转率相关的存货、应付账款周转天数、销售账款周转天数以及固定资产利用率来衡量。企业的流程类（一级流程）可以跟这些流程绩效指标建立对应关系，流程类和指标有多对多的交叉。不同行业依据其行业特点，价值驱动因素和流程类结构有所不同，对应关系也会有所不同。以商超零售行业为例，商超零售行业流程绩效一级指标示例如图 1-20 所示。

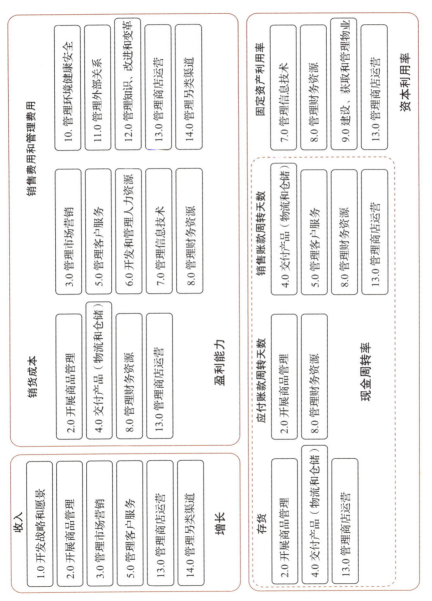

图 1-20 商超零售行业流程绩效一级指标示例

同一流程类出现在不同的驱动因素下时，有不同的相应衡量指标。例如"2.0 开展商品管理"流程出现在"收入"驱动因素下时，可以定义的衡量指标有同比销售增长、产品毛利、自有品牌商品销售占比、新品销售占比、供应商退货等；出现在"销货成本"驱动因素下时，可以定义的衡量指标有自有品牌商品毛利回报率、供应商数量、订单频率、订单大小、采购成本、供应商交货时间、供应商进场费等；出现在"存货"驱动因素下时，可以定义的衡量指标有库存周转、慢动和呆滞库存比率、库存准确性、预测准确性、促销预测准确性等。

再看二级流程和三级流程，每级流程也具有相应的衡量指标，如图 1-21 所示。

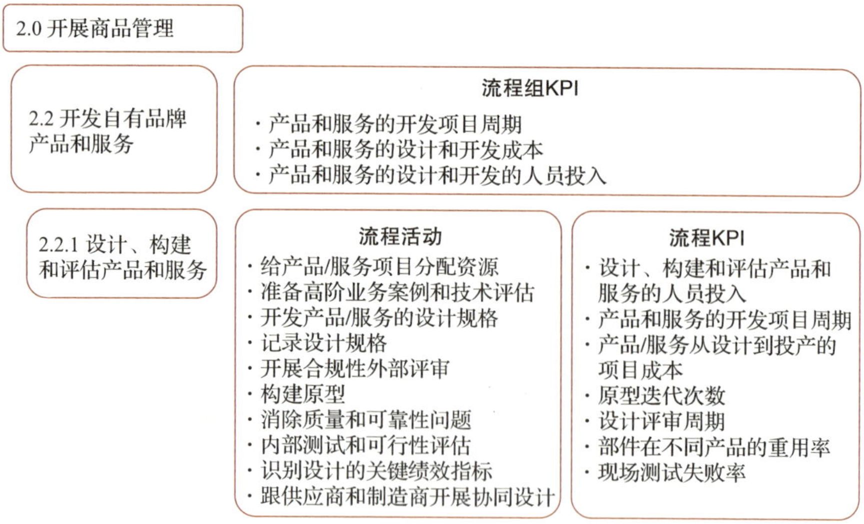

```
2.0 开展商品管理

2.2 开发自有品牌          流程组KPI
产品和服务                · 产品和服务的开发项目周期
                         · 产品和服务的设计和开发成本
                         · 产品和服务的设计和开发的人员投入

2.2.1 设计、构建          流程活动                        流程KPI
和评估产品和服务          · 给产品/服务项目分配资源        · 设计、构建和评估产品和
                         · 准备高阶业务案例和技术评估      服务的人员投入
                         · 开发产品/服务的设计规格        · 产品和服务的开发项目周期
                         · 记录设计规格                  · 产品/服务从设计到投产的
                         · 开展合规性外部评审              项目成本
                         · 构建原型                      · 原型迭代次数
                         · 消除质量和可靠性问题           · 设计评审周期
                         · 内部测试和可行性评估           · 部件在不同产品的重用率
                         · 识别设计的关键绩效指标         · 现场测试失败率
                         · 跟供应商和制造商开展协同设计
```

图 1-21　流程绩效二级和三级指标示例

供应链运作参考模型 SCOR 也有基于这种方法的流程绩效设计方法。在 SCOR 的三级流程体系里，以分层级、结构化的方式提供了 250 个衡量指标。这些指标分为五个绩效属性：可靠性、响应性、敏捷性、成本和资产管理效率。前三个属性被认为是以客户为中心的；后两个则指向内部运营。公司在选用这些衡量指标、确定目标，以及开展行业对标时，可以依据自身的业务战略定位（例如，是成本领先型还是客户亲密型）来确定哪些方面需要做到同行业中最好，哪些方面达到可以接受的行业平均水平即可。

SCOR 模型五个流程绩效属性的含义如下。表 1-5 则展示了 SCOR 模型的流程绩效指标示例。

- 可靠性（reliability）：衡量任务执行的能力，关注的是能否产出流程期望的结果，典型的指标包括按时、保质、保量。
- 响应性（responsiveness）：衡量任务执行的速度，评估供应链交付产品给客户的时间，典型的指标是各种交付周期。
- 敏捷性（agility）：对外部影响的适应和响应能力，能够应对变化的市场需求，获得或保持竞争优势，典型的指标是风险下的适应性和总体价值。
- 成本（costs）：运营供应链流程的成本，包括人工成本、物料成本、管理和运输成本等，典型的指标是销货成本。
- 资产管理效率（asset management）：有效利用资产的能力，包括库存削减、内包/外包决策等，典型的指标包括产能利用率、供应库存天数等。

表 1-5　SCOR 模型的流程绩效指标示例

绩效属性	第一级战略性流程绩效指标
可靠性	• 完美订单交付率
响应性	• 订单交付周期
敏捷性	• 正面供应链适应性（30 天内能够实现的可持续性交付数量增长的最大百分比） • 负面供应链适应性（在交货前 30 天内，在没有库存或成本损失的情况下，能够维持的订单数量减少的最大百分比） • 风险下的总体价值（用于衡量公司或投资组合在特定时间内的财务风险水平）
成本	• 总体供应链管理成本 • 销货成本
资产管理效率	• "现金到现金"周期（从采购付款到销售回款） • 供应链固定资产回报率 • 运营资本回报率

　　SCOR 模型的流程框架分为三级，流程绩效指标也分为三级，这些指标级别之间的关系是诊断性的，即第二级指标作为第一级指标的诊断。通过观察第二级指标的绩效表现，可以解释第一级指标的绩效差距原因及改进机会，这也体现了绩效分解或根因分析的思想。同样地，第三级指标作为第二级指标的诊断。

　　除了上述面向卓越运营结果的、结构化的流程绩效指标，流程也可以通过其本身运行的效率、效能等来衡量绩效。假设把流程本身看作企业管理的流水线，我们可以衡量流水线创造的产品价值，也可以衡量流水线本身的有效利用率、故障率等运行指标。流程挖掘技术就是利用数字化流程活动的日志数据开展大数据分析，从而衡量流程自身的绩效指标的一种技术。这个思路下的流程绩效指标如下。

- 效率指标：在总体流程中，实际有效的工作时间与总工作时间的比率，可评估在流程周期中存在多少资源浪费和时间浪费。
- 产出率指标：在同一流程中，实际流程执行因不同的操作人员或者其他因素而造成的在单位时间内完成流程数量的差异，例如一位操作人员一小时内可以完成三个订单流程，而另一位在一小时内可以完成五个订单流程。
- 产能指标：在给定的时间内，流程可以产出的最大单位数量。
- 缺陷率：衡量在整个流程周期中所犯错误的数量，未通过质量控制检测的单位或产品的数量比率。反之，通过质量控制检测的数量比率称为"良品率"。
- 周期时间：完成整个流程，从起始至终止所需的时长。
- 周转时间：从客户角度而不是从内部角度来看，需求到交付的时间周期，例如从客户下订单到客户收到货物，中间跨越了多少流程。
- 节拍：连续重复发生的流程，每个重复流程的周期时间称为"节拍"，节拍的均匀性和稳定性是需要衡量的流程绩效指标。
- 合规因素：从组织的内部风险控制、安全保护等角度，衡量流程是否经过了规定的流程路径以及控制点。
- 成本因素：流程活动所耗费的成本，通常是构成产品总成本的间接成本。活动成本法（或称"作业成本法"）是从流程的角度来进行产品间接成本归集和分摊的方法。

1.6 用户旅程和流程

随着数字化转型深入人心,人们经常说"旅程"(journey)"旅程"和"流程"的概念有类似之处,都是由若干步骤串联构成动作流。那"旅程"和"流程"的区别是什么?

如表 1-6 所示,流程是以公司管理为核心,从工作的视角出发,主要关注组织内部的动作和任务,强调效率、成本以及风险控制,流程优化的目的是通过改变内部运营来提升客户满意度;流程图是描述流程的图形化展示,通常使用公司管理的术语和行话,对用户来说可能没有太大意义。旅程则是以个人体验为核心,从个人与公司产品或服务(或者数字化产品)产生交互的视角出发,关注个人的感受、需求和期望,强调在整个交互过程中的情感、体验和满意度。旅程一般用于服务设计和数字化产品设计,如果是公司服务客户,或者服务机构向内部客户交付服务,客户亲历的一个完整的场景交互过程就叫"客户旅程",而数字化产品的用户交互过程叫"用户旅程",这两者并无本质区别,下文提到"用户"时,也可能是指代"客户"。

表 1-6 流程和旅程的概念比较

比较对象	流程	旅程
核心	• 公司管理	• 个人体验
类型	• 管理流程 • 运营流程	• 用户旅程 • 客户旅程
分析工具	• 流程图	• 旅程图

（续）

比较对象	流程	旅程
管理角色	• 企业架构师 • 流程工程师	• 体验设计师 • 产品经理
数字化实现	• 业务流程管理系统 • 企业信息系统	• 数字化产品（移动app） • 数字化平台

流程和旅程之间有紧密的联系，如果站在组织的角度来看，流程是后台，可能并不面向最终用户，行为者是公司管理者和管理工程师，而旅程是前台，行为者是顾客或者员工。组织的前后台需要紧密整合，无论是否面向最终用户，都要提供一致的、卓越的个人体验，前台通常会横跨多个业务流程，而业务流程的改进可以直接影响用户和客户的整体体验。

组织在做业务流程管理的时候，管理工程师们使用BPM系统，设计、构建出一个个包含了圆圈、方块和箭头的流程图，然而对具体业务操作人员来说，这些流程图通常是没有意义的，他们也不需要看这些流程图；BPM系统提供了面向最终用户的操作界面，用户无须关心背后流程引擎里的工作原理。

旅程管理从识别用户角色、场景，并绘制一个旅程图开始，确保用户全程获得最好的体验。图1-22是一个用户旅程图示例。

1. 角色（persona）

角色是将一组真实用户群体的特性抽象出来的人物画像，这些特性包括：人口统计信息（如年龄、性别、地理位置等），使用产品或服务的目的、偏好和兴趣，可能遇到的问题、挑战和存在的需求,以及用户在使用产品或服务时所处的环境和背景。设定角色有助于产品团队更好地理解目标用户,并根据这些角色的需求、行为和期望来设计产品或服务。角色是用户旅程的主要参与者,旅程是这个角色的主观视角,他在旅程中的行动将产生数据或者被数据驱动。不同角色面对同一个业务、服务或产品会触发不同的旅程,需要分别构建独立的旅程图,例如化妆品推出一个新的促销活动,即使目标客群都是中青年女性,职业女性和全职妈妈分别对应两种角色,也可能有不同的行为方式。

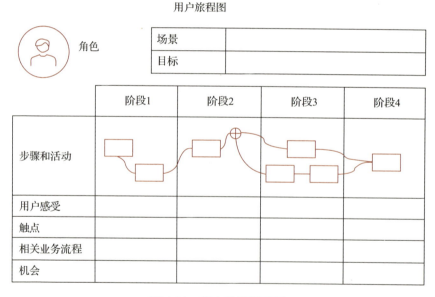

图 1-22 用户旅程图示例

2. 场景和目标(scenario and goal)

我们定义旅程离不开这样一些要素——时间、地点、人物、触发事件或动机等，并通过它们确定用户在该旅程中特定的行为、需求和期望，集中了这些要素的情境称为"场景"。目标指的是用户在全旅程或者每个阶段对产品或服务的期望，或者采取某个行动所追求的结果。产品团队会努力理解和定义用户在全旅程或每个阶段的目标，以确保产品或服务的设计能够有效地达成这些目标。例如，在电商网站的用户旅程中，一个目标可能是"完成购买并支付订单"。在这一目标阶段，用户的目标是成功购买到自己所需的商品，而设计团队则需要关注如何使购买过程流畅、直观、简便、安全，并确保用户能够轻松地达成购物目标。

3. 阶段（phase）

阶段是旅程中渐次发生的不同时期，多个阶段为旅程图中的其余信息提供了组织框架。阶段因场景和目标的情况而各异，公司业务在不同场景下可设定不同类型的阶段。例如同样是产品购买，个体消费者通过电商购买的场景可能包括发现、比较、购买、使用、分享等阶段，而企业客户线下采购的场景则可能包括用户教育、参与交互、试用评估、购买决策、使用支持等阶段。

4. 步骤（steps）、活动（activities）和用户感受（feelings）

行为者在整个旅程中的行为、思想和感受，可以被梳理并对应到旅程的每个阶段。步骤和活动是用户采取的实际行为和动作，它和业务流程的活动、任务类似；在做旅程设计时并不需要获得每个交互细粒度的日志记录，而是侧重于活动步骤的叙述。用户感受对应于用户在不同阶段或步骤的想法、问题、动机和信息需求；具有人类行为学专业背景的设计师在研究用户行为和感想时，可以用专业的方式记录下用户的心理状态。在整个旅程中，用户可能在某些步骤上开心、满意，在某些步骤上沮丧、不满意，这些情绪起伏过程可以绘制成一条波浪形的"情绪线"。

5. 触点（touchpoints）

用户旅程包含多个触点，其中一部分是线下触点，如人员互动、产品使用和视觉感知等，另一部分则是用户与数字化技术交互的线上点。今天随着社交、移动、云、大数据、人工智能、物联网等技术的发展，用户行为在移动 app 以及显示大屏、自动售货机等其他数字化终端展开，并得到物联网、大数据和人工智能支持的助推（例如，将最符合用户需求的功能置于最方便操作、最醒目的位置）。准确识别这些触点，可使组织设计出更好的数字化产品及数字化平台来提升用户体验，而数字化平台跟组织的后台信息系统会建立数据交换关系。

6. 相关业务流程（business process）

旅程中的每个阶段在组织的运营体系上都有相关的流程来支持。例如，前述的 2C 消费品电商购买的用户旅程的发现阶段，用户要在正确的时间、正确的渠道获得符合他特征的营销信息推送，那么商品、顾客的主数据管理流程以及营销广告投放流程就非常相关且重要。通过将业务流程和用户旅程中的阶段及步骤进行对齐，可有助于识别用户旅程的改进机会以及企业内部相关责任人。

7. 机会（opportunities）

机会是从旅程图中获得的优化用户体验的洞察。利用这些洞察——谁对推动优化负责？改进机会的优先级是什么？有什么定量的衡量指标来衡量用户体验和组织的投入？——组织可以采取进一步行动。

传统的业务流程设计可能没有考虑到用户体验的因素，所以业务流程管理如果要解决流程效率低下、客户满意度低的问题，应该结合设计思维和用户旅程图。例如火车票售票的端到端流程可能涵盖车票库存管理、车票信息显示、用户下单、用户支付、系统出票等环节，当用户场景是"春节返乡高峰期买火车票"时，不仅对售票系统的处理性能要求很高，还可能要照顾一些特殊角色，例如老年人（在手机上买火车票）。老年人视力不好，看不清图形验证码，需要对老年人提供更友好的用户验证码输入界面。

前面讨论的旅程是偏宏观层面的设计，也称为用户体验（User Experience，UX/UE）设计，而微观层面的设计称为用户交互（User Interaction，UI）设计，专注于用户与系统界面之间的互动。UI设计涉及视觉设计、交互设计和信息架构设计，包括按钮、图标、颜色等元素的设计，旨在创建一个对用户来说友好、直观、方便的界面，使其获得愉悦的使用体验。

流程从设计到实施更多采用过程不可逆的瀑布式方法，而用户旅程实施策略则强调迭代式的敏捷方法。负责用户旅程实施的组织通常是企业的产品团队，采用"跨学科"的工作方式，由具有不同学科背景的人员构成，包括产品经理、用户体验设计师、用户交互设计师、数据分析师、数据科学家、架构师、全栈工程师（或前端开发、后端开发）等。

在实际开发产品的过程中，除了旅程图外，还有很多其他相关的方法、模板或原型，例如用户移情图、需求陈述、场景体验图、创意插图、故事板、风险评估矩阵等，它们广泛应用于企业级设计思维工作坊以及产品管理中。采用敏捷的旅程设计方法强调自下而上，设计者保持归零心态，在用户研究过程中去发现问题并解决问题，而非流程设计那样从明确的原则和假设开始。产品设计还会邀请用户参与共创，无论是在观察阶段对用户行为进行研究，还是在原型阶段请用户来验证。

流程管理和旅程管理是两种不同思维、不同对象、不同内容的工作管理方式，在传统企业中通常属于不同的归口组织，流程管理属于流程管理部，而旅程管理则是营销部门或者数字化产品部门的职责。不过，随着企业数字化转型的推进，以用户为中心的运营模式要求二者在组织和管控上更好地融合。

今天随着各种新的数字触点如 app、智能电视和社交媒体的兴起，用户全域数字化时代到来，企业需要更有效的方法来连接用户旅程的各个交互阶段，与用户保持持续连接和互动，不断激活用户，发掘用户价值。因而企业对全渠道用户旅程管理的需求不断增加，企业开始部署用户旅程管理的数字化平台，以深入洞察用户旅程，并通过智能优化实现个性化互动，在整个旅程里为用户提供一致化的体验，这套管理方法称为用户旅程编排（Customer Journey Orchestration，CJO），其过程如下。

- 绘制（map）：详细描绘企业与用户的每一次互动，形成分角色、分业务的旅程地图，准确展现不同用户群（即前文提到的"角色"）如何体验产品及其阶段迁移的过程。
- 埋点（track）：识别用户旅程中的关键触点，并整合来自各个渠道（如app、小程序、公众号、企业微信等多个场景）的数据，为企业建立全面的用户触点记录系统，完成一体多位的数据基础建设。
- 分析（analyze）：依据用户旅程的不同阶段设定关键指标，进行深入的数据分析，诊断旅程的连贯性，进而识别痛点和潜在的改进机会。
- 编排（orchestrate）：在数据分析的基础上，根据不同用户群的价值，有策略地编排用户旅程，确保在正确的时机，通过合适的触点，传递最合适的内容，从而进一步提升用户体验和价值。
- 优化（optimize）：持续关注关键指标的变化，对用户旅程编排策略进行动态调整，确保用户旅程始终得到最佳的引导和优化。

旅程管理是一个数据驱动的工作，通过对旅程中获取到的用户数据进行细致的用户分析，深入理解用户的行为和需求，实现旅程中每个环节的指标追踪，相应地推动有关内部业务流程的执行，最终优化用户体验和提升业务指标。用户生命周期中监测指标和流程执行策略的关系如表 1-7 所示。

表 1-7 用户生命周期中监测指标和流程执行策略的关系

阶段	监测指标	流程执行策略
产生兴趣（拉新获取）	新用户获取率、每日 / 每月新用户数、新用户来源（如广告、社交媒体、推荐等）	通过广告投放、合作伙伴推荐、社交媒体宣传等方式吸引新用户
长期留存（沉默用户唤醒）	用户留存率、每日 / 每月活跃用户数、沉默用户数及重新激活率	通过定期的用户互动、特色活动、优惠策略等激励措施唤醒沉默用户
流失与召回	用户流失率、用户回流率、用户召回成本	通过邮件、短信、广告等方式召回流失用户，并了解其流失原因，从而调整产品或服务来满足其需求

企业要利用大数据分析形成用户全生命周期的洞察能力，通过定义并配置旅程地图中的各个阶段，分层分级地洞察各个用户群的表现，动态评估产品迭代对用户迁移转化的效果，真正将业务流程和旅程管理衔接起来，结合用户价值，开展个性化用户运营（见图 1-23）。

例如今天不少券商在尝试探索财富管理的业务转型，即如何在提供大规模标准化高质量服务的同时，为高价值用户提供更加个性化的服务。为此，券商利用 CJO 来完善线上营销与线下服务，搭建陪伴式服务体系，针对不同用户群各有侧重地开展差异化服务，以满足不同资产水平和投资偏好的用户的需求。比如，Z 世代的用户

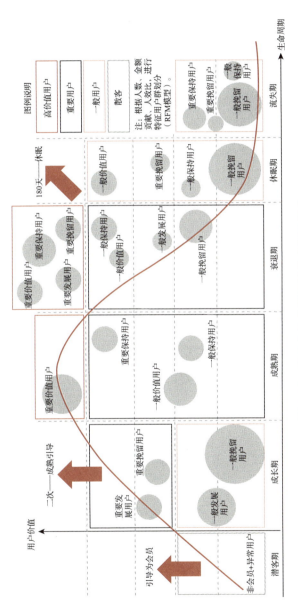

图1-23 用户全生命周期阶段和用户细分

更关心资产的保值增值，高净值用户则更倾向于接受线下的投顾服务。

基金定投是指用户定期对某固定基金投资固定金额的投资方式，它参与门槛较低，操作便捷，投资灵活，对用户来说能够很大程度地分散风险，满足保值增值的刚性需求。在该场景中，券商利用CJO进行用户精细化运营，当用户进入旅程的某个关键阶段时，主动跟进，以有温度的陪伴式服务为用户打造更舒适的体验。从用户视角看，基金定投产品的用户旅程是搜索/点击理财资讯→阅读文章/观看视频→查询详情（包括业绩走势、重仓成分股、申赎规则等）→基金筛选、横向对比→认购/申购决策→长期定投。根据前述方法论可以梳理出详细的用户旅程，做好旅程编排，启动用户服务的关键流程，如图1-24所示。

再举一例，融媒企业承接着大量线上线下活动的运营业务，但往往做活动引流来的用户"即来即走"，难以长期在融媒客户端留存。从内部运营视角看，可以分为活动策划、活动宣传推广、活动运营、用户长期留存等业务流程，每个流程都有其特定的目标和挑战。如何更好地吸引用户，提高转化率和用户参与度，最终确保用户长期留存，都取决于用户体验的提升。

而从用户视角看，他们与平台的互动可以被划分为多个阶段，从产生兴趣到长期留存。我们可以绘制出媒体活动的用户旅程：产生兴趣、注册激活、活动互动、投票/参赛、关注资讯/使用服务、长期留存。梳理出平台与用户的每个触点和关键时刻，明确每个阶段的核心监测指标，用CJO开展用户运营，如图1-25所示。

第 1 章 什么是业务流程 89

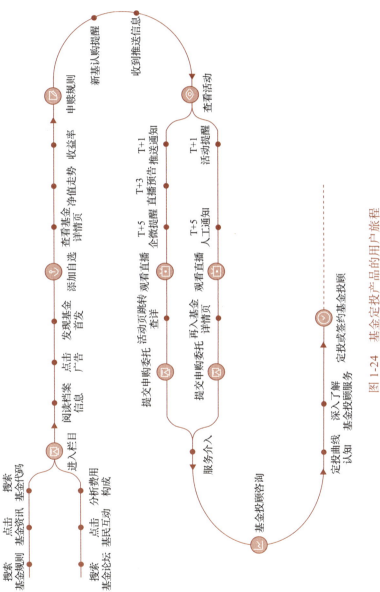

图 1-24 基金定投产品的用户旅程

90　业务流程：穿越从概念到实践的丛林

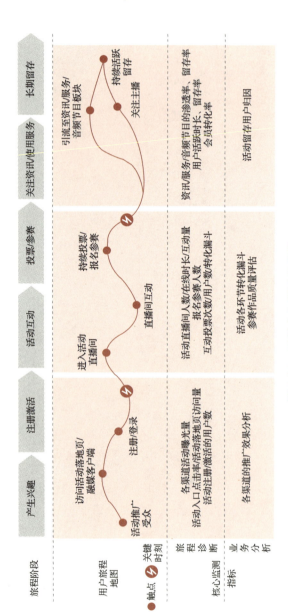

图 1-25　融媒业务的用户旅程

对活动拉新用户群体的特征进行洞察，该用户群体处于活动互动阶段，有效参与活动直播并投票。从业务经验看，该用户群体目标明确，主要是为参赛选手造势或投票，在活动结束后极易流失。数据显示，该用户群体规模在活跃用户总量中占据一定比例，需要引导留存。用户群体行为路径为登录—浏览活动详情页—参与直播互动—投票，投票后即跳出，下次登录时间普遍为下一个直播时段。

通过对该用户群体的旅程进行诊断，企业发现活动拉新用户群体登录客户端后的行为基本集中在为参赛选手造势和投票阶段，未有效体验客户端的核心功能及服务，因此在活动结束后该用户群体极易全部流失。综合考虑该群体的年龄特征、新潮心理以及融媒触点矩阵，在活动期间，执行业务流程主动将该群体引流至客户端，比如主播直播间、本地资讯、媒体服务、音频节目等核心板块，并持续影响养成习惯，可提升其长期留存率。

第 2 章

纵览业务流程管理

CHAPTER 2

重组的核心是理念上强调破坏性思考——认识并打破作为运营基础的过时规则和基本假设。除非我们改变这些规则，否则我们只不过是在重新安排泰坦尼克号甲板上的椅子。

——迈克尔·哈默（Michael Hammer）

第 1 章提到,"流程"和"业务流程"在使用时存在概念混淆,而"业务流程管理"存在同样的问题。当我们说这个词时,字面上包含了两层含义。

一是"用业务流程来做管理",将串联起一系列活动的业务流程作为工具和方法,来解决管理上的问题。当企业把流程作为管理工具时,对组织变革力度的期望值将有所不同。

- 低——增量的改进:在基本维持现状的基础上,进行流程的局部改进和优化,典型形式是精益运营的改进活动,例如全面质量管理、精益管理、六西格玛的 DMAIC。人力资源体系基于流程进行职位设计和绩效评价,财务部门基于业务流程的内控和风险管理,也属于这种类型。
- 中——架构性优化:建设流程型组织,对业务流程进行重新设计，通过协同、共享等组织结构性优化，例如集团管控、共享服务转型、供应链模式的优化（例如集中采购、集中产销计划）等，来提升效率。ERP、CRM 等企业级系统的实施为了体现信息技术的应用价值，会借助信息技术来促成流程的重设计和优化。

- 高——颠覆式优化：在一张白纸上重新设计流程，对业务流程进行革命性再造，通常以战略和商业模式的根本变化为前提，提升企业竞争优势，例如从产品制造向服务转型，或者从定制化产品向标准化产品转型，就需要重新思考业务假设，对业务流程进行根本性再造。

二是"对业务流程的管理"，此时业务流程本身作为被管理的对象，在这个含义上的"业务流程管理"体系包括三方面：其一，业务流程管理的流程，包括业务流程全生命周期的识别、建模、分析、部署、监控、运维等活动；其二，角色和治理模式，包括流程责任、流程规划和流程实施的相关各方的分工，流程管理的牵头部门和具体对流程内容负责并应用流程的业务部门之间对于流程管理的权责分配等，通常流程管理职能属于 IT 或者其他专业的行政管理部门，执行流程管理的人叫"流程工程师"或者"业务架构师"，而具体到每个业务流程的主责则归口到相关业务领导，例如营销流程归口到营销副总，负责该流程的人叫"流程所有者"；其三，工具，流程作为管理工程，从规划、管理到运行等不同层面都需要相应的信息技术工具,并且需要与执行业务活动的企业级信息系统(例如 ERP、CRM 系统)建立关联。

为了叙述方便,后文我用到"业务流程管理"这个词时,如无特别说明,都是指"对业务流程的管理"这个含义。而对于"用业务流程来做管理"的话题,根据流程变革的显著程度,以及企业内不同业务领域和管理层级存在的不同的管理术语,我会用"业务流程优化""业务流程改进""业务流程再造"等名词来描述。

无论是哪种 BPX(其中,X 代表任意英文字母),它都是基于业务流程的运营提升、组织再造和信息技术应用而形成的业务流程管理方法,即相应的企业级信息系统,而未来的发展方式是业务流程智能化和企业自动化。业务流程管理发展脉络如图 2-1 所示。

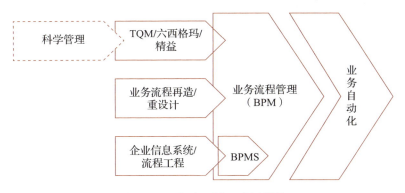

图 2-1　业务流程管理发展脉络

2.1 流程管理的起源

西方管理学家将流程管理理论最早追溯到了中国古代军事家孙武。在《孙子兵法》对军事战略和战术的描述中，可以看到军事管理者将特定的任务分配给特定的人，并计算执行这些任务所需的资源的思想，这被认为是最早的流程管理。

工业革命时期，18世纪苏格兰经济学家亚当·斯密在其著作《国富论》中对工作分工的观察是对业务流程的早期理解——通过将生产过程分割成一系列独立的任务，每个人专注于特定的工作，不仅可以节省时间，还可以提高技术水平，从而推动整体生产效率的提升。斯密揭示了优化工作分工，明确每个环节的职责，形成"流程"可以促进目标达成。到20世纪初，弗雷德里克·泰勒的泰勒制和亨利·福特的生产流水线则使得作业标准化和分工协作成为现代管理的基础，从形式上奠定了现代企业的流程。

泰勒于1856年出生于一个富裕的律师家庭，曾经入学哈佛大学，后因病休学进入工厂，从工人做到总工程师、厂长，直到总经理，37岁开始专职从事管理咨询工作，后来当选为美国机械工程师学会（ASME）主席，获得宾夕法尼亚大学名誉科学博士学位，并且在哈佛大学讲授科学管理课程直到去世。"搬铁块实验"和"铁锹试验"是泰勒形成其科学管理理论的著名试验。在搬铁块实验中，泰勒论证了科学地选拔工人，并且施以正确的激励方式的重要性。在铁锹试验中，泰勒发现了提升工作效率、达成劳资双方共同认可的双赢分配规则的规律：其一，标准化的作业量，当工人的铁锹每一铲下去铲起21磅（约9.5千克）时，每天完成的铲运量最大；其二，配备标准工具，即与铲运物匹配的标准铁锹，铲煤用煤铲，铲矿石用矿石铲。在此之前，工人自己选择并保管自己的铁锹，大小不一，泰勒提出改由工厂提供8~10种不同的铁锹，每种铁锹只适合铲运特定的物料；其三，标准化作业动作，即规定工人如何有效地使用其力气把铁锹插入物料堆体中，如何清理物料堆的边缘部分，如何以特定的水平距离和高度把物料抛送出去。

除了作业方法的改进，泰勒还把工人分成班组进行管理。根据标准作业量、工作目标和工作条件，合理地分配各工段的人数。设定工作目标，根据工作能力和工作成效付酬；将管理者和工人分开，由管理者来分配任务，记录工作量，培训、辅导、帮助工人提升技能，提高产出，而不是简单地因为工人没有达到目标就将其开除，这就是后文将提到的"经理人资本主义"的时代背景。此外，泰勒还研究了影响工人努力工作动机的因素，这也是现代工业组织心理学的源头。

泰勒的方法取得了显著的效率提升，他试验的工厂在机器产能不变的前提下，工人人数变为原来的1/3，日薪提升60%。1911年，泰勒在其著作《科学管理原理》中系统总结了他的方法，该方法也被称为"泰勒主义"，其科学性是确定了工厂达到目标的最佳方法——通过将人归类为"可以操纵的机器"，工厂的流程可以被简化和优化。在泰勒主义之前，工作流程和组织是基于经验、因循传统的，从生产的角度来看，产出效率完全是偶然的。泰勒主义对时间和动作的研究，以及对岗位的分析，使得工人以最好、最快的方式完成某项工作。泰勒非常强调工作的标准化、专业化（工人、领班和计划员的分工）以及质量控制的重要性。

福特是泰勒主义的践行者。他比泰勒小7岁，16岁就在底特律的工厂当机械师学徒，还学习了会计，后来加入了爱迪生照明公司并晋升为总工程师。这位工程师一直致力于发明替代马车的机器——四轮汽车，并得到了老板托马斯·爱迪生的支持。1903年福特成立了汽车公司，在1908年10月推出了T型车，实现了他革命性的愿景：由收入稳定的熟练工人大规模制造大众能买得起的汽车。受泰勒主义的启发，福特创新了生产流程，他的工厂每93分钟就能生产出一个完整的车架，而之前同样的生产需要728分钟。

福特生产流水线是分解工作流程，将分解的操作步骤用传送带连接起来，仔细地协调整个过程。这种解放生产力的方式获得了可观的利润。1914 年，福特开始支付员工每天 5 美元的工资，几乎是其他制造商的两倍；他把工厂的工作时间从 9 小时缩短到 8 小时，实行三班倒制。福特还向工作满 6 个月的员工提供利润分成，确保员工过上体面的生活，他甚至成立员工调查机构，严禁饮酒、赌博和其他不得体的行为。

泰勒和福特揭示了业务流程中的作业标准化和分工协作的原理，他们的方法是将人看作机器。他们的后继者在流程研究方面则深入到了更广泛的人类行为和人员介入上，强调围绕流程、工作流、活动、任务的人类交互，因而也从制造业延伸到了诸如建筑、医疗、公共服务等非制造业。

泰勒的下属、徒弟亨利·甘特在福特造汽车的同时，发明了用图形化的方法来进行工作规划和任务跟踪，即今天还在普遍使用的"甘特图"。甘特曾用这个方法管理了多个重大基础设施项目，包括著名的美国胡佛水坝的建设。在同一时期，成绩优异被麻省理工学院录取却因没钱交学费而成为泥瓦匠的弗兰克·吉尔布雷思发明了流程图。他发现在建筑施工中有些砌砖工的效率更高，通过研究和记录与工人相关的动作，他发现，为了完成特定的砌砖任务，人们可以通过优化操作过程，例如调整脚手架位置、优化砖块和灰泥的摆放，来减少所需的动作数量。吉尔布雷思拍摄工人的砌砖动作，将手部动作分成 17 个小的标准动作；他是最早将摄影技术用于管理研究的人，和泰勒为了缩短时间用秒表研究工人动作不同，摄影则是为了减少不必要的动作数量。吉尔布雷思用这个方法在第一次世界大战期间研究外科手术流程，他率先建议外科护士充当外科医生的"球童"，在手术过程中把手术器械交给外科医生，他还通过摄影研究并开发了受伤士兵管理日常活动的方法，帮助伤兵康复。为了在工作环境中监控流程和动作，他开发了"流图"或称"流程图"，并在1921年的美国机械工程师学会会议上发布，它是最早使用结构化方法来记录并分析流程的工具。弗兰克·吉尔布雷思的太太莉莲·吉尔布雷思是美国第一个获得心理学博士的女性，被称为"管理学的第一夫人"。莉莲不仅为弗兰克生了12个孩子，而且帮助他推广科学管理方法，将心理学应用到工业环境，发明了人体工程学办公家具，可以称得上是"业务流程之母"。

吉尔布雷思的继任者是艾伦·H.莫根森（Allan H. Mogensen），他在20世纪30年代以推广流程图而闻名。这种管理咨询的工作称为"工业工程"（industrial engineering），后来的"流程工程"或者"业务流程工程"与之一脉相承。莫根森的流程图称为"工作简化法"。

工作简化法旨在通过简化和优化工作流程来提高工作效率，它的核心思想是：将复杂的流程分解成更小、更容易管理的子任务，以降低每个任务的复杂性；简化工作流程，去除不必要的步骤，制定流程标准和规范，提高效率和一致性；引入适当的工具和技术来自动化或简化任务，降低手动工作的复杂性；提供员工培训，让员工主动参与工作设计，使其理解工作流程从而更有效地执行任务。

泰勒制和吉尔布雷思动作研究等在提升生产效率上发挥了很大作用，然而还是有工人认为这是资方和管理者利用他们的方式，因此并未从根本上缓和劳资矛盾，甚至有工人破坏流程。

莫根森继承了泰勒和吉尔布雷思的方法，他发明的"持续改进的工作简化法"旨在有组织地挖掘、总结、运用企业内员工的常识，"流程图"则是提炼并书写流程常识的工具。莫根森认为执行任务的人而非发号施令的经理，才是最适合改进任务的人。当涉及流程持续改进时，他将工作现场人员视为最重要的资源。通过让每个工人都参与到流程设计中来，包括生产流程和行政管理流程，莫根森达到了两个目的，一是减少了对实施泰勒制的反对和抵触，二是得到了对流程改进的投入承诺。

这个阶段另一个流程分解和工作简化的工具是"检查清单"（或称检查表，checklist），来自波音飞机的创始人威廉·波音。毕业于耶鲁大学的波音创立了飞机制造公司，在第二次世界大战期间生产B-17"空中堡垒"轰炸机时，为了处理工作的复杂性问题，他发明了"检查清单"这个工具，以确保每个细节都得到执行，控制任务完成的环境依赖关系。它也是复杂工作流、流程分解、流程文档记录的最初形式。

和莫根森同龄的本杰明·格雷厄姆也致力于"简化工作流程"，他在莫根森和吉尔布雷思主要面向工厂的流程图的基础上，对流程图做了改进，主要面向办公室工作人员，简化白领的工作流程——他称之为"文书工作"，格雷厄姆流程梳理方法成为今天"业务流程改进"的先驱。他用两个术语来定义流程改进:"期望的目的或最终结果"和"文书工作包括信息(或事实)的吸收、传递、分析、交流和存储"。格雷厄姆发现信息是非常重要的员工管理工具,他认为过去信息的目的是帮助领导决策,但似乎没有向员工及时传达,员工虽然不断地试图增加产量,提高质量,降低成本,但都是徒劳的,因为他们没有得到任何方针和指导,员工应该参与到企业的知识积累中去。

流程图是简单、直观、可视化的流程梳理形式,它有助于组织中的不同人群和团队形成一致的、通用的语言。本书后文提到的随着信息技术的发展,为便于信息系统的系统化处理而开发的结构化流程图和流程模型,其思想可以追溯至甘特、吉尔布雷思、莫根森、格雷厄姆等发明的流程思想和流程图。1947年,美国机械工程师学会综合各位大师的流程图规范,首次发布了流程图符号标准规范(见图2-2),规定流程包含以下六种标准活动,按距离、数量或时间来测量并采取改进行动。

- 操作:物体被改变特性或者被组装或拆卸,或者被使用。
- 搬运:物体被搬运或放下,跟"操作"或"传输"连接。
- 传输:物体从一个地方移动到另一个地方。
- 检验:对物体进行鉴定或对其任何特性的质量或数量进行验证。
- 延迟:当条件不允许或不需要立即执行下一个动作时,物体处于排队状态和待在缓冲区中。

- 存储：物体被保存并防止未经授权的移动。

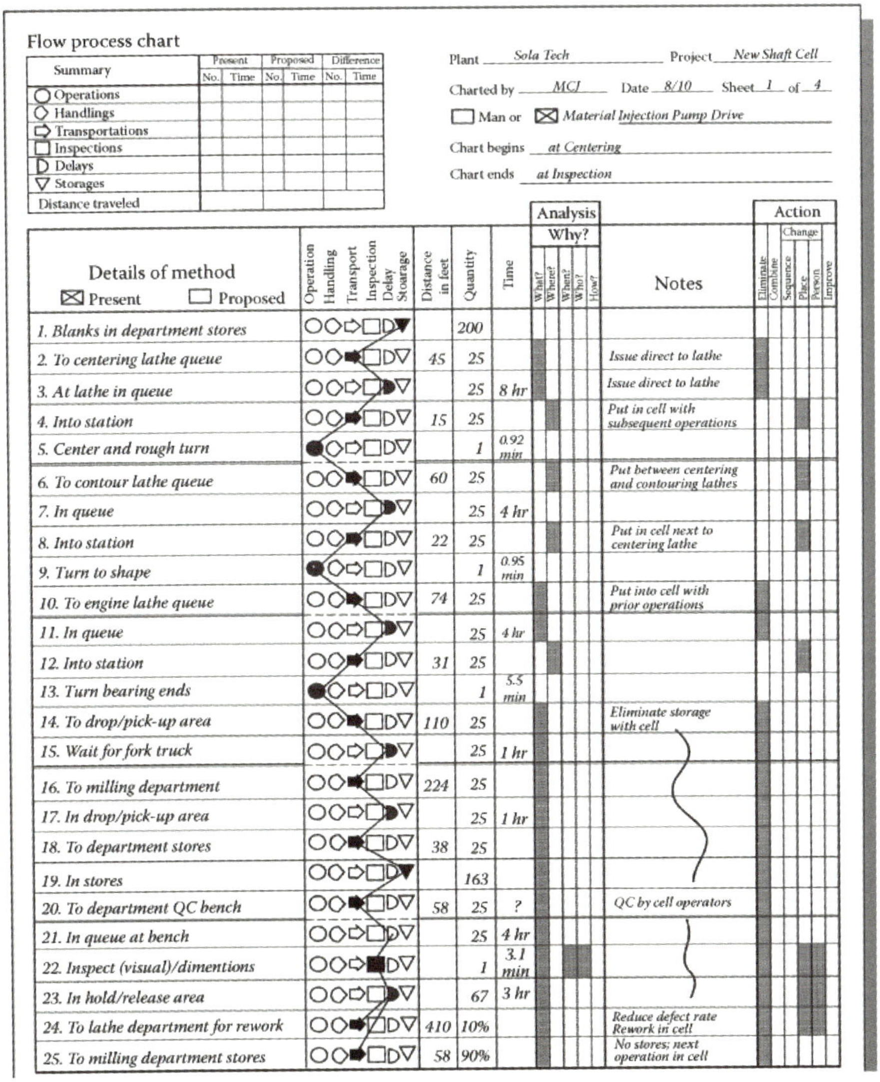

Flow process chart

Summary	Present No.	Present Time	Proposed No.	Proposed Time	Difference No.	Difference Time
○ Operations						
⬡ Handlings						
⇨ Transportations						
□ Inspections						
D Delays						
▽ Storages						
Distance traveled						

Plant *Sola Tech* Project *New Shaft Cell*

Charted by *MCJ* Date *8/10* Sheet *1* of *4*

☐ Man or ☒ *Material Injection Pump Drive*

Chart begins *at Centering*

Chart ends *at Inspection*

Details of method ☒ Present ☐ Proposed

Details of method	Distance in feet	Quantity	Time	Notes
1. Blanks in department stores		*200*		
2. To centering lathe queue	*45*	*25*		*Issue direct to lathe*
3. At lathe in queue		*25*	*8 hr*	*Issue direct to lathe*
4. Into station	*15*	*25*		*Put in cell with subsequent operations*
5. Center and rough turn		*1*	*0.92 min*	
6. To contour lathe queue	*60*	*25*		*Put between centering and contouring lathes*
7. In queue		*25*	*4 hr*	
8. Into station	*22*	*25*		*Put in cell next to centering lathe*
9. Turn to shape		*1*	*0.95 min*	
10. To engine lathe queue	*74*	*25*		*Put into cell with prior operations*
11. In queue		*25*	*4 hr*	
12. Into station	*31*	*25*		
13. Turn bearing ends		*1*	*5.5 min*	
14. To drop/pick-up area	*110*	*25*		*Eliminate storage with cell*
15. Wait for fork truck		*25*	*1 hr*	
16. To milling department	*224*	*25*		
17. In drop/pick-up area		*25*	*1 hr*	
18. To department stores	*38*	*25*		
19. In stores		*163*		
20. To department QC bench	*58*	*25*	*?*	*QC by cell operators*
21. In queue at bench		*25*	*4 hr*	
22. Inspect (visual)/dimentions		*1*	*3.1 min*	
23. In hold/release area		*67*	*3 hr*	
24. To lathe department for rework	*410*	*10%*		*Reduce defect rate Rework in cell*
25. To milling department stores	*58*	*90%*		*No stores; next operation in cell*

图 2-2　流程图符号标准规范

2.2　BPI：流程改进

第二次世界大战后，源于美国但在日本发展起来的质量改进运动，与上节介绍的美国工业工程师们提出的"持续改进"相结合，在20世纪70年代末推动形成了以"丰田生产体系"（TPS）为代表的"业务流程改进"（BPI），TPS在美国广泛传播，称为"精益"，随后发展为全面质量管理、六西格玛等以流程为主要手段，追求卓越运营的管理方法。

质量管理之父是沃特·阿曼德·休哈特、约瑟夫·朱兰和爱德华·戴明。休哈特是统计学博士，他在1924年发明了基于统计学原理的"质量控制图"（control charts），用于监控和改进过程质量。国内质量管理领域习惯把process翻译为"过程"，实际上和流程是一个意思。请注意，下文中"过程"和"流程"时有混用，例如"过程控制"也可以叫"流程控制"。

质量控制图包括：①中心线，表示过程的中心，是通过收集样本数据并计算平均值得出的；②控制限，表示过程正常变异范围的上下限，通常是通过统计方法（如标准差的倍数）确定的；③样本点，即在不同时间或批次内收集的样本数据，由样本点连接而成的线便是控制图。

在业务流程中，各种活动和任务都会产生输出，而这些输出的质量对整个流程的效能至关重要。通过使用质量控制图，组织能够在业务流程中保证质量、识别问题，并实现持续改进：一是监控过程稳定性，质量控制图显示过程的中心线和控制限，帮助识别过程中的任何异常变异，从而及时采取纠正措施；二是识别异常变异原因，质量控制图显示超过控制限的数据点，可能表示特殊原因引起了质量问题，这有助于迅速识别根因并解决问题；三是持续改进，通过监控质量控制图，组织可以实时了解流程绩效，为持续改进提供数据支持。

质量持续改进包括四个不断循环的环节：计划（plan）、执行（do）、检查（check）和处理（act），简称PDCA，这也是休哈特提出的，后来被戴明广为传播，称为"戴明环"，从质量管理工具发展为一个通用管理工具。

质量管理是从统计学视角出发对流程的管理。戴明和朱兰是休哈特的同事兼学生，朱兰在美国、日本的产业界长期从事质量管理的研究和咨询工作，而在第二次世界大战后，时年50岁的统计学家戴明博士受美国政府派遣到日本协助人口普查的统计工作，在此期间受日本科学家和工程师协会（JUSE）邀请，在日本工业界宣讲统计过程控制、全面质量管理和持续改善等管理理念，培训了成千上万名日本大企业，包括丰田、索尼等新兴企业的高级管理人员，极大地影响了战后日本企业的管理思想，被日本人认为是日本20世纪60年代经济起飞最重要的影响者之一。

戴明回到美国后继续从事统计学咨询工作，他在日本的声誉如日中天，在自己的祖国却一直默默无闻。这段时间在美国企业界里，质量过程控制等科学管理理论并不受重视。早期美国管理咨询行业主要关注工业工程和科学管理的内容，到 20 世纪六七十年代大公司的咨询兴趣却转移到了业务战略的课题上，管理咨询让位于战略咨询。直到 70 年代末美国企业面临来自日本、德国的制造业竞争压力，蜂拥至日本学习日本企业管理经验时，才发现原来日本企业背后是这位管理大神，于是 80 岁的戴明在美国一夜成名。福特汽车邀请戴明担任组织再造咨询顾问，下一章我们会细讲。

TPS 是第二次世界大战后直到 20 世纪 70 年代，由丰田喜一郎、丰田英二、大野耐一和新乡重夫等多位丰田的创始人、高管和工程师开发的。丰田汽车创始人丰田喜一郎创立了大规模现代化生产模式，他以汽车总装厂为核心，把产业链上的设备、原料、零部件厂整合起来，将传统的计划驱动、批量生产的方式改为按需生产的方式。工厂不设库存仓库，工人只生产下道工序需要的产品，他把这种恰好赶上、不浪费的方式叫"准时制生产"。丰田英二是丰田喜一郎的堂弟，20 世纪 50 年代初任公司副总，他在考察了福特汽车后，正式提出 TPS 的想法，具体执行这套体系开发的是工厂经理大野耐一。丰田想要达到与福特相同的生产力水平，但它只有有限的资金，为此它必须找到一种方法来提高灵活性和效率。

TPS 的指导思想首先是从顾客的角度来审视制造流程，消除一切浪费，即任何不创造价值的流程活动和事物，包括缺陷组件、不必要的流程、停机时间等；其次是持续改进流程，涉及持续改善（Keizen）、现地现物（Genchi Genbutsu）等理念；最后是尊重员工，促进员工发展和倡导团队合作。TPS 基于两个主要的运营原则，一是前面说到的准时制生产,二是自働化,质量要在制造过程中解决,出现问题时让生产线自动停止。自动停线的自働化,才能在现场、现物根据现实找到问题的根因,从而从源头上消除质量问题。TPS 的构成如图 2-3 所示。

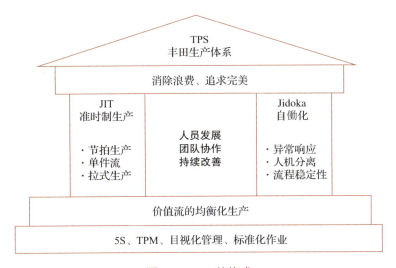

图 2-3　TPS 的构成

在 TPS 的四个要素（理念、流程、员工/合作伙伴、解决问题）里,长期经营的理念,尊重员工和合作伙伴并促进他们成长,以及亲临现场解决问题,持续改进等都很重要,但更重要的是在流程方面,TPS 创造了一系列最佳实践,确保正确的流程产生期望的结果。

- 建立连续的作业流程,让问题及时暴露出来。
- 使用拉式生产体系,避免生产过剩。
- 均衡化生产（Heijunka）,像乌龟一样工作,而不是像兔子一样。

- 自働化，建立立即停下来解决问题的文化，从源头上把质量做好。
- 标准化作业是持续改进和员工授权的基础。
- 使用目视化管理，使问题无处隐藏。
- 只使用可靠的、经过彻底验证的技术，技术是为员工和流程服务的。

20 世纪 80 年代，丰田汽车以及其他日本企业的快速发展使美国企业界产生了巨大触动，推动了业务流程再造思想的产生，以及与 BPR 思想相对独立的另外一套业务流程改进思想——"精益"的产生。80 年代末，麻省理工学院的一个教授团队访问日本，研究了日本的汽车制造流程的先进经验。1990 年，詹姆斯·P. 沃马克（James P. Womack）、丹尼尔·T. 琼斯（Daniel T. Jones）和丹尼尔·鲁斯（Daniel Roos）出版了《改变世界的机器：精益生产之道》一书，用西方管理学的组织和流程视角对日本汽车生产方式进行了诠释，以经典的价值链模型深入论述，包括生产运营、设计研发、供应链协作、客户关系以及组织发展，并将 TPS 总结为"精益"这个词，前述的那些丰田实践就是被美国学者提炼出来的。沃马克等人报告称他们在日本丰田工厂看到的具有革命性，值得西方效仿。这份报告一出，全世界的流程管理人员和咨询公司便掀起了丰田方法研究的热潮，出现了很多引进精益的企业以及精益实践者，在沃马克报告的基础上，各自进行了衍生演化，例如价值流、消除浪费等成为管理热词。总的来说，精益并不等于TPS，而是美国企业界对TPS的演绎，有些观点认为精益的范围比TPS小，聚焦于运营层面的流程改进。

同一时期全球企业界受日本制造业影响，还兴起了另外一项流程改进运动——全面质量管理。石川馨因发明"鱼骨图"分析质量缺陷而知名，后来"鱼骨图"被广泛应用于业务流程分析。明确定义要解决的问题，如一个质量问题、效率问题或任何需要解决的问题，在水平线的一端写上问题的名称，就像鱼的主骨，沿着主干，用斜线画出表示可能影响问题的各个因素的分支，例如现场作业因素从"人、机、料、法、环"着手，管理因素有"人、事、时、地、物"等，从这些因素出发进一步找出问题的原因，例如具体的事件、流程中的步骤、人员行为等，最后总结出解决问题的行动方案。田口玄一博士将质量控制的思想延伸到产品研发环节，提出了"品质工学"（quality engineering），在研发阶段就要求产品设计工程师考虑到产品性能的稳健性。产品在应用中的质量问题和失效的原因，包括环境使用状况、产品退化与磨损、制造不良，都需要在研发阶段避免和考虑到。此外，精益化研发流程，采用参数化设计、容差设计等，以缩短研发周期。今井正明则致力于总结日本质量管理和精益管理的实践，强调全面参与，现场优化的持续改善，在美国企业界通过管理咨询带动精益思想传播。

20世纪80年代末期推出的ISO 9000是从欧洲开始的质量控

制倡议。它由总部在欧洲的国际标准化组织（ISO）发起，该标准源于第二次世界大战期间英国国防部对军队物资生产的质量控制流程的认证标准。70年代时，英国企业要求对供应商进行质一致性的资格认证，每家企业自己认证费时费力，为此国际标准化组织制定了一个面向制造业的通用标准，并于1987年发布，得到了全球企业的广泛响应。ISO 9000描述了组织应进行的符合其认证标准的活动，有人认为它的缺点是工作过于集中在简单的记录和操作程序管理上，缺乏价值链视角和质量改进方法论。今天ISO 9000系列已经有多个细分规则，也经历了多次修订，不再把重点放在文档上，而是促使许多公司从业务流程的角度来思考，并且致力于变革计划的推进和实施。

中国在20世纪90年代加快了改革开放的步伐，很多企业出口到欧美需要经过ISO 9000认证，因而ISO 9000是中国企业界关注管理而非关注工艺的流程管理的普遍启蒙。ISO 9000的理念潜移默化地影响了中国企业的管理者对流程的认识，那时候企业里搞ISO 9000认证给大家留下印象最深的应该是全员发动写工作手册、程序文件、作业指导书等文档。"做我所写、写我所做"是当时流行的管理格言，直到今天，还有很多管理者认为员工把他在工作岗位上做的事情写下来就叫流程管理，而那些质量文件就叫流程。

很多公司在获取ISO 9000认证的同时，也结合了统计过程控制、精益生产等其他质量管理方法，美国公司在20世纪七八十年代发起的全面质量管理运动，推动了流程管理的思想，今天很有影响的 APQC PCF 的发起组织 APQC 就是在这个时代背景下产生的。全面质量管理主要包括以下五点思想。

- 流程持续改进。
- 对员工充分赋权,信任员工、训练员工,促进其领导力发展。
- 流程的分析、比较和对标。
- 准时制生产原则。
- 质量功能展开(QFD)、问题诊断和统计分析等全面质量管理工具使用。

六西格玛也是在全面质量管理的背景下应时而生的。20 世纪 80 年代初,拉姆勒在摩托罗拉做了很多咨询工作,并帮助摩托罗拉大学开设了几门流程分析和流程重设计的课程。80 年代中期,一群质量控制专家将拉姆勒对流程的强调与来自质量控制大师戴明和朱兰的基于统计学的质量测量概念结合起来,创造了"六西格玛",旨在通过减少过程的变异性,提高产品和服务的质量,以满足或超越客户期望。其主要做法是数据驱动决策、持续改进:一是业务流程改进 DMAIC 五步循环法即定义(define)、测量(measure)、分析(analyze)、改进(improve)、控制(control);二是使用六西格玛工具,例如数据分析统计工具、SIPOC 模型流程图、因果关系图、实验验证等;三是培训和认证,黑带和绿带是六西格玛中的资格层级。

作为一种流程改进的思想和方法,六西格玛在 20 世纪 90 年代被广泛传播,首先从摩托罗拉到联合信号、通用电气,然后辐射到了许多其他制造业、服务业公司。它是一个全面的经理人和员工的培训计划,旨在建立公司中所有员工的流程意识;拥抱六西格玛的组织不仅学会了使用各种六西格玛工具,而且拥抱了一种致力于员工发展以支持整个组织的流程变革的整体文化。

2000年后,很多企业把精益和六西格玛结合起来,吸纳了精益消除八种浪费的思想,以及六西格玛通过识别和消除缺陷(错误)的原因、最小化业务流程中的变异性来提高流程输出质量的做法,在医疗卫生、金融服务、物流等领域进行广泛应用。

最近几年,最受管理界瞩目的业务流程改进的企业实践可能是实业集团丹纳赫在健康、环境和制造业应用设备领域的"丹纳赫商业系统"(Danaher Business System,DBS)。此为官方翻译,我个人觉得叫"丹纳赫业务体系"更准确些。

丹纳赫在全球有20多家运营公司、7万多名员工,市值高达2000亿美元。丹纳赫创立于20世纪80年代初,具有风格稳健、追求卓越的文化传统,1988年就从日本请来管理咨询公司引进TPS,是美国企业界学习TPS的典范。2008年后,丹纳赫走出了独特的发展道路,即大规模并购并通过对收购企业进行DBS管理赋能实现增长,股价持续增长了十多倍,DBS由此成为管理体系输出的全球最佳范例。DBS源于TPS的精益管理,其后增加了美式风格的管理手法:一是业务增长体系,包括创新(市场洞察、产品规划、产品开发等)和商务(营销、销售等),二是领导力发展体系，三是价值观提炼和宣传贯彻。

　　DBS强调"企业级改善"，要求推进公司内所有职能的合作以及整体行为变化。DBS深入应用了精益、改善等TPS实践，但是不拘泥于TPS的框架，而是混合了美式风格的管理实践，例如人力资源、战略规划、营销和销售增长、精益会计、新产品开发等，形成具有自己特色的DBS。DBS脱胎于TPS，最初重点是TPS关注的卓越运营的指标——安全（safety）、质量（quality）、交付（delivery）和成本（cost），简称SQDC。也许是资本驱动的本性，DBS强调支持企业的业务增长，而非仅仅是卓越运营，因而DBS用战略规划和业务计划体系——战略部署（或称政策部署，policy deployment）体系——来制定每块业务的战略突破目标，作为指导SQDC的指南。丹纳赫管理者强调，知道如何使用建造房屋的每个工具，例如锤子、锯子、钉枪等，并不能保证建好一幢房屋；DBS是关于建造房屋的，而不是成功地使用工具。DBS首席业务架构师说："在丹纳赫，我们坚持认为DBS必须建立在一系列哲学和原则之上，而不是一个工具。在这些原则的指导下，工具对我们来说仅仅是满足利益相关者目标的载体。"

　　尽管六西格玛在许多组织中取得了成功，但它也受到了一些批评。有人认为，六西格玛过于强调统计和数据分析等工具，而忽略了更广泛的业务战略和组织文化方面的因素。六西格玛项目可能过于关注短期目标和个体绩效，而忽略了长期战略以及组织协作。六西格玛追求稳定性和减少变异性，可能抑制了组织的灵活性和创新能力。丹纳赫一度引进了不少来自知名的六西格玛实践公司的高管，但是这些六西格玛狂热分子们的管理理念和丹纳赫组织文化发生了很大的冲突。丹纳赫认为六西格玛是个质量改进的统计工具，但是和公司的商业导向、增长理念有冲突，于是丹纳赫并没有采用流行的精益六西格玛做法，还是坚持走自己的 DBS 道路，这也导致这些外来的六西格玛拥趸后来纷纷离开。

DBS 得到了不少中国大企业的认可，例如美的近年来以"稳定盈利，驱动增长"作为指导方针，全面学习 DBS 的精益实践，开发了美的版 DBS——MBS。DBS 带给中国企业的启示不仅在于其强调持续改进、价值流思维和标准化等精益管理特点，更重要的在于其结合企业自身战略和指导方针，建立了符合企业自身特点的业务流程改进体系。

2.3　BPR：业务流程再造和再设计

20 世纪 80 年代中期，哈默、钱皮和达文波特三位学者兼咨询顾问在位于马萨诸塞州剑桥市的一家精品 IT 战略咨询公司 Index Group 共事期间，共同开创了业务流程再造理论，这使得"流程"这个本来是工厂里的工业工程师和质量控制经理们经常使用、充满了车间机油味儿的词，跟新兴的企业信息技术应用联系起来，前缀加上了"业务"一词，组成"业务流程"这个词组，一跃成为欧美大公司高管们谈论企业管理的时髦用语。

1942年出生的钱皮早年从麻省理工学院获得土木工程的学士和硕士学位后，学术兴趣转为从事组织理论的研究，并跟人合伙创办了咨询公司 Index Group。1988 年他们把公司卖给了领先的 IT 服务公司 CSC，当时正值 IT 服务公司和管理咨询领域的交融潮流，就连麦肯锡都试图进入 ERP 咨询领域。1948 年出生的哈默则于麻省理工学院获得了计算机科学和工程的学士、硕士和博士学位后，在麻省理工学院计算机系担任教师。读书期间他还曾在 IBM 公司做过软件工程师。他深受麻省理工学院崇尚技术和自由、厌恶官僚主义的工程师文化影响，致力于用计算机来推动企业的流程管理。1982 年哈默离开麻省理工学院，创办了自己的计算机咨询公司，帮助大企业论证引进计算机来支持企业管理的必要性，他和钱皮在一个楼里办公，二者过从甚密。达文波特随后加入了这个团队。

托马斯·H. 达文波特出生于 1954 年，是 Index Group 的顾问和研究员，在加入公司后不久就开始与哈默合作。他于 1980 年在哈佛大学获得社会学博士学位，毕业后在那里教授统计学，然后进入咨询行业。他曾在几所美国大学担任教职，并在 Index、麦肯锡、埃森哲、安永和德勤等咨询公司的研究机构担任领导职务。除了流程管理，达文波特在其他管理领域也都是著名人物，他不仅著有关于流程再造的畅销书，还著有多本关于知识管理、大数据分析和人工智能的畅销书。如果要我提名当代企业信息管理和数字化领域的思想领袖和大师，他是当之无愧的首选。他一直站在企业信息管理理论发展的最前沿，目前，他是将人工智能应用于商业的思想领袖，也是一名多产的作者，出版了二十多本书，还发表了多篇解释人工智能与业务流程管理的关系的文章。

1984年，哈默和达文波特接受赞助，合作启动了一个名为PRISM（Partnership for Research in Information Systems Management，信息系统管理研究联盟）的研究计划，研究100家美国大公司在管理中使用计算机的情况。1988年，该计划中的一个研究项目"信息技术和业务流程重新设计"，揭示了福特、惠普和互惠人寿等公司如何利用技术实现新流程并大幅提高绩效。该研究项目和Index的咨询项目皆结合了计算机应用和组织变革理论，提出了业务流程再造的理论框架。业务流程再造成为20世纪90年代初最具影响力的管理趋势，深刻地影响了全球企业的信息技术领域和管理咨询行业的发展。

1990年，达文波特（当时是安永研究中心的研究主管）和哈默在两篇独立的文章中分别正式介绍了业务流程再造的概念。达文波特的文章是与麻省理工学院的詹姆斯·肖特（James Short）合著的，几周后首次发表在《麻省理工学院斯隆管理评论》上，名为《新工业工程·信息技术和业务流程重新设计》，和哈默后来在《哈佛商业评论》上发表的文章《再造工作：不要自动化，要消灭》（Reengineering Work: Don't Automated, Obliterate）比起来，达文波特的文章行文更严谨，但不那么富有吸引力。

随后，达文波特和哈默（与钱皮合著）分别先后出版了两本业务流程再造的著作，但侧重点不同。达文波特的书名为《流程创新：通过信息技术再造工作》，由哈佛商业评论出版社于 1992 年 10 月 1 日出版。哈默与钱皮（以及一位名叫唐娜·卡彭特的代笔人）合著的《企业再造》一书，由哈珀商业出版社于 1993 年 1 月 1 日出版。这两本书都产生了巨大影响，与哈默和钱皮的著作相比，达文波特的著作更偏方法论，不太激进而略显保守，还包含了一个附录，说明再造是如何从其他形式的业务流程管理中衍生出来并与之相关的。而哈默和钱皮的著作则不那么学术化，更偏向于对企业再造可以实现的各种收益的感性描述。比如，它的封面上警告道："忘记你所知道的企业运作方式——大多数都是错误的！"这两本书都是畅销书，但显然哈默和钱皮的著作更吸引人，更通俗易懂，销量也更多。

BPR 理论的产生有其时代背景。20 世纪美国经济崛起、领先世界，管理学者普遍认为，一家企业要想成功，必须在三方面具备竞争力：成本和效率，质量和服务，速度和灵活性。然而，到了七八十年代，美国经济发生了一些结构性变化，美国企业的竞争力受到外部冲击——由于反垄断的加强、贸易壁垒的消除和新技术的扩散，钢铁、汽车、电子等美国传统行业进入门槛降低，日本企业大举进入这些市场，对美国的传统优势企业构成竞争威胁。

1986 年对美国工业生产率的一项研究表明，许多美国企业在顾客满意度、产品质量、制造技术和新产品上市时间等方面落后于外国竞争对手。20 世纪 90 年代初，美国开始出现明显的经济衰退，大型制造业普遍亏损，GDP 下降，失业率上升，美国企业开始反思自身的经营理念、组织结构以及制造技术等与日本企业存在的差距。

20世纪80年代末，一些美国企业率先采用了信息技术来提升企业管理效率，这些企业再造的先行者能更好、更快地响应客户的需求，在经济衰退期表现出了超越同行的绩效。这些企业中有不少是Index Group的客户，因而就成了三人团队提出BPR理论的研究对象和参考案例。

工业革命后，现代企业出现了专业化分工——接订单、采购、生产、发货和收款由不同部门完成。第一批进入美国企业界的计算机系统是为了用自动化的、可编程的功能，取代劳动密集型的手工流程而设计的。会计和发薪部门是企业最早安装大型计算机的领域，大多数企业使用计算机只是为加快现有工作的速度，而不是改变工作本身的性质。

通过与客户以及研究机构的合作，哈默、钱皮和达文波特这个团队意识到，那些从使用计算机处理业务中获得最大收益的企业，并不仅仅把技术手段用于业务操作的自动化，相反，它们采用技术来重构跨越职能领域的业务流程，实现组织变革。他们将这个发现提炼成了一套管理理论。哈默、钱皮和达文波特三人组是一个很全面的多学科组合，工程师和咨询顾问、学术专家的组合可以搞出既有实践干货又有理论高度的创新。

同期还有其他管理咨询公司提出了跟BPR类似的基于流程优化的组织变革理论，例如20世纪80年代末波士顿咨询集团

（BCG）提出的"基于时间的竞争"的概念，将系统性的活动效率分析与端到端价值流映射相结合，以提高企业的整体绩效。

BPR 的创新之处是从企业实践案例出发来论证信息技术促进组织变革、再造企业的作用，而且在咨询公司和 IT 公司有商业化目的的宣传推动下，BPR 在 20 世纪 90 年代初成为继全面质量管理和 BCG/麦肯锡/GE 的战略市场矩阵这两个时髦的管理理论之后，最受美国企业的董事会和管理层关注的管理理论。

流程再造和传统流程改进两个概念之间的区别在于，要再造（重新设计）的流程（例如"订单到现金""采购到支付"）比传统流程改进所涉及的流程要广泛得多，并且在流程再造中，信息技术被视为一个强大的推动力。在泰勒、朱兰和戴明的时代，信息技术还不存在，而其他较新的流程管理方法，如六西格玛和精益管理，也没有关注技术对流程本身的改造。

广义上的、跨职能的流程观点主要受到迈克尔·波特教授的价值链分析模型的影响。波特在创造了竞争优势理论后，提出企业的价值创造是通过一系列活动构成的，这些活动可分为核心活动和支持活动两类，前者包括内向物流、生产运营、外向物流、市场和销售、客户服务等，后者则包括采购、技术研发、人力资源管理和企业基础管理等。这些可以被明确区分但又相互关联的企业活动，构成了创造价值的流程，即价值链；价值创造成果，如公司利润，是价值链作为系统的输出。到今天，价值链作为流程架构的顶层设计，仍是流程管理的基本原理。价值链分析模型认为，在一个企业的价值链中,并不是每一个环节都创造价值,真正创造价值的活动就是形成企业竞争优势的战略环节。因而 BPR 致力于识别增值活动,消除不增值活动。

业务流程管理领域另外一位理论先驱吉尔里·拉姆勒(Geary Rummler)则和同事们(尤其是艾伦·布拉奇)建立了"人力绩效技术"理论。该理论关注企业如何构建合适的流程和活动,以保证经理和员工有效地工作。20 世纪六七十年代,拉姆勒用行为心理学和系统理论来解释员工绩效的产生原因,到 80 年代,他将关注点放在业务流程模型上。拉姆勒将组织作为一个系统来研究,从价值链出发,自上至下分解出企业运营的全景图,即组织如何被流程定义,以及人们在流程中具体的工作内容和可以交付的结果。

达文波特在他的著作中指出了"业务流程再造"和同时广为企业界接受的"业务流程改进"的区别,见表 2-1。

表 2-1 业务流程改进和业务流程再造的比较

比较项	业务流程改进 (全面质量管理)	业务流程再造
变革程度	增量变化	激进的、全新设计的
出发点	现有存在的流程	一张白纸上画画
变革频率	一次性变革和持续变革相结合	一次性变革
需要时间	短	长
典型范围	狭窄,在职能体系内	宽广,跨职能
变革风险	中等	高
主要赋能技术	统计学控制方法	企业级信息技术(如 ERP)
变革类型	文化变化	组织结构性变化和文化变化

电子工程师出身的哈默引进了"再造"这个词，其本意是指把电子产品的元器件拆散，利用它们设计并组装出更好的产品。哈默和钱皮把这个概念应用于企业管理，再造的关键原则如下。

- 利用信息技术来改进工作的执行方式，实际上就是我们今天说的"数字化"。
- 将创造客户价值的工作视为横向贯穿企业各个职能竖井的业务流程，而不是纵向层级的职能分配。
- 归零思考，变革管理计划，鼓励创造性地思考工作设计。

"再造"这个词带有很强的理工科色彩，是第一个把计算机作为起点的管理学理论，而不是把信息技术作为组织变革的补充。刚提出时，很多学者认为这个词太"技术化"了，不是"业务语言"，然而，BPR 随后在管理界和 IT 界的爆发式发展，证明了这个观点的错误。这有点像中国的软件工程师们提出"中台"时的情形，"中台"本来只是一个互联网平台的技术架构术语，却一度成为中国管理界最时髦的组织变革词语。

达文波特在后来的一篇文章中解释道，BPR 爆火的原因是形成了他称为"铁三角"BPR 理论支持者的利益共同体。

一是急于摆脱经济衰退、利润下降和竞争加剧的困境的大公司高管。在媒体宣传的刺激下，他们为过去购买计算机等 IT 设备的大量投入找到了 BPR 这个新的价值创造点。

二是发现了生意新大陆的管理咨询公司。BPR 咨询项目工作任务复杂，需要大量的人员投入，比其他类型咨询项目更有利可图，而且这类咨询项目还能创造向客户出售额外服务的机会，如业务外包和 IT 系统开发。钱皮与他人联合创立的 CSC Index 公司在 BPR 理论推出后，业务增长了 10 倍，一时间成为咨询界翘楚。安达信咨询（即后来的"埃森哲"）、四大会计师事务所、麦肯锡、BCG 等纷纷提供 BPR 咨询服务。1996 年，当初把自己创立的 IT 服务公司 EDS 卖给通用汽车的美国首富佩罗，重起炉灶创办 IT 服务公司，挖来了钱皮领导其下属的管理咨询集团。

三是催生了千亿美元级市场的企业级信息技术供应商。20 世纪 80 年代末兴起了个人计算机、计算机网络、小型机服务器、数据库和第四代编程语言等新技术，这些性能更好、价格更便宜的新一代信息技术产品，从技术手段上生逢其时地支持了 BPR 实时共享信息的理念，使得 90 年代初客户机/服务器架构和 ERP 系统成为支持 BPR 发展的重要技术，这些 IT 厂商及其背后的资本也成为 BPR 管理理论有力的鼓吹者。

哈默和钱皮为 BPR 项目定义了三个主要目标：第一，公司必须对组织中所有层级的员工进行充分授权，员工有责任和权力来完成他们的工作任务，顾客满意是每个员工在任何时候的首要目标；第二，组织必须重组，以消除职能孤岛和不必要的内部交接；第三，应该安装信息技术系统，信息一处输入，多次使用，在公司内部自由流动。

BPR 思想领袖们认为，过去中层管理人员花了很多时间充当沟通渠道，造成组织效率低下。现在，员工可以通过他们的个人电脑访问完成工作所需要的所有信息，这样对中层管理的需求将大大减少。这是一个激进的想法——团队协作将取代传统的指挥体系。

BPR 除了可以应用于制造业，还可以应用于金融、零售等服务行业。那些早期的业务流程再造推动者们用 IBM 信贷部、福特汽车和施乐等 BPR 应用的"成功故事"来证明，BPR 将员工从不必要的官僚主义中解放出来，提高了生产率和客户满意度，削减了非增值的间接成本。它是通过提高生产力来提升业务，而非通过裁员来削减成本的。

然而，BPR 热度持续了没几年就开始降温了。根据 CSC Index 在 1994 年发布的一项调研，60%～70% 的 BPR 项目都没有取得预期的成效。有意思的是，今天咨询公司和 IT 公司大力宣传的"数字化转型"让人产生困惑，我看到各家咨询公司一方面声称企业的数字化转型成功率只有 10%～30%，另一方面又乐此不疲地推销帮助企业去达成如此低成功率的转型大业的服务，想想有点自相矛盾。

BPR 成功率低的主要原因是企业自己也搞不清楚"再造"跟"缩编""裁员""外包"的区别，而后者在企业内部的推进肯定是阻力重重，没人愿意革自己的命。BPR 教父们在是否应激进地推进变革的观念上产生了分歧：钱皮比哈默更温和，他多次公开表示，BPR 的 R 应该是"重新设计"(re-design) 而非"再造"(re-engineer)，完成转型需要花 2～3 年的时间——也许这对钱皮这位咨询公司的老板来说是长期生意；而麻省理工学院血统更正、计算机专业"四麻"（本科、硕士、博士、教授）的学者哈默则更具有麻省理工学院传统的理工直男叛逆性格，他在演讲中经常带有"枪毙不同政见者""用中子弹炸掉围墙"这种激烈的措辞。1994年7月，钱皮和哈默公开宣布理念不合，分道扬镳。

到20世纪90年代末期，美国的BPR咨询开始退潮。随着ERP系统成熟，许多大公司倾向于将预算花在实施预置了"最佳业务实践"标准化流程的ERP套装系统上，如SAP、BaaN和PeopleSoft，从而达到再造的效果，相应地减少了在咨询顾问们身上的花费。

达文波特在其著作中总结了帮助企业开展BPR的方法，按以下五步开展。

- 明确业务远景和流程目标。
- 识别将要再造的流程。
- 理解和定量衡量流程现状。
- 识别能够赋能流程再造的信息技术抓手。
- 设计并构建新流程的原型。

BPR是我自己进入咨询行业后最先受到的理论教育，真正得以实操则是在ERP系统实施项目中。坦白说，在我经历的系统实施项目中，基本没有如哈默的BPR理论说的那样"砍掉中层"，不过我利用信息系统的信息集成、实时处理的原理，帮助推进过不少实质性的组织变革。

例如，一家制造企业在我帮它实施 ERP 之前，各个工序和车间之间的信息不衔接、不透明，而且还按照各自的产量来发计件奖金，于是每个工序都超量生产，造成很多库存积压和浪费。2002年，我帮助该企业建立了物料需求计划（MRP）的管理体系，集中生成和下发生产任务，有需求才生产，工序之间互相协作，最终成果是降低了数千万元的在制品库存，还改革了车间的薪酬体系。

图 2-4 是我在二十多年前用来讲 BPR 的幻灯片，引用了哈默著作里福特汽车学习日本汽车企业，将应付账管理部门从 500 人减少到 120 人的案例，而这个例子恰恰就是 ERP 系统里采购和应付账管理模块里最经典、最标准的流程模型——三单匹配。

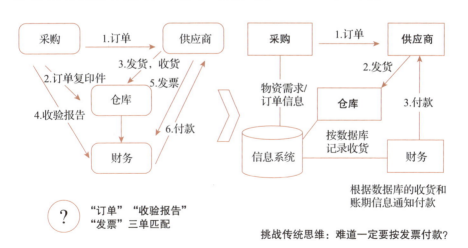

图 2-4 BPR 的案例

这个案例说的是汽车厂向供应商发起采购，拟制包括采购物品、数量、价格等信息的采购订单发给供应商，同时将一份复印件交给仓库；供应商按照订单上的要求备货后向汽车厂仓库交货，同时开具发票给汽车厂的财务部门，仓库根据订单约定的数量会同采购部门进行质检和收货，并将收货信息通知财务部；财务部门将采购订单、收验报告、供应商发票三者的信息进行比对，匹配后向供应商支付款项。用 ERP 系统来实现流程自动化，并不是简单地把这些手工流程平行复制到系统中自动处理，而是利用 ERP 系统整合信息的特性，完全取消内部的传递、审批的流程，从而大幅简化业务。

2000 年，管理咨询公司博思刊发了一篇评论文章《再造再回首》（Revisiting Reengineering），系统性地回顾了 20 世纪 90 年代 BPR 的起源、发展和争议，对 BPR 的评价贬多于褒，认为当初趾高气扬的 BPR 之父们到 1995 年后，都分别对媒体坦露心声——一方面认为社会误解了他们推行 BPR 的初衷，将 BPR 跟公司缩编和裁员混为一谈；另一方面就连激进的哈默也承认 BPR 理论忽略了组织变革中的人性因素。达文波特于 1995 年在《快公司》杂志上发表的一篇文章中，将"再造"称为"忘记人性的时尚"。

对 BPR 的批评通过媒体传到了中国管理圈，当人们提起 BPR 时，似乎这个词不再那么时髦甚至开始有负罪感了。到 2003 年前后，我在市场上讲实施 ERP 要做业务流程时，总是要跟客户辩解，我们搞的不是 BPR，我们不搞革命，我们做的是改良、是优化，叫"业务流程优化"，即 BPI（其中，I 代表 improvement）。

BPR 并非洪水猛兽，当前在中国管理界非常有影响力的华为研发的最佳实践集成产品开发（Integrated Product Development，IPD），源自 IBM 在 20 世纪 90 年代后期的 IPD 变革，而实际上 IBM 这套管理体系恰恰就是 IBM 在 BPR 理论最有影响力时开展 BPR 实践的成果。在特定的时代背景下产生的社会技术系统理论，如前几年在中国管理界很流行的"中台"，也经历了从万人追捧到备受质疑的过程，天下事的发展总是呈现出循环往复的规律。

2.4 BPE/BPM：流程工程和流程管理

BPM 指"对业务流程的管理"，涵盖了企业每个流程的生命周期管理，即设计、部署、执行、监控、运维和优化。如果说 BPI 以业务优化为主，对 IT 系统没有太多的依赖，最多使用简单的统计分析工具；BPR 的重点是组织变革；ERP 等信息系统是用集中数据库来处理事务，保证信息共享，是 BPR 的赋能手段的话；那么 BPM 则与计算机应用紧密相关，它不仅是一种管理思想，更是对流程本身的工程化和数字化。

有些管理者认为流程就是管理制度，因而制作了很多跟流程相关的流程图、流程规则文档等，然而这些写在纸上的流程，怎么保证在实际业务中确实得到执行了呢？怎么保证流程执行的一致性、连贯性和时效性？就算是有 ERP 等业务管理和执行系统，也不能保证系统中的操作和写在纸上的流程不是"两张皮"。BPM 就是解决这些问题的。

20世纪90年代末，BPR在美国企业界的热度有所下降后，擎起业务流程这面大旗的管理理论继任者是"业务流程工程"（Business Process Engineering，BPE）和"业务流程建模"（business process modeling）。如果说美国管理咨询顾问们提倡在一张白纸上重新画图的流程再造是艺术的话，那么拥有深厚制造业传统的德国学者则认为衔接人类行为和信息系统的流程是工程。德国人将业务流程和发源于德国的、全球最早的大型企业信息系统SAP结合起来，形成了德国派业务流程理论。1941年出生于德国的舍尔教授，是在管理史上和美国三位BPR之父齐名的学者。20世纪70年代他从德国汉堡大学获得高级博士学位后，便开始在萨尔兰大学担任信息系统学教授，并在90年代初首创了"业务流程工程"。他把"业务流程再造"（business process re-engineering）中的"再"（re-）字拿掉，就是"业务流程工程"（business process engineering）——解释了业务流程本身如何构成以及如何构建和管理。这个词组后来演进成"业务流程管理"。

舍尔教授的流程工程理论将业务和IT紧密联系起来，创造了一套工程化的流程概念，包括对流程进行思考、操作、建模和自动化的方式。1984年，他创立了IDS Scheer，这是全球首家业务流程管理（BPM）软件和咨询公司，其旗舰产品ARIS至今仍是全球BPM领域的市场领导者。他开创了业务建模方法，包括最早的企业架构建模方法ARIS房子图和两种主要的流程建模方法——价值链图和 EPC。

舍尔教授在 20 世纪 80 年代的专业是研究当时称为计算机集成制造（CIM）的学科，他提出了 CIM 的"Y 模型"，即制造业信息化的"业务计划 - 制造执行 - 工业控制"的流程和系统分级。在计划层上有两条业务路径，即两个分支——订单交付和产品开发，分别对应了后来称为 ERP 和 PLM 的两个企业级系统，两个分支到执行层时则汇聚到制造执行系统（MES）上，共同形成 Y 字形。直到今天，Y 模型仍是德国"工业 4.0"，即制造业数字化的参考框架。舍尔教授创立的 IDS Scheer 即以 Y 字形的抽象图形作为公司徽标。

1992 年，在美国 BPR 最火热的时期，舍尔教授基于计算机集成制造系统的设计理念，推出了 ARIS 以及实现这个方法框架的软件，这是工业界第一个产业化的，用高度抽象的、集成的框架来描述业务流程和信息系统的各方面及其对应关系的工具。正如 SAP 是 ERP 系统及企业应用软件的鼻祖，ARIS 被认为是 BPM 软件的鼻祖。

ARIS 将业务流程抽象为五个视图。

- 组织视图：每个事件的相关组织部门和角色。
- 数据视图：每个事件的内部和外部数据。
- 职能视图：每个事件的具体目标和活动。
- 流程（控制）视图：流程行为的动态模型，它们如何与企业环境里的资源、数据和功能相连接。
- 产品/服务视图：产品和服务的静态模型。

每个视图有三个描述层级：①概念级，即流程图；②数据概念级，即数据的表结构、关系等；③实施级，即具体的信息系统。

把这些要素组成的事件按照时间流向串联起来，就构成了"流程"，因而用 ARIS 做的流程图也称为 EPC。

舍尔教授和达文波特等美国 BPR 同行们交流甚多。20 世纪 90 年代，美国企业界和工业界开展 BPR 项目时使用了一些业务、数据和流程建模的方法和工具，常用的方法和工具包括：半正式的流程和数据模型推导工具（例如 GroupSystems V，一个在战略管理会议上使用的有助于结构化讨论的小工具）、业务数据建模和管理工具（例如 ERWin，直到今天这个产品还在不断更新版本）、流程建模工具（当时美国管理界最流行的企业架构和流程建模方法论是 IDEF，产生了一些基于 IDEF 的流程建模软件）、流程分析工具（主要是流程的活动成本分析，例如，EasyABC 曾经是非常流行的 ABC 工具）、流程仿真工具（用数学仿真方法来验证流程模型，例如 SIMPROCESS）以及计算机辅助软件工程（CASE）工具和工作流管理工具等。这些方法和工具都比较离散，自成体系，而且基本在大学和大公司研究所里被使用，在工业界影响有限。1987 年，IBM 工程师、IBM 信息技术战略规划方法论发明人约翰·扎科曼（John Zachman）提出了和 ARIS 类似的方法模型，指导企业信息系统的分析规划和治理机制，称为"企业架构"。

20 世纪 90 年代后期，舍尔教授提出了业务流程管理四层参考架构，以解决业务流程和信息系统之间对齐的问题。我认为这个框架奠定了 BPM 技术栈的基础，直到今天都还是 BPM 遵循的架构参考规范，后文详述。舍尔教授宏大的愿景是自己公司的产品能够覆盖这四层技术栈，不过后来他没能达成这个愿景。

舍尔教授认为许多公司已经认识到需要重新设计它们的流程，并实现面向流程的 ARIS。系统建设通常是在涉及大量工作的大型 BPR 项目中完成的，期望通过紧锣密鼓式的变革工作实现公司业务流程和信息系统的转型，然后在很长一段时间内保持不变。然而，我们生活在一个与时俱进的时代，这意味着无论是流程的设计迭代还是系统的持续跟进，都不是一劳永逸的，有必要积极地管理已实施的流程，不断去改进它们，使它们适应公司环境的频繁变化；尤其是当危机来临时，公司应该具有适应性。公司应该发展自身内生流程持续优化和进化的能力，而不是经常搞费时费力费钱的 BPR 项目。

舍尔教授试图解决企业信息系统和业务流程"两张皮"的问题，信息系统要有足够的柔性，能够随业务流程的改变而灵活方便地调整。当时 SAP ERP 正横扫欧美大企业，作为一个集成的标准软件包，SAP ERP 应该便于依据流程变化，快速调整配置。信息系统还应支持流程持续改进，例如，通过监控流程绩效为进一步的流程开发提供数据。这个宏大的愿景直到十年后才实现，大约是 2003 年，SAP 和 IDS Scheer 推出了解决方案，实现了流程建模工具和 SAP 系统配置管理的打通，用户可以通过调整 ARIS 流程模型来自动调整 SAP 系统里的配置，或者 SAP 系统里的系统配置变化后，ARIS 流程模型可以自动体现相应的变化。

舍尔教授的框架是在信息系统支持之上的业务流程设计、管理、控制和执行。他的四层参考架构实际上跟制造业信息系统架构非常接近——制造业信息系统架构从决策的组织层级、信息的颗粒度和时效性角度，自上而下、由粗及细分别是业务设计（高层决策级）、管理控制（企业级）、制造执行（工厂和车间级）和工业自动化（设备和产线级）。基于系统论的思想，将制造业和流程管理都看成一个系统，流程管理四层架构可以对应到制造业信息系统的四层架构。流程管理的四层架构分别如下。

- 流程设计：亦称流程工程，在此层级上，使用一套集成的、基于工具的图形化建模方法来定义和建模业务流程，用于确定职能、组织、数据结构和控制流——对应 ARIS 的四个流程视角。流程设计工具提供导航功能，以便在大型和复杂模型中进行操作。流程设计通常还辅以流程对标分析、流程仿真、流程参考知识库等手段，建立存储流程的流程仓库。传统的全面质量管理也以业务流程描述为基础。

- 流程管理：亦称流程规划和控制，在该层级上，流程负责人对当前业务流程进行调度和监控。可以通过调度、容量管理以及流程成本分析等工具来支持这一过程。流程监控组件提供每个流程的当前状态及统计信息。

- 工作流：顾名思义，这个层级是工作流转，即流程对象（如客户订单）从一个工作场所移动到另一个工作场所。工作流管理系统是完成此任务的信息系统。工作流程序不仅适用于文档（例如文本文件或者电子表格等办公文档），还适用于存储在数据库中的由人员操作或自动调用到专门的应用程序中处理的信息，例如通过处理物料清单（BOM）来计算物料需求计划。根据舍尔教授的这个定义，后来形成了"以文档为中心""以人为中心"等不同类型的工作流软件。

- 应用系统：在第四层级上，企业应用系统使用相应功能对不同对象进行处理。对于简单文档，可调用文字处理器；而对于其他对象，则需要复杂标准软件模块（如 ERP）或其他软件组件（如 Java 小程序）。业务数据库就在这个层级。将工作流放置在第三层级并将应用系统放置在第四层级，明确区分，这增加了整个流程管理体系的灵活性——我经常说"ERP 里没有流程"就是指舍尔教授在三十年前提出的这个框架的含义，流程模型在第一层，流程自动化在第三层，ERP 在第四层。

这四层彼此紧密关联：第一层中的流程模型定义了其他三层的内容，例如，可以定义应收集哪些业务或流程数据用于第二层中的流程监控。第三层中的工作流系统直接使用第一层中的流程模型来确定流程活动的顺序。第四层中的数据库的数据结构也在第一层流程设计时定义，而第四层中的企业软件的功能模块，将根据第一层中的流程模型来配置。在第二层中收集的流程信息，例如关于流程成本的信息，反馈给第一层，以便用于流程改进设计。

值得注意的是，业务流程管理这个概念从一开始提出，就是和业务信息系统解耦的，用流程来指挥系统，并且要适应业务变化——业务变，流程也要变，系统则跟着变。这要求信息系统模块化、可配置，方能灵活地组装或者调整功能。例如20世纪90年代末期的Java技术，以及今天的"微服务"，都是在解决业务服务的模块化问题。

互联网应用日新月异，然而互联网通信仍遵循着20世纪70年代国际标准化组织制定的OSI（开放系统互联）七层协议模型，从物理传输（第一层）到应用层（第七层）。同理，尽管今天IT技术和三十年前比有了很大发展，企业软件技术更多地采用了互联网技术，大数据和人工智能也有了很大发展，业务流程管理技术也因此产生了不少新的名词和说法，例如"数字流程自动化""超自动化"等，然而流程管理数字化的架构规范仍符合舍尔教授在20世纪90年代首创的BPM四层参考架构。

舍尔教授的公司IDS Scheer从20世纪90年代起就和SAP建立了紧密联盟，前者积极活跃在欧洲的SAP ERP咨询市场上，而后者则将ARIS工具作为官方推荐的业务流程建模工具。在BPM四层参考架构上，二者优势互补。ARIS被市场普遍认为是有效支持SAP系统实施的流程建模工具。2003年，ARIS和SAP联合推出了ARIS流程模型和SAP实施管理工具Solution Manager的集成，随着SAP产品向SOA（Service-Oriented Architecture，服务导向型架构）升级，ARIS 也跟进推出了基于开放标准的与 SAP 企业服务库的接口。2007 年后，企业架构理论逐渐取代了流程建模理论，ARIS 也升级为企业架构建模工具。

2009 年，德国中间件软件公司 Software AG（简称 SAG）以 4.9 亿欧元收购了 IDS Scheer。由于 SAG 专注于产品化软件的商业模式，它保留了 ARIS 的软件资产，而剥离掉了 IDS Scheer 原有的咨询业务。后来舍尔教授收购回了这块业务，重新创立了以他自己名字命名的流程管理咨询公司。

我可能是国内最早接触 ARIS 的咨询顾问之一，很早就研究过其原理和工具。IDS Scheer 在 20 年前正式进入中国，当时正值中国大企业应用 ERP 的高潮，业务流程借助 ERP 深得国内管理者认可，因而 SAP 软件的最佳流程管理拍档 ARIS 一度在国内管理界风靡一时。当年很多超大型企业在实施 SAP ERP 的同时还应用了 ARIS BPM 来搞流程建模，例如中国石油、国家电网、首钢、中国人寿等，甚至一些没有 SAP ERP 系统，只是对业务流程管理感兴趣的企业，也跟风购买了 ARIS，以为有了流程管理工具，自己就能有业务流程或者用业务流程来做管理了。

中国企业的管理者们对流程管理的美好期望大都没有实现，我认为主要有四个原因：第一，在企业复杂流程中，ERP 本身处理的活动在整个流程活动中占比不大，企业数字化水平较低，还存在很多其他手工活动；第二，企业缺乏工作流系统来实现端到端流程的自动化——无论是全流程自动化工作流，还是用工作流整合多个系统，而 ARIS 模型如果缺乏第三层工作流系统的衔接，四层之间是割裂的，就无法形成 BPM 的闭环；第三，最重要的是，大多数企业实际上没有流程工程的能力和相关人才，在 ARIS 里手工搞流程建模和在 SAP ERP 里配置系统，对操作者都有很高的专业要求，前者需要流程工程师，后者需要系统工程师；第四，如果既要搞 ARIS BPM 系统又要搞 SAP ERP 系统，即两个系统并行，那么实际上是把系统管理维护的工作量翻番了，很多企业连 ERP 都没有足够的资源去运维，更不要说还要投入资源去维护一套平行的流程管理系统。

总之，对中国企业来说，先进的业务流程管理工具对能力和资源的投入要求都太高了，从今天来看，能做好的企业少之又少。舍尔教授的四层架构，ARIS 强项在第一和第二层，当企业在第三层工作流上覆盖不完整，以及在第四层上的企业数据库和核心系统业务软件应用不健全时，就会出现流程设计、流程管理与流程执行、信息服务脱节的问题，流程设计只是产生了一大堆文档，却落不了地。这是 ARIS 这类 BPM 系统用手工进行流程建模在应用上的固有缺陷，今天随着流程挖掘等新的流程管理技术的发展，也许会有降低创建、部署、分析流程模型的复杂性的新路径。

ARIS 之后出现了其他的业务流程建模标准，例如 IBM 的 UML，今天业务流程建模的主流标准是 BPMN。BPMN 最初是由业务流程管理标准化协会（BPMI）开发的，2004 年 5 月向公众发布了 1.0 版本。2005 年 6 月，BPMI 与 OMG（对象管理组织）合并。

OMG 于 2006 年 2 月发布了 BPMN 1.0 规范文档。BPMN 2.0 于 2013 年 12 月发布，已由 ISO 正式发布为 2013 版标准 ISO/IEC19510。

BPMN 2.0 成为业务流程建模的事实标准的原因是其展现形式简洁、友好，便于业务分析人员理解和使用，同时提供了强大的业务流程模型表达能力。BPMN 2.0 可用于流程管理者和业务人员之间沟通和交流对业务流程的需求概述，也可用于为开发和部署数字化流程提供工程级的详细描述。

BPMN 2.0 和前文介绍过的 EPC 流程图有不少类似的地方，也是用几种对象来描述流程的。

- 流对象。
  - 活动：矩形符号，包括不同类型的任务（发送、接受、业务规则、手工处理、系统服务等），可跳转的子流程。
  - 逻辑操作符（网关）：菱形符号，用于控制流程流向的分支和聚合。
  - 事件：圆形符号，用来表示流程的启动、结束、边界条件，以及每个活动的创建、开始、流转等。
- 连接对象：不同形状的箭头，用来连接上述流对象，表示顺序流、消息流、活动结合关系、数据结合关系。
- 数据：表单或数据库形状，表示数据输入、输出、对象和存储。
- 泳道：长条形区域，用来把流程部分圈起来，表示该段流程所在的组织或业务。

BPMN 2.0 提供从人类理解到机器理解不同层级的流程模型应用：其一，描述性的流程模型，用于业务人员概念性地、较为粗略地讨论业务流；其二，分析性的流程模型，用于专业流程分析人员对流程进行建模，也是使用最多的模型，这样的流程模型比描述性的模型更专业、更详细，但并非直接面向软件工程；其三，通用的可执行流程模型，提供面向系统实施的可执行流程模型的关键元素。我们可以在概念性（人类理解）和工程性（机器理解）的区间内为各种流程模型建立谱系，对概念性的流程模型和工程性的流程模型的特点总结如图 2-5 所示。

概念性　←　流程模型　→　工程性

- 业务分析专家创建
- 用来和业务用户进行沟通讨论
- 对人类而言直观易懂
- 有一定的灵活性，可以由执行者解释
- 包含流程的相关信息解释

- IT专家和工程师创建
- 作为流程执行IT系统（如BPMS）的输入
- 可以由机器自动读懂
- 必须精确表达计算机程序的处理逻辑
- 包含流程实施的细节信息

图 2-5　人类理解和机器理解的两种流程模型

近年来，OMG 继续升级了 BPM 建模规范，推出了 BPM+ 标准，除了支持业务流程管理和自动化的业务流程建模标注外，还整合进了两个新的标准与 BPMN 相互补充，旨在更准确地识别企业用自然语言来表述的规章制度，便于实施、验证和自动化。这两个新的标准一是个案管理模型和符号（Case Management Model and Notation，CMMN），它是一套用于表示复杂个案管理的标准，支持业务灵活性和对不确定性和变化的适应能力；二是决策建模和标记

(Decision Model and Notation，DMN），这个标准用于表现业务决策，有助于业务规则、决策与业务流程的集成。表 2-2 总结了 BPMN、CMMN 和 DMN 三种标准的主要应用对象、关注点和语义。

表 2-2 BPM+ 流程建模规范

比较对象	BPMN	CMMN	DMN
主要应用对象	活动	事件	规则
关注点	工作流 数据	语境 信息	被应用 知识
语义	规范性程序 流转令牌	声明式语言 事件条件行动	功能性架构 初阶逻辑

医疗卫生行业建立了一个实践协会组织，使用这套规范来提升医疗卫生流程的效率，从而提高诊疗工作的质量和一致性。参与组织的医疗机构、专业协会和供应商们对其规范性工作流使用流程模型，对其反应性活动使用个案模型，对其更复杂的业务规则使用决策模型。目标是通过记录和分享当前的流程和临床专业知识，在整个医疗卫生行业推广循证医学实践和知识，使医务专业人员在医疗机构里轻松识别和使用最佳实践，从而消除错误并获得更好的结果。

2.5 企业架构

在企业内实现业务和 IT 的对齐，除了业务流程管理方法，另外一个相关的方法是"企业架构"。企业架构展示了企业的业务模式、业务流程、软件功能、数据、基础设施的未来目标状态，同时明确了从当前状态进展到未来状态的"转化计划"，并根据现有状态、业务需求和市场环境等，罗列出达成"转换计划"的实施项目，并且评估、平衡这些项目的优先级。在大中型企业的管理机制上，我认为企业架构是业务流程管理的升级形式，业务流程管理侧重于业务实现形式，而企业架构侧重于治理机制。

企业架构的源头是美国公司的企业信息系统规划方法。正如前文所写，哈默和钱皮的 BPR 理论诞生于 20 世纪后期企业管理信息系统的普及这一背景；从 20 世纪中叶开始，计算机开始应用于企业管理，其作用是记录并管理企业的财务、人事、物料、订单等信息，这些信息以数据记录的形式由数据库系统来管理。1953 年，美国安达信会计师事务所（Arthur Andersen）向通用电气的家电工厂提供了一个价值 64 000 美元的咨询服务，论证采用当时刚发明不久的电子计算机来提高这家工厂计算工资效率的可行性。随后，安达信的计算机工程师们为客户安装了重达 30 吨的 Univac 计算机，开创了计算机数据处理应用于企业管理的时代。安达信该项目的领导者约瑟夫·克里考夫（Joseph Glickauf）被称为现代 IT 咨询之父，后来安达信 IT 咨询业务从安达信集团里分拆出来成立了埃森哲，成了 IT 咨询行业的鼻祖。

在 20 世纪 60 年代后期，IBM 和罗克韦尔（美国航空航天局的系统主承包商）、卡特彼勒公司联合研发了运行在 IBM 大型机上的数据库系统，这是最早的数据库系统，名为 IMS，用来管理阿波罗登月计划的火箭制造的物料清单中上万个部件；直到今天，最新版本的 IMS 还在价格昂贵的 IBM 大型机上使用。当时 IMS 营收和估值极高，即使它成为一家独立的公司，也将是《财富》世界 500 强排名前列的公司。到 70 年代，IBM 实验室的计算机科学家埃德加·科德（Edgar Codd）发明了关系型数据库，随后他的同事们发明了数据库查询的算法以及编程语言，使得数据库可以运行在普通企业支付得起的中小型计算机上。

企业信息系统就在这个时期应运而生，将业务体系映射到信息系统上的方法被称为"信息技术规划"，目的是产出一个企业的信息架构。20 世纪 80 年代前，信息技术规划的代表性方法是 IBM 的"业务系统规划"（Business Systems Planning，BSP）方法和安达信的 Method/1 方法。这两个方法在思想上大同小异，以前者为例，BSP 的逻辑框架是个 V 字形模型，在规划和分析阶段是个从业务到技术的自上而下的过程，从业务目标推导到业务组织，然后到业务流程，再到业务数据，最后产出"信息架构"；而在设计和实施阶段则是个以信息架构为出发点，从技术到业务的自下而上的过程，先开发数据库，然后在数据库上开发应用系统，再基于应用系统去部署业务流程，最终实现业务目标。IBM 业务系统规划方法如图 2-6 所示。

在 BSP 方法中，系统有两类关键信息：一是数据，即支持业务的各类相互关联的数据；二是业务流程，即逻辑上相互关联的决策和活动，用以管理业务的资源。这个方法的创造性之处是在概念上把数据和流程进行了抽离、解耦，使二者相互独立，在企业信息系统的开发方法上将数据库和业务流程（软件功能包含的业务逻辑）分为两层，使企业运营具备了"流程"的视角，为后来的BPR理论兴起打下了基础。

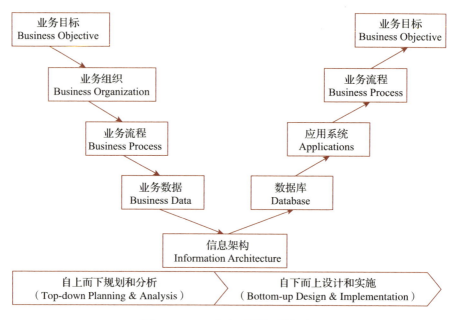

图 2-6　IBM 业务系统规划方法

1987年，BSP提出者之一、IBM工程师约翰·扎科曼提出了以他本人名字命名的企业信息框架——Zachman框架，并正式引入了"企业架构"这一名词。这个框架不仅适用于信息技术领域，而且是对企业存在的一个抽象。当时，业务流程这个概念刚被提出不久，从理论到实践都还不成熟，舍尔教授创造了业务流程的工程化参考规范，而 Zachman 框架则是从另一个角度切入业务流程，解释了业务流程与其环境变量（业务、组织、系统功能、数据和信息技术基础设施等）之间的关联关系和治理机制，即在这些企业业务和信息技术的对象和关系中，谁对什么事情负责？我们为什么要这样做，以及我们应该如何这样做？

Zachman 框架是一个对企业及信息进行高度抽象的二维模型：一个维度是企业从高层到执行层的六种角色的视角，包括业务规划者、业务管理者、架构设计者、工程构建者、技术实施者以及操作用户；另一个维度是企业业务内容分类，包括工具（what）、流程（how）、地点（where）、人员（who）、时间（when）和动机（why），视角和内容的交叉点组合成了业务模型。舍尔教授的 BPM 模型对流程的技术实现方式提出了一系列可实施的具体规划，而企业架构则侧重于流程在企业内的治理模式。

凭借在美国技术界的卓越影响力，扎科曼还参与了美国政府和军方的企业的信息化建设和管理的标准制定。这些标准都是以 Zachman 框架为指导思想的，包括美国国防部体系架构框架（Department of Defense Architecture Framework，DoDAF），这个框架是美国国防部建设支持美国军队多兵种联合作战的数字化指挥系统（包含指挥、控制、通信、计算机、情报、监视、侦察等 7 个子系统，简称 C4ISR），旨在解决不同装备及系统的供应商之间技术体系不一致的问题，从而实现一体化设计与评估；还有美国联邦政府企业架构框架（Federal Enterprise Architecture Framework，

FEAF），旨在促进美国政府的信息化建设。美国国会在 1996 年通过并颁布了《信息技术管理改革法案》，也称《克林格－科恩法案》（Clinger-Cohen Act），要求在政府部门设立首席信息官（CIO）职位，作为执行机构来管理信息资源，开发、维护和促进"健全和集成的信息技术架构"。在《克林格－科恩法案》之后，政府管理和预算办公室（OMB）作为该法案的推进机构，发布了明确的指导意见，要求各政府机构制定企业架构，以 FEAF 为标准，确定一个包括业务架构（各个业务领域的需求模型）和设计架构（支持业务需求的数据、应用和技术基础设施的模型）的框架，各个政府的业务域提出需求及规划，由 CIO 来统筹建设。

20 世纪 90 年代末期，基于 DoDAF、FEAF 等标准，由 IBM、惠普、英特尔等 IT 公司发起的企业信息技术国际标准化组织 The Open Group 推出了其企业架构框架 TOGAF，这个框架以及方法论体系（称为 ADM）成为目前全球企业开展企业架构管理的事实性标准。

前文 1.3 节介绍了 TOGAF 的大致概念以及业务架构方法。业务流程管理和企业架构有很大部分是重叠的，都涉及组织建模、流程建模、应用建模和数据建模的内容。二者的差异点，一是企业架构的涉及面更广，在前述共同内容之外，还涉及业务能力、商业模式、IT 治理、基础设施等内容；二是业务流程管理在流程管理方面做得更深，除了设计和建模外，还包括部署、实施、监控等流程生命周期管理；三是企业架构侧重于架构治理原则，虽然企业架构也有数字化管理工具，但是企业架构本身并不是企业数字化建设的工程化方案，而是更多用于宏观规划，而业务流程管理包含了流程的工程方案，即流程模型管理、工作流系统和各种流程自动化技术。业务流程管理和企业架构的关系如图 2-7 所示。

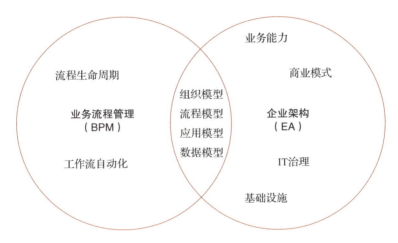

图 2-7　业务流程管理和企业架构的关系

BPM 实施将应用企业架构里的流程模型及架构蓝图，并且遵循企业架构所确定的企业 IT 治理模式；而企业架构管理将以业务流程管理的输出作为参考，包括组织模型、流程模型、应用模型和数据模型。

在现实管理环境下，大多数企业并不会将企业架构和业务流程管理割裂开来，不少欧美大型企业在企业架构理论兴起后，都在 IT 管理体系内建立了企业架构管理职能。在中国，企业架构的普及程度还不够高，建立企业架构管理职能的组织不多，不过最近几年出现的新趋势是不少大企业都在将之前建立的企业流程管理部升级为企业架构管理部。图2-8是我为某企业流程和IT部设计的组织架构示例。

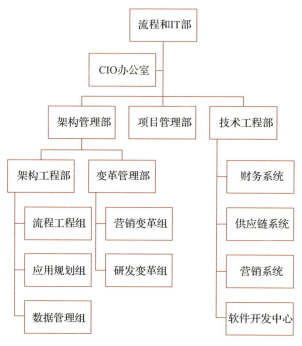

图 2-8　某企业流程和 IT 部的组织架构

《华为数字化转型之道》一书介绍，2017年，华为原变革项目管理办和企业架构与流程管理部合并成立了"企业架构与变革管理部"，该部门是华为变革最高决策机构"变革指导委员会"的支撑和执行组织，负责华为集团的变革项目、企业架构、流程和数据治理等工作。在华为数字化转型中，这个部门管理相关的预算投资、企业架构治理、战略资源和关键项目，保障各个业务领域和变革项目按照目标和蓝图有序推进，即它是一个定位于华为流程与IT管理体系中的卓越中心（Center of Excellence，CoE）组织。

该书介绍了华为的数字化转型变革治理体系，共分为三级。第一层级，也是最高层级，是变革指导委员会（ESC），华为管理变革、流程、IT系统与数据的最高决策组织，由公司轮值董事长主持，成员包括各业务群总裁、各平台部门总裁和各地区部总裁。ESC之下是"企业架构与变革管理部"，协同监管相关蓝图、架构、预算和项目执行。

第二层级是业务流程领域规划实施与项目组合管理，华为参照IBM的APQC流程分类方法定义了以下16个一级流程域。

运营类业务流程5个：端到端的定义，为完成对客户的价值交付所需的业务活动，并向其他流程提出需求。

- 1.0 IPD：负责把产品研发出来。
- 2.0 MTL：负责把产品推向市场，寻找销售"线索"。
- 3.0 LTC：负责把产品销售出去并回款。
- 4.0 ITR：负责产品销售后的问题解决及售后服务。
- 16.0 零售：消费者BG（Business Group，业务集团）的产品零售管理。

使能类业务流程7个：响应运营类业务流程的需求，用以支撑运营类业务流程的价值实现。

- 5.0 DSTE：战略制定到执行的闭环管理。
- 6.0 MCR：负责普遍客户关系的管理。
- 7.0 SD：负责产品和解决方案的交付与服务。
- 8.0 SC：负责供应链管理。
- 9.0 采购：负责供应商的准入、认证、采购管理。
- 14.0 MPAR：企业业务的伙伴与渠道管理，支持企业业务的"被集成"战略。
- 15.0 MCI：负责资本运作管理。

支撑类业务流程4个：公司基础性流程，为确保整个公司持续高效、低风险运作而存在。

- 10.0 MHR：负责人力资源管理。
- 11.0 MFIN：负责集团财经管理。
- 12.0 MBT&IT：负责流程、IT、变革管理。
- 13.0 MBS：负责基建、行政、法务、信息安全、政府公共关系等管理。

按照这些流程域设立了业务变革、转型和信息系统实施三位一体的"领域3T团队"，对领域自身的卓越运营负责。领域3T团队的主任默认是该领域的业务一把手，其他成员主要是领域各相关业务部门主管、领域架构师及变革代表。领域3T团队的主要职责包括：负责本领域的变革目标达成，对涉及本领域的变革项目、IT产品进行管理；负责被授权范围内的架构、流程、数据、IT系统等的建设和运营。

第三层级是流程和 IT 相关的具体平台和服务，包括流程平台、IT 平台和数据平台等。

2.6　流程管理的治理机制

BPM 方法论体系里通常没有关于流程治理的话题。业务流程管理在不少中国企业里处于这样一个尴尬的地位：企业领导说业务流程很重要，可是落到具体日常管理中，又没有一个部门牵头去管理流程。

流程管理本身就需要一套流程，那这套流程在企业里究竟属于什么部门的职责呢？在 APQC PCF 里，"流程管理的流程"并不是作为一项企业 IT 性质的工作被放在"8.0 管理信息技术"流程类之下，而是被放在"13.0 开发和管理业务能力"之下的（见图 2-9）。"管理业务流程"作为一个独立的流程组，与其他跨职能业务能力并列，例如项目管理、质量管理、变革管理、知识管理、组织绩效对标管理、环境健康和安全管理等。具体来说，"管理业务流程"包含了这样一些活动：确定流程治理方式，管理流程框架，具体定义、分析、绘制和发布每个流程，管理流程绩效，开展流程改进项目等。

如果把流程管理视作一种企业能力，那么它不能在企业的管理体系内成为没有组织归属的一项职能。所以究竟企业里的哪个部门应对业务流程管理负责？具体负责业务流程内容和业务决策的部门与流程管理部门又是什么关系呢？

```
13.0 开发和管理业务能力10013流程类别
  13.1 管理业务流程16378流程组
    13.1.1 建立和维护流程管理治理16379主流程
      13.1.1.1 定义和管理治理方式（16380）
      13.1.1.2 建立和维护流程工具和模板（16381）
      13.1.1.3 分配和支撑流程所有权（16382）
      13.1.1.4 进行流程治理活动（16383）
    13.1.2 定义和管理流程框架16384主流程
      13.1.2.1 建立和维护流程框架（16385）
      13.1.2.2 识别跨职能流程（16386）
    13.1.3 定义流程16387主流程
      13.1.3.1 界定流程（16388）
      13.1.3.2 分析流程（16389）
        13.1.3.2.1 识别已发布的最佳实践（20140）
      13.1.3.3 模型图示流程（16390）
      13.1.3.4 发布流程（16391）
    13.1.4 管理流程绩效16392主流程
      13.1.4.1 提供流程培训（16393）
      13.1.4.2 支持流程执行（16394）
      13.1.4.3 衡量和报告流程绩效（16395）
        13.1.4.3.1 根据需要识别附加指标（20141）
    13.1.5 改进流程16396主流程
      13.1.5.1 识别和选择改进机会（16397）
      13.1.5.2 管理改进项目（16398）
      13.1.5.3 进行持续改进活动（16399）
```

图 2-9　APQC PCF 的"管理业务流程"流程组

注：资料来源于 APQC PCF。

很多企业设立了"业务流程管理部"或组建了"流程优化团队"，其职责包括分析、设计和改进组织内的各种业务流程，以确保它们更加高效、透明和符合组织的战略目标，保证用信息系统来支撑流程活动，或者用信息系统来实现流程自动化。流程管理本身是一项行政职能，流程设计和管理涉及与各个业务部门的协作，包括信息收集与反馈，提出改进建议并监控实施过程，以持续改进业务流程。

具体负责业务流程管理的部门可能因公司而异。在一些公司中，这一职能可能属于战略规划、信息管理或者运营管理部门。有时候，业务流程管理的各个职能也可能分散在不同部门，例如IT、人力资源或者运营部门，这取决于公司的规模、组织结构和业务模式。

企业业务流程管理的总体组织的角色从高至低可分为四个层级。一般来说，第一和第四层级是兼职的流程管理角色，第二和第三层级是专职的流程管理角色，即专设的"业务流程管理部"。

- 指挥层：公司业务流程最高管理层级，负责业务流程的策略、方法，对流程架构、关键变革和重大问题进行决策。流程只是管理工具，不是为管理流程而管理。这个指挥层级等于公司的运营变革类项目的决策机构。
- 管理层：主要负责业务流程管理本身的管理机制的制定和维护。
- 操作层：具体执行业务流程管理的相关工作，确保业务流程管理的流程得以履行。
- 扩展层：一是与流程实现最直接相关的两个职能，IT职能和人力资源职能，即保证相关的信息系统和岗位设计能够落地，二是各个职能和业务单元里的业务流程的操作者，他们是业务流程的需求者、内容输入者和使用者。

从工作内容和岗位能力要求的角度，我们来看一下业务流程管理可能有哪些角色。

1. 指挥层

- 流程管理发起人：牵头负责全公司的流程管理工作，指挥各个流程责任人以及常设流程管理组织。
- 流程责任人：也称"流程所有人"，通常是公司某个业务领域的副总裁级高管，负责一个宏观层级的流程领域（例如财务、人力资源、市场营销等职能型顶层流程域，或者"订单到交付""概念到产品"这样的端到端型顶层流程域），协调跨部门的流程内容并决策。从管控原则上说，公司的业务流程长什么样，究竟谁说了算，流程责任人是最终决策者。

2. 管理层

- 流程管理部总经理：负责常设流程管理组织的总体管理，并且跟指挥层和扩展层相关领导进行沟通。
- 流程组经理：具体负责某个流程领域，或者某个流程领域之下的某个流程组的总体流程管理，创建相关流程并管理其生命周期，跟业务部门负责人确认流程内容，负责其所在流程领域内的流程管理或流程优化项目。
- 流程领域专家：负责制定、优化公司的流程管理方法论，面向相关干系人开展流程管理的宣传、培训。

- 流程架构师：具体制定并管理公司流程架构，即流程清单，使之与公司的业务战略、组织架构以及 IT 治理模式匹配，流程架构是企业架构的一部分，需要和企业架构的项目优先级保持一致。

3. 操作层

- 流程分析师：在流程架构的指导下，和业务部门的流程用户协作，具体执行某一业务领域的流程的业务内容梳理，建立描述性流程模型，分析流程绩效，提出流程改进机会。
- 流程工程师：承接流程分析师的工作，将概念性流程模型转化成工程化流程模型，并且与 IT 职能里的系统实施顾问或开发工程师对接，确保工程化流程模型的实施成果。
- 流程工具经理：跨业务领域的共享基础设施，负责提供并运维 BPMS，包括流程梳理、流程模型、流程挖掘、流程分析、工作流系统等，确保 BPMS 和提供信息服务的其他企业信息系统的接口被明确定义、工作状态良好。
- 流程运维支持：业务流程开发结束并投产后，可以进入运维状态，公司可以成立流程运维小组，为用户提供帮助台支持和跨业务领域的共享服务支持。

4. 扩展层

- HR 部门岗位管理者：负责与业务流程管理部门对接，创建流程相关的新岗位，包括岗位描述、任职资格、绩效标准等，或者优化现有岗位的相关设置。
- IT部门系统实施者：负责与流程管理部门对接，在流程项目中提供相关的信息系统实施或优化工作。
- 业务流程用户：具体使用业务流程的业务部门用户，这些用户为流程定义、流程设计、流程运维等提供内容输入，并且在使用业务流程的过程中为业务流程管理人员提供反馈。例如运营部门实施质量改进的六西格玛项目，供应链部门进行产销衔接优化，或者风险管理部门优化业务控制点设置时，都需要使用或者优化公司流程。

这些角色在不同规模的企业中可能定义和名称不同，通常也不一定每个角色都有专人或专岗。例如，流程分析师和流程工程师具有不同的技能要求，使用不同的工具，流程分析师使用流程梳理工具（例如Visio、ProcessOn这类概念性的流程描述工具）、流程分析工具（例如流程智能、商业智能，用于发现流程指标和业务指标里的问题）等半专业工具，而流程工程师则使用专业的流程建模和流程仓库工具，甚至有能力用流程标记语言进行代码级的流程撰写。规模不大的企业很难有"奢侈"的人员编制来设置如此细分的岗位，也许流程分析师、流程工程师、流程工具经理和流程运维人员都集中为一个岗位。

流程管理组织在公司里通常定位于CoE，即公司特定专业领域的专业团队，CoE 的主要目标是推动最佳实践，在公司内促成工作标准化和跨职能协作。通过 CoE，公司能够集中资源和专业知识，提高效率、质量和创新水平。典型的流程管理卓越中心（CoE）的组织架构如图 2-10 所示。

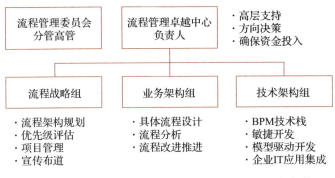

图 2-10　典型的流程管理卓越中心（CoE）的组织架构

在 CoE 的工作模式中，通常会有专门负责管理、培训、监督和持续改进的团队。在现代企业运营模式设计上，大型企业里的 IT、财务、人力资源、战略管理、采购等行政职能体系，都是适用 CoE 模式的典型职能体系。这些职能体系可以分为 CoE、业务伙伴和共享服务中心三个维度的运营组织：CoE 制定专业化政策，业务伙伴贴近业务一线提供对业务领导的现场支持，共享服务中心提供面向最终用户的标准化服务，它们一起被称为"业务流程管理三支柱"。

业务流程管理模式可以参考这些行政职能体系，不过值得探讨的是，流程管理卓越中心或者业务流程管理三支柱究竟是应属于某个行政职能体系，例如 IT、人力资源、战略管理，还是可以独立出来和这些行政职能体系并列呢？业务流程管理在企业内的不同组织定位如表 2-3 所示。

表 2-3　业务流程管理在企业内的不同组织定位

业务流程管理的组织定位	描述	好处	可能存在的问题
和其他职能平行	较少见独立的流程管理部门，在企业转型期可以设立独立的流程管理办公室	赋予流程管理较高的地位	工作量可能不饱和，和其他职能的接口过多，降低沟通效率
和 IT 体系一起	设置"流程 IT 部"，这是大多数企业的做法	流程实现的路径最短，效率高，符合 BPM 原理	需要厘清与架构管理职能的区别；IT 职能未被赋予强有力的推进权力
和人力资源体系一起	流程管理作为人力资源职能的一部分	跟组织发展、岗位设计和绩效管理等职能挂钩，有利于流程实施	离业务运营和技术实现都较远，人力资源体系可能缺乏足够的专业能力
和战略管理体系一起	流程管理放在战略管理部门里	自上而下的设计，有利于建立完整的流程架构，实现设计和组织考核的闭环	缺乏流程的技术实现能力；很多公司没有战略管理部门
和运营体系一起	跟质量改进、供应链管理等体系放在同一个部门里	面向业务管理，流程开发质量高	技术实现效率低，只能处理运营流程，不利于建立覆盖全公司的流程体系

我们来看一个大企业业务流程治理的实际例子。某全球领先的高科技企业，年营收达到千亿美元规模，其业务运营（包括产品研发、销售、交付、客户服务等）组织分为三个维度，形成三维矩阵组织：第一个维度，按照产品和服务线分为四大事业群，每个事业群下设有若干个品牌事业部，各事业群在全球范围内实行跨区域的

垂直管理，是公司首要的损益管理条线；第二个维度，在全球范围内按区域又分为几个大区、十多个小区，包括北美、欧洲、亚太、中国、日本等，是公司次要的损益管理条线；第三个维度，按照客户规模、客户所属行业（例如金融服务、汽车、制造、消费品等行业）等客户特性又分为若干客户解决方案组织，是公司更次要的损益管理条线。在管理支持体系上，公司整合了财务、人力资源、IT、采购物流、销售支持、品牌公关、物业管理等职能，形成十多个后台服务平台，称为"全球集成支持职能"，支持三个维度的业务运营体系。

21世纪头10年，在社会、政治、经济、科技的全球化转型的大背景下，该公司提出建设"全球集成企业"，即通过真正全球性的方式来形成自身的战略、管理和操作模式，以正确的成本、正确的技能和正确的商业环境为基础，在世界上的任何地方进行运作，并且通过全球性的横向一体化，将公司操作融为一体。全球集成企业转型自上而下分为三个层面，分别是业务战略的改进、业务流程和组织设计的改进、IT系统和IT基础设施的改进。

为此，该公司建立了如图2-11所示的业务流程管理、业务转型项目和IT管理的组织架构。

（1）全球集成企业（GIE）战略委员会：确定公司运营转型的战略性方向，明确全球集成企业转型的各方职责，确保业务战略、组织转型和IT转型三者的协同匹配，该委员会由一位直接向CEO汇报的高级副总裁牵头召集。作为千亿级美元规模企业，该公司总部有两大管控体系：一是业务绩效体系，负责跨业务单元的战略协调，促进达成公司经营结果；二是组织发展体系，负责整合公司的组织能力，协同公司战略、价值观在组织内的落地，GIE 是组织发展体系的重要工作组。

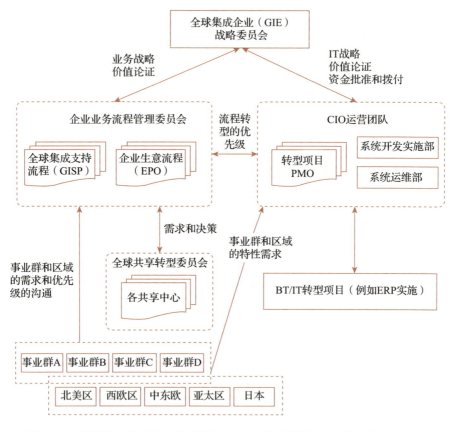

图 2-11 某国际大企业业务流程管理、业务转型项目和 IT 管理的组织架构

（2）企业业务流程管理委员会：该委员会综合事业群、区域、

客户等三个业务运营维度以及全球集成支持职能的流程管理需求，建立 EPF（该委员会是 APQC 发起成员之一，也是 APQC EPF 最重要的拥趸），横向和纵向地进行优化，在各个流程所有人之间进行对齐和协调，并且评估业务转型和信息技术（BT/IT）转型项目的投资优先级。在该委员会下设置的全球流程管理办公室，具体负责流程管理的管理体系运作。

（3）企业流程所有人：在企业流程框架之下，每个流程域都有一位牵头人和一位负责人，从流程相关干系人处搜集输入，涵盖各个运营组织维度以及共享服务体系，评估流程整合、流程优化、流程标准化和共享服务转型的优先级。值得一提的是，该公司把全球集成支持流程（GISP）和企业生意流程（Enterprise Process Owner，EPO）分开，重点抓 GISP 的建设，尽可能保证面向市场的 EPO 的灵活度。识别出来并且进行标准化管理的全球集成支持流程有六个，即服务类采购到支付、硬件类采购到支付、销售激励、商机到订单、产品类订单到交付、服务类订单到交付等，由 GISP 的流程负责人主抓，EPO 负责人提供支持。

（4）全球共享转型委员会：在财务、人力资源、采购、IT 等领域，推进共享服务转型，确定各个共享中心的责任人。

（5）首席信息官（CIO）：根据 BT/IT 转型项目的优先级来管理相关的 IT 预算，打造企业架构管理和信息化实施能力以支持转型。激活、整合、监管各个 IT 实施项目，管理项目风险。某国际大企业 CIO 运营团队的组织架构如图 2-12 所示。

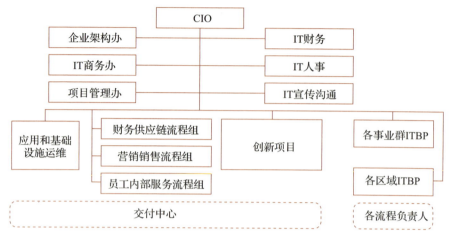

图 2-12　某国际大企业 CIO 运营团队的组织架构

该企业从三个角度来思考业务流程管理：其一，加大对公司后台服务职能的整合，实现贯穿事业群、区域单元和客户/行业解决方案组，以及建立全球整合服务职能的横向一体化流程；其二，通过横向一体化流程来实现流程的简化和根本性改变，提升组织绩效，降低管理成本；其三，在所有流程管理中贯彻七大原则。

- 推动客户价值、效率和效力。
- 建立端到端负责的完全责任制。
- 建设持续改进的文化。
- 建立全球性的端到端流程。
- 小步快跑，通过试点、速赢，达成早期效果。
- 追求根本性的简化。
- 为复杂性支付代价。

在流程管理的方法论上，该企业作为 APQC 的核心会员，很早就建立了参考 APQC PCF 的企业流程框架（EPF），如图 2-13 所示。

1.0 开发战略 Develop Strategy
2.0 营销产品和服务 Market Products and Services
3.0 开发解决方案、产品和服务 Develop Solutions，Products and Services

4.0 管理客户和伙伴关系 Manage Customer and Partner Relationships	5.0 销售产品和服务 Sell Products and Services	8.0 履约解决方案、产品和服务 Fulfill Solutions，Products and Services		
		9.0 采购和供应 Procure & Supply Products and Services	10.0 生产内部产品 Produce Internal Products	11.0 交付服务 Deliver Services
6.0 管理客户服务 Manage Client Service				
7.0 管理售后技术支持 Manage Post Sales Technical Support		12.0 管理全球配拨和物流 Manage Global Distribution and Logistics		

13.0 管理HR和劳动力 Manage HR and Workforce
14.0 管理财务 Manage Finances
15.0 管理业务转型和信息技术 Manage Business Transformation and Information Technology
16.0 管理业务支持 Manage Business Support

图 2-13　某国际大企业的流程框架（第三版）

这些二级流程组的三级流程的串接关系如图 2-14 所示，我们在前文中讨论过这种"流程地图"。

164 业务流程：穿越从概念到实践的丛林

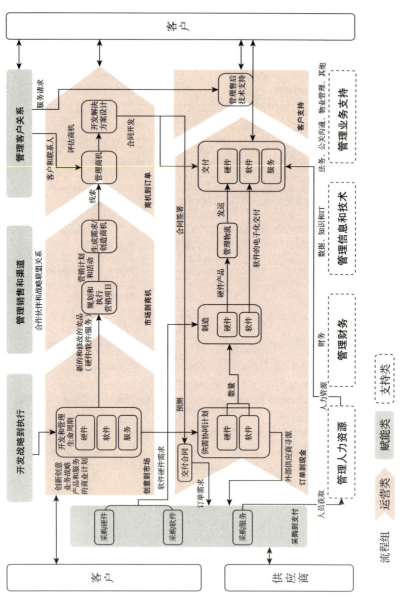

图 2-14 某国际大企业的二级流程串接图

该流程框架在企业内广泛应用于战略性项目，包括流程卓越计划、BT/IT 战略规划、企业架构管理、疫情应对等减灾计划、员工价值观调研、共享服务评估规划等，还应用于一些 IT 运营性项目，例如，应用系统组合覆盖评估、IT 财务管理等。

为了推进全球集成企业战略，该公司对 EPF 进行了一次结构性的改进，如图 2-15 所示。从第三版到第四版，最显著的变化是业务职能领域转化成了端到端流程，强调跨流程域的垂直整合以及跨事业群和区域业务单元的横向整合。"运营"是指直接面对客户的流程，"赋能"是指对直面客户流程的赋能，"支持"则是指公司的后台职能。

第四版 EPF 里的一级流程"订单到现金"，融合了第三版里的"8.0 履约解决方案、产品和服务""10.0 生产内部产品""11.0 交付服务"和"12.0 管理全球配拨和物流"等四个流程类。

由于该公司产品业务和服务业务的商业模式有所不同——产品是分销模式，通过渠道合作伙伴销售给客户，而服务是直销模式，由公司直接跟客户签署合同，因而"商机到订单"流程域有两种流程变式。类似地，不同产品线的研发流程，不同采购类型的采购流程也有 2~3 种流程变式。在前述识别出来并且进行标准化管理的六个全球集成支持流程里，销售激励是"管理人力资本"之下的一个二级流程，其他都是一级流程。

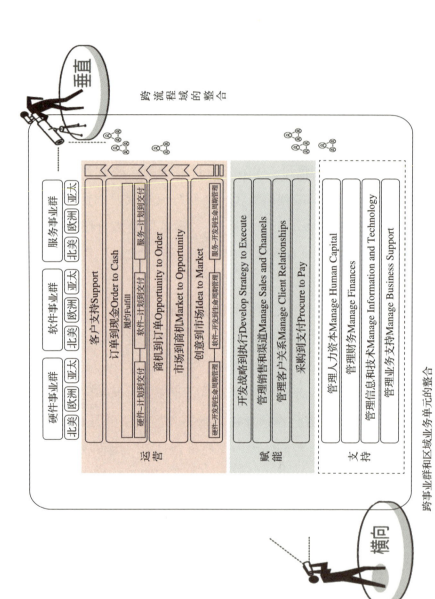

图 2-15 某国际大企业的流程框架（第四版）

EPF是一个四级流程框架，图中列出的第一级对应到APQC的流程类，第二级对应到APQC的流程组，第三级基本上就对应到了可操作的、用ERP等信息系统来支持的、对相关经理和员工开展制度培训的具体流程；少数三级流程中需要细化解释的环节，可以再打开到第四级，对应到APQC的活动。并不是所有的三级流程都需要打开到第四级。这家千亿美元级企业的流程框架至多也就到四级，所以当我看到国内有些营收几十亿元的企业要做六级、七级流程的时候，不由得感叹中国企业管理者和咨询顾问确实"卷"得厉害，连流程层级都要比谁更细。

以"商机到订单"的流程类为例，其定义是"从了解客户需求到签署合同或工作说明书，参与、推动和管理对客户的销售过程"，包含了以下流程组，即二级流程。

- 管理商机。
- 设计解决方案。
- 制定解决方案定价和财务预算。
- 开发项目建议书。
- 制作合同。
- 获得客户许可和决策。
- 管理信用风险。

第四版EPF的"管理客户关系"包含了第三版EPF中"4.0管理客户和伙伴关系"以及"6.0管理客户服务"中的部分内容，其定义是"执行客户和地盘规划,建立并维护客户和联系人的信息记录,与主要客户和联系人建立关系,管理客户满意度,处理客户投诉"。

该公司具有悠久的业务流程管理历史,一直致力于打造流程型组织。管理者提出需要以这样一种方式来构建和集成流程,即公司中的任何人都可以通过相关的组织、应用程序和技术的更改,来实现快速、优化的业务评估和调整,以支持其业务战略实施。该公司的这轮业务转型采用了迈克尔·哈默提出的"流程和企业成熟度模型",在流程成熟度和组织成熟度的两个方面都瞄准了较高的成熟度目标。

在流程管理体系上,公司将企业业务流程管理委员会下的全球流程管理办公室作为一个卓越中心,从六个方面来建立流程卓越能力。

- 使命和章程:制定跟公司战略匹配的章程,明确流程管理体系的目的和方法。
- 流程原则:确保流程设计、流程标准化、流程自动化和流程部署的方针、方法和方案被用文字记录,并且在全公司不同业务单元里得到一致性的执行。
- 角色和职责:各个工作小组的职责明确,目标清晰,并且相关岗位上的人员具备所需的技能。
- 组织架构和治理机制:保证流程管理小组与公司高层领导以

及各业务运营单元的领导之间充分对齐，确保流程设计和业务运营的集成。
- 绩效衡量：从财务指标和运营指标等角度，对流程运行、共享服务运行的效率进行准确的评价，并且进行与行业最佳实践的对标，还要搜集内部和外部客户的满意度反馈。
- 措施和计划：针对常规性运维、持续改进以及流程转型等不同性质的业务流程管理工作，分别制订流程管理的计划，开展相应的措施和项目。该公司专门开发了一个包含企业架构管理、变革管理、项目管理、解决方案管理等内容的 IT 平台，来支持业务流程管理和转型管理。

在考虑公司内部的流程转型的方向和措施时，不仅要关心流程效率的改进，以及实施精益六西格玛这类提升流程效率的举措，而且要为流程转型建立体系性的方法和工具。流程转型要考虑四个环节。首先，要结合企业战略来考虑，明确创建、更改或改进流程以支持的业务愿景和使命，以及这些流程的治理机制。

其次，要考虑建立流程管理体系，确保流程负责人各司其职、职责明确；确保流程有明确定量、定目标的衡量指标；流程不仅需要设计、画流程图，而且需要知道它们实际是怎么运行的，流程绩效如何，有哪些机会可以改进流程，使得流程绩效更好。

再次，要考虑当推进流程改进时，是要交付新的业务能力，还是要改进既有的业务能力。要建立对标准化业务进行提炼重用，形成企业资产的能力,避免重复造轮子。当开发一个新流程时,要考虑它还可以在公司的什么业务中使用?

最后,要考虑让流程变革可持续。流程变革是组织变革的一部分,要结合各种组织变革措施(包括领导力变革措施和组织文化变革措施,而不仅是技术变革措施,并确保流程变革成为执行流程的人员的工作职责和个人特质的一部分。通过拥抱变革、优化执行来确保业务目标的达成。

该公司使用四种管理工具来支持这四个环节:一是业务架构,将业务能力、组织结构以及关键策略进行很好的匹配;二是业务流程管理工具,用自动化和智能化技术,实现流程端到端的集成;三是变革管理工具,确保在整个项目生命周期中发生的组织变革被计划、被沟通和被充分管控;四是流程改进技术,使用精益和六西格玛的结合来推动并衡量流程优化的效果。

2.7 变革管理

推进业务流程管理意味着组织工作方式的改变,组织能否驾驭改变过程决定了流程管理的有效性。变革管理是有组织地管理和引导组织从当前状态过渡到未来的期望状态的过程,它涉及在组织内部引入实质性的、有计划的变化,以适应外部环境的要求或实现组织内部的战略目标。这个过程需要仔细的规划、有效的沟通、高效的团队协作以及合理的资源分配。

BPR 中常见的变革阻力包括以下内容。

- 组织文化和习惯：既有的组织文化和员工习惯可能阻碍变革。员工可能对新的工作方式感到不适应，而且习惯性地坚持过去的工作模式。
- 员工不确定性：变革可能引起员工的不确定感，包括对工作稳定性、角色变化和技能需求的担忧。这种不确定性可能导致员工抵制变革。
- 沟通问题：不充分或不清晰的沟通可能导致对变革的误解。员工需要了解变革的原因、目标和影响，否则可能对变革表示怀疑。
- 管理层支持不足：如果高层管理者对变革的支持不够，或者在实施过程中缺乏明确的引导和推动，员工可能会感到缺乏动力。
- 技术问题：引入新技术可能会遇到技术整合、培训和学习曲线等问题，这可能导致员工抵制变革。
- 业务流程不透明：如果员工不理解当前业务流程存在的问题，或者不清楚为什么要变革，他们可能对变革产生负面反应。
- 历史失败的阴影：如果组织之前尝试过变革但失败了，员工可能对新的尝试持怀疑态度，认为变革无法成功。

成功的变革通常需要综合考虑并应对这些变革阻力。变革管理措施可能包括明确的沟通、培训计划、组织文化的调整以及领导层的坚定支持。

变革管理理论是在实践中逐步发展的，吸收了来自多个管理学学科和实践领域的理论和方法。组织行为学理论先驱库尔特·勒温（Kurt Lewin）在 20 世纪上半叶提出了变革管理模型——勒温模型，指出组织变革包括三个阶段。

- 解冻：组织需要认识到当前的状态存在问题，需要变革。这就好比"融化"当前状态的冰层，让组织成员意识到变革的必要性。
- 变革：实施新的方法、流程或结构，进行实质性的变革。这就是改变当前状态，引入新理念或实践新方法的阶段。
- 再冻结：在这个阶段，新的方法和流程被巩固和强化，以确保能够持续发挥作用，形成新的稳定状态。

勒温模型强调了变革是一个连续的、动态的过程，而不是一个简单的一次性事件。这种理论有助于组织更好地理解和管理变革，通过循序渐进的过程缓解员工和组织的抗拒感，使变革更具可持续性。

总结来说，成功的变革需要具备以下几个要素。

- 识别变革的驱动力：确定为何需要变革，如为了应对市场变化、提高效率、创新等。
- 设定目标：明确未来的目标状态，确保其与组织的战略愿景一致。

- 规划和实施：制订详细的变革计划，包括资源分配、时间表和实施阶段。
- 沟通和参与：有效沟通变革的理由、目标和计划，并鼓励员工积极参与。
- 监测和调整：持续监测变革的进展，收集反馈，根据需要进行调整和改进。

变革管理旨在最大限度地减少变革对组织的负面影响，确保变革是有序的、可控的，并最终实现预期的业务结果。

大型组织推进流程管理需要建立体系性的变革管理策略，通常包含这样一些措施。

第一，建立变革管理项目管理办公室（PMO），在变革过程中担任辅导者和推动者的角色。对业务流程的解决方案以及相关变革行动（例如方案沟通、组织角色变化等）产生直接影响的业务部门，必须由相关领导主动担责，驾驭变革的实施推进。如图 2-16 所示，这是一个流程变革项目的典型变革管理组织设置，分为领导及推进变革管理的，全职或专职的"核心组"，以及非全职参与的，传播变革理念以形成变革网络的"扩展组"。

（1）变革管理 PMO。总体管理变革管理工作，与业务流程管理方案输入对接。

（2）培训组。管理流程的用户培训、知识转移的工作，很多大公司把流程管理放进公司的合规性培训中，员工培训合格方能持证上岗，有专人负责培训材料开发和培训交付。

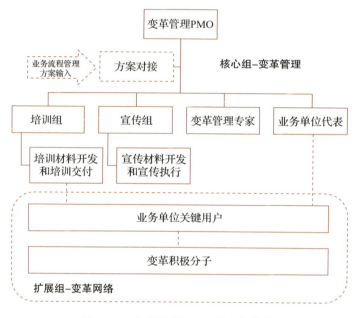

图 2-16 变革管理 PMO 的组织结构

（3）宣传组。在公司范围内进行流程变革的宣传，包括宣传材料开发和宣传执行。宣传方式有定期新闻稿、员工活动等。为了获取干部和员工的关注，流程变革类项目还会起个响亮的、有意义的名字，例如"象舞计划"等。

（4）变革管理专家。变革管理是个专业工作，包括干系人分析、干系人管理、变革角色匹配、变革就绪度评估、变革方案设计、变革网络管理等。变革管理专家就此专业工作，为变革管理 PMO、培训组和宣传组提供专业支持。

（5）业务单位代表。各业务流程受影响单位应该有代表尽可能全职参与到变革管理中，负责协调变革管理措施在本单位的实施、部署，并支持变革管理 PMO 的工作。变革管理的业务单位代表和流程工作小组里的业务单位代表可以是不同的人，也可以是同一组人。

（6）业务单位关键用户。接受培训和知识转移，作为本单位内部变革推进的一线支持，为流程最终用户提供转变支持。

（7）变革积极分子。流程最终用户中兼职参与的变革积极分子，包括变革带头人（change champion，指职位相对较高或较资深的人员，对变革投入有时间承诺，能够在本单位协调资源，建立变革先锋小组）和变革代理人（change agent，指本单位基层部门的工作层面的变革参与者，能够积极参与变革活动，包括培训、宣传、变革部署，尤其在新流程上线期间有充分的时间投入），践行变革实践，传播变革文化。

第二，变革推进要建立一个变革评估模型。在整个变革周期里，包括从开始到结束的每个重要阶段和里程碑，对变革涉及的单位要进行密切的监控。通常这种评估以问卷和访谈的方式开展，涵盖以下课题。

（1）愿景。变革管理的障碍通常是缺乏对愿景和目标的共识，导致员工缺乏变革的动力，不愿意改变固有习惯。变革的愿景和目标是否被清晰定义，是否经过全面沟通，各相关方对大方向是否清晰并且达成共识。

（2）领导。领导发起并推动变革的能力是不是可见的、对齐的、有承诺的。

（3）论证。变革的收益是否得到了充分论证，各相关方对于变革收益是否达成了一致的理解，从而对变革的需求及紧迫感达成了共识。

（4）历史经验。历史上，同类型的变革项目（例如信息系统实施，涉及流程、技术和人员三者的结合）有没有成功经验，使得人们能够因循成功的规律，巩固变革成功的信心。

（5）参与度。企业内各相关方是否有广泛的参与度，核心参与方的责任和义务是否明确。

（6）目标。组织是否具备定义变革成功的标准和衡量指标的能力，组织内相关方是否愿意承担这些指标及其目标，这些指标是不是可明确衡量、可记录、可跟踪。

（7）沟通。对于变革项目从知晓到倡导再到承诺，在组织内能否形成完整的沟通策略并且有效执行。

（8）担心。能否识别变革涉及方主要担忧的领域，例如工作稳定性、缺乏知识和技能、短期利益的丧失、失败的阴影等，并把问题摊开看，制定针对性的处理措施。

第三，变革机制的长效化。流程管理通常按项目方式开展，有确定的范围、目标和时间周期。前述的宣传、培训等工作可能都是根据流程变革项目要求来同步开展的，在项目结束后，这些措施应该成为公司组织发展的经常性工作。例如我在 IBM 咨询部工作时，IBM 每年都有年度的流程培训，培训在线上进行，有十多门课，涵盖销售流程、合同流程、项目流程、项目财务流程、采购流程、风险和质量管理流程等，每门课大约 1 小时，员工学完后要进行测验，全部通过才能走上工作岗位。

第四，变革管理的治理机制。我们在上一节讨论过，流程管理的归口关系在大多数大型企业里属于信息管理部门或者运营管理部门，变革管理相关的宣传、培训、文化推动、组织促成、绩效考核等还离不开人力资源管理职能体系的支持。有些公司在信息管理部门中设有专门的变革管理部门或岗位，有些公司则把变革管理置于比流程、IT 更高的组织层级，将变革管理 PMO 作为常设性组织。

第五，变革管理的激励机制。变革管理是公司的专项工作，对参与人员以及相关人员可以设计多种激励机制，包括设立物质奖励计划，如员工表现奖、团队达成目标奖等，进行公开表彰，让员工感到他们的努力得到了重视；向积极参与变革的员工提供晋升和职业发展的机会，展示组织对他们的重视让参与项目成为个人发展的机遇；提供与变革相关的外部培训机会，对员工在变革中的成长慷慨投资；给予中基层员工更多参与变革决策的机会，让他们感到自己对变革有一定程度的掌控感，从而提高其积极性；定期组织团队建设活动，促进员工之间的合作和团结，以共同应对变革带来的挑战；考虑改善员工福利和工作条件，以降低变革过程中的不确定性，提高员工满意度。

中国具有民企、国企、外企等多种所有制市场主体，不同类型的企业拥有不同的治理机制和文化氛围，因而变革管理也各有特点。例如大多数民企机制灵活，领导者具有较高的权威，基层执行力较强，变革阻力通常在于高层对变革目标和路径不清晰，没有达成语言和认知的一致性，中层间存在利益和权力的博弈，甚至企业领导人自己变革意志不坚决，对于拥抱变化表现得缺乏信心、迟疑不决，所谓"问题出在前三排，关键就在主席台"。

国企则由于与生俱来的特性，薪酬和激励机制灵活度较低，企业文化相对较为保守，合规意识强，为了规避犯错而不愿意甚至不鼓励创新。国企的变革阻力往往来自缺乏基层的动力和支持，并非中高层缺乏变革意愿。我也观察到一些国企推动变革管理的优秀实践，例如发挥党组织在变革中的领导作用，党员在变革中扮演好变革带头人和变革代理人角色。

国家能源集团在2020年为"进一步深化实施投资、财务、燃料和物资四个集中管控""强化智慧企业建设"，以建设世界一流示范企业为目标，开展了为期一年的"一体化集中管控系统项目"，涵盖了全集团80家二级单位，一千多个法人实体。这个项目的变革管理特色是，集团党组织将党支部建在项目组上，在项目组里设立了6个党小组，明确深化党建与业务变革相融合、发挥支部的战斗堡垒和党员的先锋模范作用、开展党建软课题研究、打造特色宣传平台、做实对标宣传、建强宣传队伍、开展项目文化建设、征集项目建设论文、开展成果报奖等9条工作主线，让党建工作成为信息化建设、组织变革和流程实施方面看得见的生产力。

变革管理PMO以党建引领、文化聚力为指引，项目组党支部制定了党支部、党小组和党员工作清单,组织开展了"上线夺旗""ERP 是我们的船"等特色主题党日活动,召开"七一"表彰大会选树典型,充分发挥党组织政治"主心骨"、思想"定盘星"和行动"指南针"作用;在党小组层面上,结合实际开展互帮互助,五个任务对应五个先锋等特色项目建设活动,组建党员突击队,开展冲锋夺旗;项目组内全体 264 名党员,以敢为人先的闯劲、锲而不舍的韧劲、拼搏进取的干劲,发扬先锋队的作用,带领项目组的广大员工用 75 个日夜制定出涵盖煤炭、电力、人资、财务和物资等各板块的 71 项数据标准、554 个业务流程、1038 个风险管控点和 241 个业务提升点的业务标准。

我们再来看华为流程转型中的变革管理经验。我和一位十多年前在华为某流程转型项目中干了七年的埃森哲前顾问详细探讨过他经历的转型历程,他认为很多专家即使能讲清楚华为这套流程是怎样操作的,也不一定知道华为为什么能取得今天的成就。对华为来说,业务流程不只是开展业务的作业指导、制度文本,而是长期沉淀下来的企业知识,是企业运行的"肌肉记忆"。形成这个肌肉记忆要靠长期的积累,包括以下五方面。

(1)战略指导的业务设计。华为流程转型不仅是解决局部的、面向工作效率提升的优化问题,而且是面向业务战略的、向用户提供超越竞争对手的价值的组织运作方式的变革。其大背景是 2005~2015 年的十年间全球网络设备供应商行业的大变局,华为领导者基于对业务战略的远见卓识,完成了从网络设备服务商到电信运营商、信息技术提供商和云平台并重，到互联网、政府、企业、消费者、产业生态多业并举的多次战略升级，其业务架构和流程设计始终以战略为指导。

对于持续多年的流程转型的成功，华为在2013年公开发布的年报中指出："不断缩小追赶的差距，终于实现任总20年前提出的'三分天下有其一'的梦想，成就了华为的今天，成就了我们自己，也为人类社会和人类文明的进步做出了历史性的贡献。"

（2）开放性吸收。从对领先企业最佳实践的跟随、模仿、演进到领先，通过虚心和脚踏实地的学习、领悟、转变、运用，华为构建了端到端的科学管理体系：一是大量借助咨询公司，延揽相关行业（电信行业、网络设备）全球领先企业的人才，云集了全球一流的战略顾问、架构师、行业专家、业务专家、技术专家和企业软件产品专家来帮助企业开展各个业务领域的流程建设；二是基于西方的商业标准化软件技术和系统（ERP、CRM等）的数据、流程体系，用二十年时间形成了现代化的工作方式和方法。在转型时期，华为非常强调使用国际套装软件的标准功能，旨在提升自身实践的标准化和规划水平。2017年后，华为被迫走上自研企业软件的道路，并以此为契机实现了企业IT架构现代化升级，这是另外一个故事了。

（3）持续变革。华为每个业务领域的流程变革时间短则五六年，长则十年，例如财务、研发、营销、销售、客户服务等，很少有中国企业能够坚持这么长时间的变革过程。每个业务领域以项目和项目群的方式来管理变革过程，从全球区域、分级流程子域等角度进行阶段性的变革规划，先局部后全面，先试点后推广，逐步迭代优化。以年为单位，用业务结果来监控、反馈流程变革的业绩提升，例如衡量销售流程的有效性，不仅有收入、利润等结果性指标，还包括应收账款周转天数（DSO）、存货周转天数（ITO）等运营效率指标。

（4）沉淀并管理知识。华为认为业务流程是企业的工作知识，应对每一项变革活动，在事前、事中、事后的全周期形成组织学习的闭环，将流程实践提炼、固化成企业的知识资产。组建专职的知识管理团队，促进知识的搜集、整理和共享，用知识来支持和辅导干部、员工的行动。同时，华为还用很高的标准来管理知识的机密性。

（5）批判性思维。在流程变革中，华为的流程管理者一方面广泛吸取全球优秀企业的领先实践，另一方面并不是简单地照抄照搬，依葫芦画瓢地去设计流程，而是在充分理解那些最佳实践背后的管理原理后，结合实际情况和条件来持续改进自身实践。

2.8 中外流程管理文化比较

有几位管理专家讨论流程管理，说是有一家民企的分公司申请购置一台公司用车，经过六轮审批，到董事长那里时才发现车辆规格超标了。董事长一怒之下把前面的所有审批人全批评了一顿，每人罚款500元，警示他们没有起到流程控制的作用。这个流程究竟存在什么问题？有人说是前面每个审批环节的审批条件规则没有制定清楚，有人说是公司的"流程化管理"文化不够，前面每个审批环节都没有尽到把关责任。

我问：你们把分级权限控制叫作"流程"吗？流程专家告诉我：一家公司的流程应该分为"业务流程"和"管理流程"，采购、销售等做业务的过程叫"业务流程"，或者说叫"横向流程"，而对采购、销售等业务流程中的每一个活动按权限进行审批的过程，就叫"管理流程"，也叫"纵向流程"，业务流程和管理流程形成了企业管理横纵交叉的结构。

我觉得这是一个很有意思的说法，管理理论本身没有对错，大家约定俗成就好，但是显然对于"流程"，中国企业已经形成了一套与国外大公司的实践及通用的管理软件不一样的概念和话术。

市面上不少关于业务流程管理的书以及深受广大中国小微企业主欢迎的管理培训课程，通常对"流程"做以下解释。

- 流程就是约束领导和员工的企业制度。
- 流程制度化，打造一流的执行力。
- 流程就是标准化作业，把作业标准固定下来。
- 流程就是操作步骤。
- 流程就是跑审批签字。
- 管理就是跑流程。
- 流程执行就是"表单化"。

- "流程责任人"就是监督流程执行的主管。
- 公司老板就是对流程责任人的监督人。
- 实施绩效考核，用奖惩来保证流程执行。
- 流程考核就不是看流程结果，而是要看流程的每一步是不是都做了。
- 每做一步都要打卡，或者做事时旁边得有人监督流程是不是执行了。

我不能说这些书和培训的说法是错的，管理学概念本来就是百家争鸣。就像中国市场上的主流啤酒和欧洲的啤酒，口味差别很大，啤酒的标准究竟是什么不重要，消费者已习惯将这种金黄色、有气泡的酒精饮料统称为"啤酒"了，只是此啤酒和彼啤酒从成分到口味都不一样。

为什么流程管理网红培训老师讲的课会深得一些中国企业家的心呢？因为他们传递的信息是：流程是企业管理的"神器"，有了业务流程后，老板就可以当甩手掌柜，企业可以自己运转，员工也会自发地拼命干。这跟股权激励、阿米巴、自组织运行等小微企业主们喜闻乐见的"管理知识"如出一辙，花不多的钱就能买个万灵药。服用后，鬼都会推磨，马儿不待扬鞭就自奋蹄。就算学了没用，钱花得也不心疼，毕竟学习知识总比把钱扔在麻将桌上好。

面向小微企业主的培训内容里很多主张和观点都是根据听众的口味打磨出来的，而且利用了互联网等数字化方式获取用户反馈，快速迭代，不会曲高和寡，这本身是由管理培训的商业模式决定的。这类管理培训内容常常刻意迎合受众对知识的迷恋和渴望，但是缺乏逻辑性和思维深度。

如果说小企业对流程的理解存在局限性，那大企业应该理解到，流程并不是审批或者制度，而是业务模式、运营模式、组织协作、风险控制、信息技术应用等综合性问题，大企业领导也应该不会对这些浅薄甚至幼稚的管理理论产生兴趣。可是现实中，这些流行的观点和说法占据了中国不少大企业领导有限的注意力！小企业老板生存不易，而大企业经理人又要应付任期内的指标考核，所以能真正沉下心来建设流程的企业只是少数。至于这些企业的老板们说的流程跟搞精益管理、ERP实施的咨询专家说的流程不是一回事儿，只要老板们自己不觉得尴尬，尴尬的就是那些咨询专家了。

业务流程作为一种管理思想和方法，根植于欧美企业的社会和文化背景，中国开展工业化的时间较短，社会制度和西方也有所不同，因而在对待流程的理念上，中国企业和西方企业在两方面存在差异：一是工程师文化传统，二是职业经理人制度。

1. 工程师文化传统

20世纪90年代末就在中国管理界传播业务流程管理思想的汉普咨询创始人张后启，用了一个很形象的词语来解释业务流程的概念——"管理流水线"，工厂流水线代表了工业化时代人们对生产组织的认识，业务流程确实和工厂流水线有同样的含义：结构化工作、上下游衔接、事件驱动、绩效可衡量。

有个故事讲道，某企业引进了一条香皂的包装生产线，发现生产线有个缺陷：常常会有盒子没被装入香皂，出现空盒子的情况。他们请了一个自动化专业的博士来解决，博士组建起一个科研攻关小组，采用了各种先进技术成功解决了问题——当生产线上有空香皂盒通过时，两旁的探测器会检测到，并会驱动一只机械手把空皂盒推走。老板觉得这个方案投资太大，又找了个没受过太多教育的工人来想办法，工人只花了很少的钱，在生产线旁边放了一台大功率电风扇，于是空皂盒都被吹走了。这个有趣的故事体现了两者在解决问题时不同的思维模式——一个是从机理上解决问题，一个是从现象上解决问题。

还有一个与怎样用气压表测出一栋楼的高度有关的思考。在楼底和楼顶各测一次气压，然后根据气压差算出高度，这是工程师思维的体现；用一根绳子从楼顶吊着气压表放到楼下，测量绳子的长度，这也是工程师思维的体现；而敲开大楼管理员的门，告诉他如果告诉你这栋楼的高度，你就把气压表送给他，这就不是运用工程师思维，而是运用人际关系思维去解决问题了。

业务流程管理思想缘起于信息技术应用推动组织再造，属于社会学和管理学里"社会技术系统理论"的应用形式。上述两个笑话都揭示了"社会技术系统"的形成，无论是自动化盒子探测还是气压计算，都是工程和科技的手段，这些技术系统和社会系统（包括人类活动、组织、文化、价值观等）交互，是相互影响，共同塑造和演变的。"社会技术系统理论"是一种关注社会与技术相互作用的理论体系，强调社会系统和技术系统之间的紧密关系，TPS、ERP 应用等都属于社会技术系统理论的应用。

中国传统文化里较少强调对科学技术的钻研，因而社会价值观和企业管理中缺少工程师文化。人们在职业选择上对律师、公务员等更偏好，而对工程师、科学家这类科技职业的认知相对较少。传统观念可能导致冒险精神不足，对新观念的开放度相对较低，以致制约了科技领域的创新。

工程师文化强调创新、系统性思维、解决问题、精益求精和团队协作的价值观：工程师们致力于寻求独特、高效的解决方案，探索新技术、新材料和新方法，追求在产品或系统中引入创新；他们注重细节和质量，不满足于仅仅符合基本要求，追求最佳性能、最小损耗和最高效率，并倾向于不断改进，他们对工程和设计的过程有着强烈的责任心。工程师文化强调解决问题的方法论，注重理性思考和系统性分析，面对问题和挑战，工程师寻求切实可行的解决方案，他们通过分析、实验和创新来解决问题；工程师习惯于团队合作，倡导跨学科的合作方式，团队中的每个成员都发挥自己的专业优势，共同推动工程成功。

近年来中国一直在积极推动创新和科技发展。政府制定了一系列支持科技创新的政策，并且越来越多的人开始认识到科技对社会和经济的重要性。业务流程管理和工程师文化的问题解决、系统性优化、团队协作、数据驱动决策等特质高度相关。企业应该通过文化塑造来强调工程师思维的重要性，以促进更有效的业务流程管理。

2. 职业经理人制度

如果我们将 20 世纪末业务流程管理兴起放到一个更宏观的经济、政治、社会视角去看，可以看到业务流程跟欧美资本主义制度演进有紧密关系。美国企业史学家和经济学家阿尔弗雷德·钱德勒（Alfred Chandler）在 20 世纪中叶通过研究杜邦、福特等大型企业的发展，提出了"经理人资本主义"理论，强调了大型企业治理由个人所有制的资本家主导向由以管理作为专业的领薪经理人主导的转变，公司组织结构和管理方式根据职能和战略目标，而不是基于资本家的个人所有权来构建。为了促进分工和协作，以目标导向来开展经营，现代公司治理提倡雇用职业经理人来有效地运营公司，而不是由所有者直接参与日常经营；专业化管理需要规范化和标准化的业务流程，以确保在整个组织中实现一致性和效率。这些现代化管理方式促成了大型企业的兴起。

"经理人资本主义"形成于 19 世纪末 20 世纪初，欧美社会经历了重大的技术变革和工业变革，企业规模扩大，需要更为复杂和高效的管理；市场竞争比之前更激烈，为了应对环境变化，企业需要更加灵活的决策体系；大型企业的股东越来越多，权益更加分散，管理层需要得到更多授权来快速做出决策；随着企业规模扩大，经理人开始关注内部垂直整合各个环节和职能，业务流程则是优化和整合的重要手段。在这些社会综合因素作用下，管理学才成为一门实践的学科。在业务流程出现之前的诸多现代管理方法，例如卓越运营方面的科学管理、全面质量管理，企业管理控制方面的战略管理、现代会计和管理会计，组织管理方面的现代薪酬管理、人力资源管理等，都促成了业务流程管理的兴起和发展。

今天中国企业除了华为、平安、美的等部分全面学习西方管理制度的大型企业典型之外，尚普遍缺乏职业经理人制度，很多中国企业对于做管理的认知与西方企业有显著不同：中国改革开放、社会变革的根源不是工业化社会的职业经理人制度，而是从农村改革开始的"家庭联产承包责任制"，这是一种通过优化生产关系来解放生产力的思维方式。因为思维惯性，中国企业老板们对于企业发展的路径，关心生产关系胜于生产力：通过政治、经济手段来改善政府与企业、老板与员工的生产关系从而提升业绩，胜过通过信息技术和科学管理手段来改善生产力从而提升业绩。这也是人单合一、阿米巴、平台组织等调节生产关系的手段，会比业务流程更符合企业老板们的追求的原因。

职业经理人制度的另外一个现象是职业经理人的跨企业流动。由于职业经理人的跨企业流动，他会将一家企业的管理经验带到另一家企业，管理意识和术语有了社会性的标准化。这样企业可以更多地将创新的精力主要放在价值链设计、客户洞察、产品研发等价值创造的环节上，而不是在经营管理流程的形式上，这是流程标准化和职业经理人制度的关系。

第 3 章

用流程来做管理

CHAPTER 3

再造就像在你的头上点把火,然后用锤子把它扑灭。
——《谁说大象不能跳舞?》,郭士纳

管理是一个组织运用资源,通过目标制定、规划、组织、指导、协调和控制等一系列活动,以达到组织预定目标的过程。管理的目标包括提高效率、优化资源利用、实现组织使命和愿景、适应变化以及创造价值。在这个过程中,管理既包含艺术的一面,也包含科学的一面。艺术是指基于管理者的直觉和创造力,通过独特的方式来表达思想、情感和观点,使群体获得体验,产生共鸣;而科学是指基于知识、技能和方法来解决问题,强调科学原理、经验规律和系统性方法,包括规定的步骤和程序。

艺术性的管理依赖于管理者利用领导才能激发和引导团队,管理者需要拥有很强的社交技能和很高的情商。流程属于一种跨职能的通用管理技术,它具有工具和方法等规范性特点,目的是提高组织运营效率并优化运营效果，而信息技术和数据分析是实施流程不可或缺的手段。

那么作为一种管理技术，流程在企业的各个职能领域里是怎么得到应用的呢？

3.1 商业模式

业务流程设计要承接组织的战略，宏观业务流程的表现形式是价值链或者价值流，体现了一个组织的商业模式，即该组织的价值链构成、收入来源和盈利方式。

战略是公司对业务的方向性设计，是基于公司对所处宏观环境和市场环境的洞察，从自身愿景、使命和资源出发，对客户定位、价值主张、收入和利润构成、在价值链上的活动范围、如何建立可持续竞争优势等策略的设计。商业战略决定运营模式的设计，而业务流程是运营模式的重要组成部分。在任何一个流程架构模型中，第一层都是价值链，企业的价值链包含什么，在价值链范围里哪些是关键战略控制点，怎样在价值链上与外部商业伙伴（经销商、供应商、联合研发伙伴、被授权方、标准机构等)开展协作,决定了细化的流程设计。

战略决定运营模式的机制是什么呢?过去20多年我先后服务过多家中国服装企业,见证了这个行业经历的商业设计进化。其中,成功完成战略转型的企业,经历了一系列流程变革和组织变革。

20世纪90年代后期中国服装企业开始快速崛起,市场上出现了第一批领导品牌,以体育品牌(李宁、安踏等)、休闲服装品牌(美特斯邦威、森马等)为代表,这批品牌的商业模式被称为"微笑曲线模式",即品牌商将产业链上价值增值高的环节抓在自己手里,将制造、零售等竞争激烈、附加值低,或者价值创造活动分散、难以集中管理的环节交给合作伙伴去做。中国服装行业品牌商传统批发商业模式的价值链可分为以下环节。

(1)研发和设计。以一个服装季为一轮项目,其核心活动是洞察消费者对时尚的偏好以及对功能性的需求,设计新款式、开发新材料,为顾客创造独特且有吸引力的产品。

(2)品牌与营销。品牌建设和市场推广,以及规划一季商品的具体款式和款数构成,是这个环节的主要活动,通过与知名设计师或品牌代言人合作,确定市场上独特的品牌形象。

(3)零售与分销。品牌商招募加盟商,由加盟商自行开发门店,在订货会上集中下单订购当季商品,品牌商拿到订单后交给代工厂生产,代工厂完工后产品通过品牌商的物流体系集中交付给不同类型的加盟分销商或零售商渠道,最终到达消费者手中。

(4)制造和采购。品牌商开发出制造商来代加工它们的产品,它们可能帮助制造商进行供应链上游(例如核心的面料、辅料)的协作,并且帮助制造商提高制造能力,但是具体的原料采购、生产计划、品质保证和成本控制等供应链活动由代工厂管理,品牌商只享受最终成果。

在传统批发模式下,一季商品从策划到销售的端到端流程如图 3-1 所示。

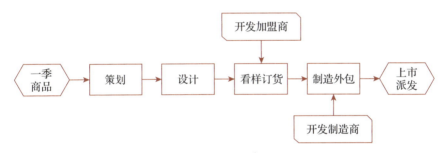

图 3-1 传统批发(订货)模式的价值链设计

服装行业是一个时尚敏感度很高的行业,其特点是时尚流行趋势难以提前把握,要求对市场敏捷反应,而由于上述从策划到上市的周期比较长,在 10 年前体育用品类商品的上市周期约一年半,能否准确预测到一年半后的时尚趋势,对品牌商是极大的挑战。一旦判断失误,一季商品失败就可能给企业造成灾难性的影响。因而传统的批发模式在时尚周期越来越短、变化越来越快的今天受到了很大挑战,那种通过高价签约的营销活动(例如签约知名品牌代言人、大型运动会赞助等）来打品牌，鼓励加盟商订货越多越好，只要收到了加盟商的货款，货到了加盟商手上，能不能卖得出去就跟自己没关系的"一锤子买卖"的生意模式，越来越不适应今天的市场环境。

2008年可能是中国服装行业的一个转折点。开创了中国体育鞋服行业"微笑曲线模式"的某体育品牌L大手笔赞助了这一年的奥运会，其创始人也成了开幕式的焦点人物，品牌影响力由此得到了巨大提升。其后两年，该品牌借势加大了对加盟商销售的力度，然而面向消费者的终端动销情况却不尽如人意，加盟商在2008年后购进的货物积压在手上几年都没消化完。这一方面是因为旧货赶不上时尚变化，消费者不会去买过时的款式，另一方面是因为加盟商为加快库存周转采取的打折销售，又对品牌价值产生了负面影响，使新货更卖不出去。该品牌的经营在奥运会后几年的时间里进入恶性循环，终端越卖不动越打折，越打折就越卖不动。

L品牌的主要竞争对手A公司则在这个时间点抓住了机会，它对传统批发的商业设计进行了主动变革，几年时间内便在中国市场上实现了对L的超越。

自有品牌零售模式是和批发模式相对应的商业设计，它强调门店直营或者直接掌控加盟门店运营，以商品管理为中心，每个门店的商品组合配置、陈列和定价皆集中管理。这种模式的优点是减少了渠道风险，不过面对中国广大的梯级化市场，纯粹的自有品牌零售模式在适应区域本地化市场以及市场纵深能力上有所不足。

A公司建立了传统批发和零售运营相结合,适合中国市场特点的商业设计,将与经销商和加盟商的单纯买卖形式,转换为零售和批发相结合、多渠道模式并举的形式,重点是收购了一些省级分公司股权,把省级分公司的直营店变成了可以直接控制销售活动的零售店。A公司的30多家一级分销商中,近一半是联营模式的分公司,经过几年的收购努力,其中的一大半已被收编转为了直营模式,直营模式分公司的直营店采取零售模式,目前采取这种模式的直营店的销售额已经占到总销售额的40%,另外一大半的合作经销商也有股权关系。A公司的渠道组织模式如图3-2所示。

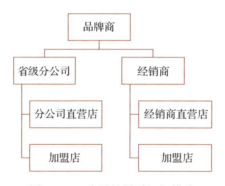

图3-2 A公司的渠道组织模式

这样的商业模式使得品牌商以消费者为中心来思考,与渠道形成利益共同体,对于渠道里的商品能否卖出去,品牌商和渠道商共担风险。这使得品牌商和渠道商从一季产品的规划开始,就必须紧密协作,包括将服装货品看成"商品",而不仅仅是"产品",销售渠道参与到款式和款数的规划上;渠道商的货款及资金是双方共同使用的资源,由一次性的商品买断变成小步快跑的集中订货、分批配货、渠道调配的商品运营。这种以消费者为中心,品牌商和渠道商紧密协作的新模式,被总结为直营式批发,即"消费者直达"(DTC)模式,如图3-3所示。

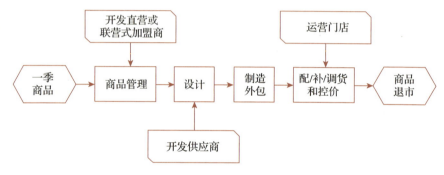

图3-3 直营式批发(DTC模式)的价值链设计

战略变革是一个循序渐进的过程,不能破坏当前价值链所支持的品牌商、分公司和加盟商的利益分配体系。A公司从其旗下所属的F品牌开始试点零售模式转型,取得成功后,将F品牌积累起来的零售管理组织能力复制到主品牌上,推动主品牌的转型。

战略转型过程必然伴随着一系列业务流程的变化,我们可以看到端到端的流程从过去的"从商品策划到上市派发"变成了横跨一季商品生命周期的"从商品管理到退市",其中的关键流程变化如下。

- 商品管理:通过商品规划和渠道规划来实现门店商品的品类组合优化,满足消费者个性化需求。在DTC转型前,商品结构简单，品牌商对经销商订货和门店商品组合缺乏指导，造成不同区域的门店货品同质化。DTC转型后，品牌商直接把控订货管理，将商品管理从订货环节前置到规划环节，注重销售终端的差异化。例如在高端商圈的大店，商品种类多，配置更多的尖货、新货，而在普通商圈的直营门店，则主要配置销售常规款，并根据商圈特点进行差异化的货架陈列和布局。

- 订货模式：增加订货会次数，让经销商能够用"小步快跑"的方式订货，还改善了对经销商更有利的换货政策，这种方式增强了渠道的商品供应链对市场反应的能力，同时对A公司的采购和制造供应链柔性提出了更高的要求。
- 供应链整合：商品规划提前也改变了供应链运营的逻辑，促使供应商整合，使得有更好制造能力的制造供应商以及有新品创造能力的材料供应商在早期介入设计环节，从过去"设计—商品—计划—制造"的串行环节转化为并行环节，大幅缩短商品从策划到上市的周期。
- 零售运营：A品牌在直营零售体系中形成的集中化商品管理和标准化门店运营，不仅有利于提高零售体系的效率和盈利能力，而且可以指导加盟店准确订货，提升销售服务质量。

业务流程变革必须辅以相应的组织变革。作为A公司新的商业模式的核心能力，零售运营在领导者及团队培养方面就经历了单品牌试点、多品牌推广、共性化提炼、集团专业能力整合等发展阶段。历经几年时间，集团得以在总部层面建立零售运营的卓越能力中心，指导各品牌事业部持续改进。

在信息技术应用方面，新的运营模式对信息系统也提出了要求。例如建设渠道分销的信息系统，过去企业 ERP 系统只能覆盖到销售订单出货，现在企业内部系统要覆盖经销商和加盟店，借助渠道分销系统可以实现对渠道里的商品的实时管控；从批发到 DTC，需要建立零售模式的商品管理系统以及产品生命周期管理（PLM）系统，包括商品规划、产品研发和商品调配等。在生产方面，要通过智能制造改造，实现从裁剪、配料、车缝、整烫、包装、装箱的全品类、全流程贯通式生产，一条生产线可同时制作几十种品类，能够提高生产体系柔性，实现小批量生产、快速换产。在营销方面，DTC 需要借助会员系统、基于大数据平台的数字化营销系统等，跟消费者开展直接互动，并利用消费者数据来反哺产品研发和供应链效率提升。

3.2 运营模式

在今天的商业环境中，行业边界不断转换，颠覆性挑战越来越密集，变化越来越频繁，企业要生存和发展，必须快速有效地适应环境，管理人员需要通过持续推进组织变革、提升组织能力来使企业在竞争中脱颖而出。运营模式是执行战略、实现战略的保证，是包含了以下六个要素的集成体系。良好的运营模式设计可以释放团队的力量，确保团队团结一致、适应环境变化、提升效率和激发创意灵感。

- 业务流程：在核心价值链上以客户为中心整合生态体系，包括分销商、供应商等，优化分销渠道及供应链设计，消除运营瓶颈，以确保各项活动高效、顺畅地进行，从而提高效率，降低成本；在辅助支持和管理控制体系上，消除官僚主义，使这些后台业务能够参与到客户价值创造和持续创新的过程中去。
- 组织和职责：传统的烟囱式职能型组织不能快速满足客户的需求以及适应创新的环境，现代组织设计强调建设流程型、平台型组织，利用信息技术的优势来减少组织层级，使各个业务领域与客户价值创造保持一致；创造随需而动、模块化的组织，充分利用技术和流程，为客户提供解决方案。建立持久的跨职能团队，以可动态调整的组织模式推动变革。
- 管理控制：传统上公司基于业务战略需要制订年度经营计划和财务预算，并且依据时间周期进行月度和季度的滚动审查、调整，今天的经营环境越来越动态，新的动态管理体系提供了一系列集成的、相互依赖的管理控制流程和操作方法，例如敏捷战略规划、场景分析和应急计划、OKR等，以优化企业的战略规划、资源分配、业务审查流程。

- 人才：制定与战略匹配的人才战略和人才发展体系，提供有吸引力的员工价值主张，建设中长期的员工队伍发展路线图，确保优秀的人才专注于公司的战略方向，并为公司最急需的岗位招募、培养和激励最优秀的人才。
- 领导力：确保公司的文化和工作方式与公司的价值观和目标保持一致，培养各级经理人的执行力，塑造高级领导者的行为、决策风格和积极心态。
- 信息技术和数据：完全数字化在线处理公司与外部的互动以及内部事务，用数据来驱动业务，用人工智能来提升洞察力，并确保技术应用与业务流程和人员行为充分对齐，形成整合的组织能力。

（1）与运营模式匹配的宏观流程设计中，最重要的因素是组织管控、组织职责与组织服务关系。集团型企业的业务流程管理需要从集团化运营模式切入，如财务投资型、战略控制型、运营控制型等几种大家耳熟能详的集团管控模式，当它们具体实施时，流程设计就发挥了重大作用。

如图 3-4 所示，以 A 汽车集团为例，该集团的四大核心业务以事业群的方式进行组织，分别是商用车事业群、乘用车事业群、新能源车事业群和负责研发的集团汽车研究院（简称"集团汽研院"），在研发、采购、制造、销售和财务等价值链的各个环节上，四个事业群的运营基本上都自成体系，只有乘用车和新能源车的研发由集团汽研院集中负责。价值链各个环节上各事业群的流程是"个性流程",而乘用车和新能源车的研发流程是覆盖了三个事业群的"共享流程"。

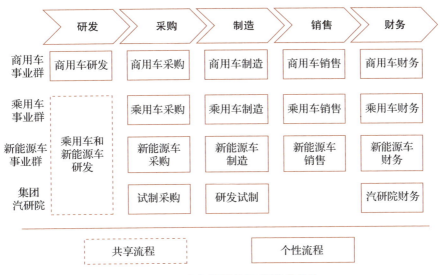

图 3-4 A 汽车集团的运营模式现状

为了提升集团的市场竞争力,A 汽车集团领导决定优化运营模式,在价值链上寻找具有共性的环节,合并现有相关组织职能,形成内部的共享服务,如图 3-5 所示。采购和财务被选定为可以转换为共享服务的流程,通过集团共享服务中心集中处理;而制造和销售环节,由于各事业群的业务特性差别甚大——试制生产和大批量生产不同,商用车和乘用车的经销商完全不同,而新能源车销售则采用直销而非经销模式——这些流程仍然由各事业群保持各自的特性。还有一类业务流程,集团领导觉得有必要从操作程序上进行全集团的规范化、标准化，从而有利于加强管控，提升效率；这些流程的业务内容差别比较大，必须贴近业务一线，可以基于统一规划、分步实施的信息系统来贯彻标准；同时其具体执行组织仍保留在各事业群里。这类流程可以称为"共性流程"。

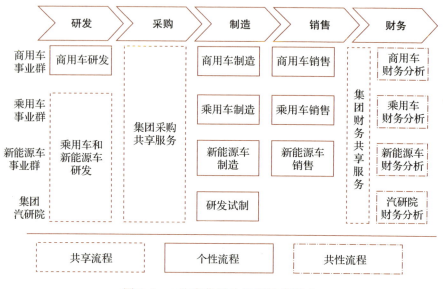

图3-5　A汽车集团的目标运营模式

（2）宏观流程设计还要考量价值链组合方式。一端是不同客户的需求，例如家电企业的商用客户和消费客户，对于同一产品的需求是不一样的；另一端是不同类型的产品供给，复杂产品需要根据客户需求定制，标准化产品则需要重复生产。

当一家企业面向多种类型的客户，同时提供多种产品供给的时候，对于客户价值交付这个目的，就需要根据基于客户、产品、渠道、区域等多种因素排列组合而构成的商业模式，设计多个流程路径或者多套流程体系。

然而，流程路径和流程体系又不能太多，否则会增加管理的难度。企业用流程来做管理的目的是简化管理，流程设计要从复杂的业务和管理中抽取出共性，构建出少数几种抽象化的价值链运营模式。设想如果你有100种产品，20类客户，不同客户对应不同种类的产品的卖法都不一样的话，这个企业的流程会有多复杂！我曾经见过有家企业为了做销售流程，将其所有的产品和客户类型做了一个笛卡儿积的全部排列组合，每个组合都是一个流程，例如给甲客户卖A产品是个流程，给乙客户卖A产品是个流程，给甲客户卖B产品又是个流程，以此类推，这样组合出了几百个流程，这种"硬编码"的流程梳理方法，非但没有使管理简化，反而使管理越来越复杂。

用流程做管理需要管理者的概念抽象能力，要找到优化、简化的点，而不仅是用流程模型对现状进行复制性描述。供应链运作参考（SCOR）模型就是运营模式设计与宏观流程抽象方面的一个很好的例子。

SCOR模型是由运营管理咨询公司PRTM（2011年被普华永道咨询公司收购）、IT和供应链研究咨询机构AMR（现已被高德纳公司收购）以及国际供应链理事会于1996年共同发起的供应链管理的业务流程参考模型，今天已经成为全球企业在做供应链模式设计、流程优化和绩效对标时用来设计业务流程框架的事实性标准。

SCOR 模型的第一级包括如下六个管理流程。

- 计划：平衡需求和供给，以制定满足采购、生产和交付要求的最优行动方案。
- 寻源：采购货物和服务，以满足计划或实际需求。
- 制造：将原料及服务转化为成品状态，以满足计划或实际需求。
- 交付：将成品和服务交付给客户等需求方，以满足计划或实际需求，通常包括订单管理、运输管理和分销管理等。
- 退货：因任何原因退货或接收退货产品的逆向供应链。
- 使能：与供应链管理相关联的流程，包括业务规则、绩效评估、数据、资源、设施、合同、供应链网络管理、法规和风险管理等。

SCOR 模型涵盖了所有面向客户的互动，从订单到收款；涵盖了面向市场的互动，从对市场总需求的理解到每个订单的履行；涵盖了所有实物材料和服务的交易，在业务范围上从企业的供应商的供应商到其客户的客户。

SCOR 模型的一级流程基于公司的业务背景、地理区域、客户类型和产品类型来设定流程所覆盖的内容范围。根据实际情况，六个流程中的具体活动可能有所不同。当六个流程的活动分解到第二级时，就会形成不同的业务场景——SCOR 模型也称之为配置（configurations）——来形成不同的流程变式或者流程类型。按照三种流程关系（横向连接、纵向分解及竖向变化），流程变式既不属于流程连接，也不属于流程分解，而是在不同业务形态（业务场景）下的流程变化。例如在寻源采购环节，大型跨国公司可能在部分区域实行集中采购集中物流，在部分区域实行集中寻源分散执行。而采购物资按照采买决策复杂性和供应市场难度两个维度，又可以分为战略类物资（高决策复杂性、高市场难度，例如光刻机这样的关键设备）、杠杆类物资（高决策复杂性、低市场难度，例如钢材等核心原料，市场上供应商很多，可以通过跟少数供应商建立战略合作来提升供应链效率）、瓶颈类物资（低决策复杂性、高市场难度，例如设备维修的备品备件）以及同质化物资（低决策复杂性、低市场难度，例如办公文具，可以通过费用预算控制和自动化采购程序降低交易成本），所以大型企业的寻源流程可分为"集中采购""统谈分签""战略类采购""杠杆类采购""瓶颈类采购""同质化采购"等基于业务场景的流程配置。

SCOR 模型一级流程的制造环节（M），可分解为三个流程配置，注意它们不是串行流程，而是并行流程。对这三个二级流程，SCOR 模型用流程代码 M1、M2 和 M3 来表示，代表三种不同的业务场景：M1 代表"按库存生产"（Make to Stock，MTS）的场景，产品或服务根据预测生产形成成品库存，客户订单来了是消耗成品库存。M2 代表"按订单生产"（MTO）的场景，产品或服务并不提前生产成品，而是客户下达一个有具体交货要求的订单后，按照订单要求及时生产并交付。M3 代表"按订单设计并生产"

（Engineer to Order，ETO）的场景，产品或服务没有标准化设计，例如建一艘轮船，或者建一座大桥，在执行制造活动之前，需要设计人员按照订单要求提供最终产品的设计图交给制造工厂，或者边设计边制造。

SCOR模型中制造环节的三种流程配置面向不同市场、不同客户以及不同产品，通常企业会选择其中一种或者采用几种的组合。SCOR模型提供了一种理想化的、高度抽象的思考方式，企业实际的业务场景可能比SCOR模型的场景假设更复杂，例如MTO在实际应用中，还可以再细分为更多样化的几种流程配置——一是使用标准化的部件，成品按订单组装（ATO），典型场景是电气开关柜，开关、柜子都是标准化的，事先备有库存，组装规则由客户按需指定，按订单交付定制成品；二是使用标准化的部件，但客户不能自由指定部件组装规则，而是在订单中选择产成品的一些标准化特性，按照这些特性所包含的配置规则来挑选、组装库存的零部件，然后形成成品（即按订单配置），汽车、电脑等销售就是典型的CTO模式，例如选择什么尺寸的显示器就会指定配置什么型号的显卡；三是构成成品的部分部件标准化，预先做好这些标准部件的备用库，而另一部分部件无论是否标准化，都需要根据客户订单要求现做，当客户订单下达后，生产这些现做的部件，再组装上库存的标准件，按照订单要求生产出成品，这是严格意义上的MTO。

不同的订单满足模式就是供应链在制造环节中的"场景"，这些场景产生的流程配置对应的进一步细化的运营模式和业务流程，例如订单管理、库存管理、生产计划、采购计划等就有显著不同。例如 MTS 的三级流程的计划流程里有成品库存预测，而 XTO 就不存在成品库存预测，只有订单来了才会生产成品，但是 ATO 和 CTO 会有部件库存预测；又如库存管理，MTO 的库存里每个物料都必须绑定客户订单号，不能挪作他用，而 MTS 的零部件库存则无须绑定订单，只是部分零部件会被已确认的生产计划占用。

联想在 2004 年开展的双模式转型，就是业务战略指引下的运营模式设计的经典案例，和 SCOR 模型的流程配置思想不谋而合。20 世纪 90 年代后期，联想在中国市场快速崛起，成了中国最大的个人计算机制造商，然而到 2000 年后，戴尔异军突起，将其在美国市场取得成功的直销模式带到中国。它在报纸杂志等媒体上做广告，吸引用户通过电话直接订购，根据用户订单配置按需生产，并直接向用户交付个性化定制产品，一时间受到个人和小企业用户的热烈响应。联想感觉戴尔模式对其构成了很大威胁。

为了应对市场挑战，联想聘请了咨询公司对中国个人计算机市场进行了研究，结论是要把市场分为消费市场和商用市场。

消费市场的用户购买个人计算机主要是为了处理文字、上网和娱乐，他们通常关注产品价格和外观。同时他们的 IT 知识有限，因此希望在购买时能够去电脑城、商场等现场体验，需要得到店员更多的介绍和辅导，并购买现货、当场提走。标准化产品、成本价格、渠道覆盖和现货库存是消费市场运营的关键成功因素，联想把消费市场的客户称为"交易型客户"。

商用市场主要是企业购买计算机满足员工的工作需求，企业客户注重产品的定制性、安全性、稳定性，以及后续使用中的服务。通常企业客户购买是以招标方式进行的，一般对计算机的配置、规格有特定的要求，不需要立即交付产品，可以容忍一定的交货周期，同时厂商要给客户放信用账期。为了覆盖商用市场，销售人员需要和企业客户进行直接沟通，以小规模的定制化生产交付订单。联想把这类客户称为"关系型客户"。

联想的消费市场和商用市场的业务并不是截然分开的，例如消费市场也有产品定制的需求，企业用户中的小企业购买行为和消费市场类似。联想细分了目标市场上的十多种客户类型，将这些客户类型分到了两种业务模式中，原则上关系型客户由公司直销团队覆盖，交易型客户由经销商覆盖。在业务流程和组织设计上，一部分流程在两种业务之间独立设置，例如销售管理、市场管理、供应链计划管理、生产管理、人力资源管理、研发管理、服务管理等（见表3-1）；一部分流程由两种业务共享职能，例如原材料采购、仓储物流等；还有一部分流程则考虑到两种业务的协同，例如销售技术支持、市场营销活动等。为了避免渠道冲突，保护经销商的利益，联想对产品线进行了划分，确定某些品牌专属于特定市场，例如台式机的"开天""启天"系列定位于大客户市场，"扬天"系列重新定位于中小型企业市场，还有其他品牌定位于消费市场。

表 3-1　联想按照客户类型区分业务模式

流程类别	面向交易型客户的业务模式	面向关系型客户的业务模式
销售管理	渠道分销，终端覆盖，按区域管理	按大客户以及政府、教育、能源、电信、金融等行业线管理
市场营销	媒体广告投放	品牌宣传活动
供应链计划管理	整机销售预测	商机管理 零部件需求预测
生产管理	大批量生产线	小批量快速反应的柔性生产线
人力资源管理	发展终端销售督导人才，考核销售团队绩效	发展大客户销售人才，考核销售个人绩效
研发管理	跟踪市场技术发展	行业定制产品，例如保险公司代理人专用计算机
服务管理	呼叫中心的标准化服务	支持客户 IT 部门的专门服务小组

2004 年联想在全球范围内收购了 IBM 的个人计算机业务，它在中国和海外采取了不同的运营模式，即"双模式"，并且持续进行优化。这个运营模式设计使得联想在跟惠普、戴尔的竞争中保持了市场领先优势，而它的竞争对手作为回应，在中国市场上也采取了类似的运营模式改革。

无独有偶，中国领先的家电企业美的在 2013 年也开展了一次异曲同工的运营模式变革。作为中国最大的家用电器企业之一，美的在此之前十年间营收增长了十倍，但电器业务的毛利率却逐年下滑，扣非净利润始终不能突破 4%，跟主要竞争对手海尔拉不开差距，而格力则在规模和利润率上都赶超了自己。为了改变现状，美的的业务战略从以规模、资源为导向转变为以经营效率、产品创新和客户经营为导向，同时提出了国际经营，海外业务由 OEM 向 ODM、OBM 转型升级。

在管理上，美的提出了"一个美的，一个体系，一个标准"的优化和简化目标。过去在管理层级上，集团总部下设若干产业集团，产业集团下设产品事业部，例如制冷电器、洗衣机、家庭日用电器、厨房电器等事业部，事业部下再设产品线以及制造工厂。美的取消了中间管理层级，将18个事业部整合成9个事业部，实现扁平化管理，在管理制度、业务流程、管理工具、经营数据、管理语言、信息系统等方面做到跨事业部的标准化。

为此美的启动了名为"632计划"的管理变革项目（见图3-6），即建设6个运营系统、3个管理平台、2个技术平台，由公司一把手担任领导，项目团队分为三个执行工作组：一是业务组，由管理规范基础最好、被选择为新模式试点的家用空调事业部一把手主导，负责业务标准化、管理制度化、数据一致化；二是流程组，由战略经营部一把手主导，负责经营模板化、制度流程化，并且向信息部输入；三是信息技术组，由IT部负责人主导，负责将业务流程、管理制度在信息系统中实施，并且保证各信息系统的集成。

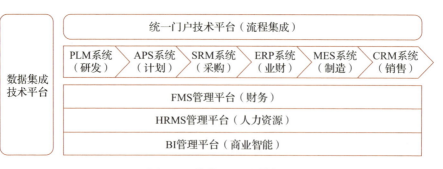

图3-6　美的"632计划"

为了落地新的运营体系，美的设定了一个五级流程框架，其中一到四级在总部统一制定，从而做到顶层设计上的体系统一、标准统一。在这个统一的总体框架指导下，五级及以下的详细流程由各事业部根据自身实际情况制定。美的先后请了若干家咨询公司来帮助设计业务流程，一家负责一级、二级的宏观流程制定，其他家以宏观流程为框架，分解到三级、四级的中观流程。此外，为了匹配并支持流程落地的信息化建设，美的还开展了企业架构、主数据管理等咨询和实施项目。经过3年的建设，"632项目"取得了巨大成功，为美的后续的十年数字化转型的核心系统打下了基础。最终成果是市值增长了5倍，营收增长150%的同时员工总数减少了25%，产品SKU数下降了60%，存货周转次数提升了60%，海外业务占比从20%增长到45%，利润率达到了10%。

美的业务流程的顶层设计采用了和SCOR模型类似的方法，即先从组织背景、运作区域、产品大类等因素出发设定流程范围，再从客户细分、产品种类、销售渠道、产销衔接等因素出发组合出流程配置。

美的把客户分为大客户和普通客户两类：大客户既包括苏宁、国美、京东这些大型零售经销渠道，也包括一些大型地产商、物业商（在施工建设时可能会一次性采购大量空调、厨电产品）；普通客户则是一般的区域分销商、代理商以及一些代工客户，跟这些客户的交易形式有投标报价，也有代理协议，而投标报价又可分为项目型投标报价和经销型投标报价。这几类客户和交易形式排列组合起来，便形成若干种"业务场景"。另外，美的把这些业务场景的产销衔接模式又分为 B2B 自有品牌直销、B2C 自有品牌零售经销、自有品牌销售公司经销、自有品牌代理经销、B2C 自有品牌电商经销、B2B 制造商代工等，统称为"业务模式"。

如果将"业务场景"和"业务模式"进行组合，就可以配置出若干流程，在 6×6 的 36 种排列组合中，美的筛选出了实际存在的 11 个流程配置，对应家用电器业务和厨电业务。家用电器业务主要具备其中 5 种流程，厨电业务则具备其中 9 种流程。在实际发生的业务实例上，家用电器业务的销售公司分销业务占 76%，销售公司工程项目型投标业务占 23%，加起来就占了 99%；而厨电业务的销售公司分销业务仅占 9%，而渠道代理分销业务却占 77%，由此就可提炼出宏观流程的重点了。

3.3 组织协作

商业模式和运营模式的变革，是运用业务流程开展管理的驱动力。业务流程管理就是用跨部门的横向协作来打破传统金字塔层级的管理结构，将组织从纵向管控、部门分割变成横向打通、利益协作。层级组织可以追溯到人类古代的军事组织，这样的组织结构可以保证庞大的军队信息上传下达，在战场上保持指令畅通。在工业革命期间，随着商业规模的扩大和复杂性的增加，商业领域开始模仿军队的组织结构。虽然这种组织结构在进化缓慢的市场环境中表现良好，但一旦环境变化节奏加快，它就会受到市场竞争的困扰。层级组织不适合快节奏的创新，业务单位之间的竖井导致不同的关注重点，部门领导者寻求在公司阶梯上不断攀登，由此产生了不协调的资源分配以及政治内斗；信息在这种结构中流动不畅，导致领导者缺乏关键知识，无法做出基于事实的决策。正因为如此，老牌公司通常会输给规模较小、战略上更灵活的新兴公司。

多年前，有位企业高管找我做一个"供应链关系管理"的咨询项目。在此之前，我只听说过客户关系管理、供应商关系管理，从来没有听说过"供应链关系管理"，他究竟想解决什么问题？和这家企业的董事长开了多次会后，我才逐渐摸清楚他的真实需求。

这家企业在国内有产能巨大的制造体系，在国内和海外存在着多个品牌的连锁零售、品牌批发的业务，零售和品牌批发业务之间还存在着交叉贸易关系。同时，制造基地为了将生产自有品牌时没有用完的剩余产能变现，还需要去承揽海外 OEM/ODM 订单的代工服务。董事长认为企业在管理上的痛点是：制造基地和多个销售组织之间在质量、价格、交期等方面存在很多摩擦，导致互相不配合，争议不断，所以他将咨询项目称为"供应链关系管理"。

经过对业务部门的深入调研，我发现这些摩擦产生的根因，既有制造基地与销售组织等各个业务单元之间的利益分配问题，也有信息技术手段不完备，业务流程没拉通、产销平衡管理手段落后的基础性管理问题，还有高管团队的协作意识、中外跨文化交流等领导力的问题。

这家企业运营模式的责任体系设计，将制造基地和销售组织都设定为利润中心，即制造基地和销售组织之间是内部买卖关系，两边都需要考核利润。销售组织将产品的设计图纸和制作要求交给制造基地制作样品，制造基地根据样品对销售组织报价，而真实的成本对销售组织不透明，这导致一方面销售组织对获得的内部报价不满意；另一方面制造基地也不满意给内部生产的利润太低，为了达到自己的利润目标，它更愿意去外部找代工订单。当我把横跨在制造基地和销售组织之间从产品研发到履约交付的端到端流程（见图3-7）拉出来后，梳理出了更多的两个组织在流程上的"握手点"的摩擦。

（1）销售组织在计划产品上市前的18个月开始进行产品规划，新的产品可能涉及制造基地目前没有的制造工艺、设备要求。在创意阶段的制造需求没有提前跟制造基地沟通，造成提供图纸、打制样品和后续批量生产时，工厂可能来不及进行技术改造升级，影响交期和质量。

（2）最大的矛盾焦点是制造基地的销售部门给销售组织的报价。一方面，报价背后真实、详细的成本不透明，只是提供一个很粗的报价构成，销售组织对关键原材料或者重点制作工艺的价格存有异议，不愿把订单给自己的工厂，而是要到集团外去找代工厂，这是董事长最不愿意看到的；另一方面，制造基地确实也欠缺良好的管理手段来完整、准确地制定包括主料、辅料、人工、机器以及其他制造费用的成本模型。

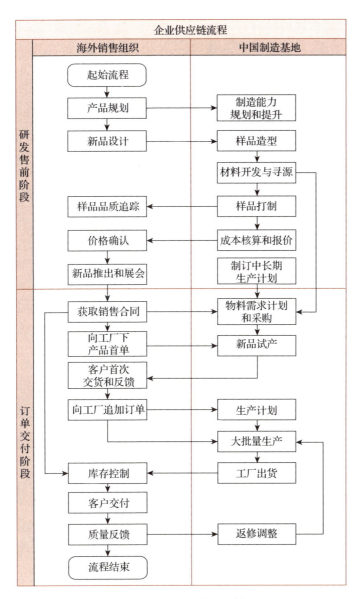

图 3-7 某企业端到端供应链管理流程

（3）制造基地的打样车间属于制造基地的销售部门，而批量生产的工厂则属于制造基地的生产部门，这两个部门采用的设备和工艺有差别，造成样品和批量产品在品质上不一致。

（4）制造基地不愿意接来自海外销售组织的订单，主要原因是这些内部订单批量小、需求碎、没规律，然而制作工艺复杂、交期和质量要求高，又因为是自家人，报不了高价，这就带来了另一个矛盾焦点：产销衔接。制造基地既做内部订单，又做外部订单，当出现产能冲突时，内部订单和外部订单就会出现"打架"现象，作为利润中心的制造基地更愿意保护自己拉来的外部客户关系以及利润更高的订单。然而董事长设立海外销售组织的本意是希望利用这套体系从海外带来的最新设计，来提升中国制造基地的制造能力，就像学生考试不能老做简单题目拿高分，还要被逼着做些有挑战性的难题，哪怕做不出来得个低分。

（5）在内部订单交付过程中，前述计划衔接、质量标准等问题造成了不少订单晚交、缺交，以及内部质量异议和退货的问题。

为了解决这些问题，我和团队帮助企业设计了一系列新的管理机制和流程。

（1）销售和运营计划流程。设计了月度产销协调会，以及跟月度产销协调会相关的周度管理流程，包括销售组织内的周度销售预测和评审，制造基地内的周度产能、制造和库存评审。由公司 COO 主持的半天月度产销协调会是一个高度结构化、用管理报表数据说话的会议议程，包括上次会议行动计划回顾、销售滚动预测、生产交付预测，会议最终达成产销一致性承诺以及行动计划。

（2）新产品研发流程。规范了销售组织的研发流程，使制造、采购和财务等职能提前介入产品研发阶段，参与产品的早期决策，并提前做好产能准备。

（3）集成采购流程。为了减少产销双方对关键材料的价格异议，在集团层建立采购寻源中心，一方面将制造基地的关键材料寻源放到这个中心，另一方面也收回了销售组织里不用制造基地而去外部寻源的部分职责。

（4）标准成本和报价流程。制定了从产品打样开始就形成物料清单、工艺路线数据，从而支持标准化的料、工、费成本模型，确定标准成本规则以及内部成本透明化转型的流程。

（5）利润中心模式改革。这是最重要的机制，将制造基地的OEM/ODM销售职能剥离出来作为利润中心，和其他销售组织形成平行关系，而将制造基地的工厂变为成本中心，不考核销售利润，只考核其成本达成率、订单完美交付率等效率性指标。

另外一个案例是因IBM实践而知名，又被华为学习并发扬光大的IPD（集成产品开发）。它也是用业务流程变革来建设流程型组织的典范。

1996年，IBM跟外部咨询公司合作开发了这套体系，包含了业务流程再造和项目管理的业界最佳实践。IPD是IBM的公司级流程，被所有的IBM业务组织采用，包括系统科技部、软件部和全球技术服务部——但是不含咨询事业部。IPD在各品牌（IBM内部术语，指 IBM 自己的各个产品线）内可以定制化，每个产品研发项目也可以定制化。IPD 是一套包括了业务流程、流程绩效、组织设计、工作模板和决策政策的业务管理体系，用以更好地开发和交付产品或服务。

IPD 管理体系从 20 世纪 90 年代开始设计并投入实践，经历了 20 多年发展和多次版本升级，直到 2013 年发布了最后一个大版本（第六版）。2016 年，IBM 宣布业务战略从一家硬件/软件/服务公司转型为云和人工智能的公司，由于产品重心和管理模式的变化，作为战略转型的改革措施之一，管理层在 2016 年底正式宣布停用 IPD 流程，取而代之的是敏捷的产品开发方法论。

IPD 流程设计有四项基本原则：异步开发、业务分层、结构化流程、基于团队的管理。国内管理界对 IPD 流程的讨论往往忽视了异步开发和业务分层这两项原则，而将主要关注点放在结构化流程和基于团队的管理上。异步开发是指基于产品的平台化策略，在一个产品平台上，对软件、硬件、服务等子系统的业务实行分层管理，各层之间的研发流程相对独立，并非同步开发，在产品层面来统一整合，产品平台强调模块化设计，避免一个层面的研发进度对另一个层面的研发造成影响，从而造成整个进度的延迟。业务分层则是指这些业务层面有独立的商业模式和上市决策逻辑，可以根据自己业务所处市场的技术创新和竞争态势来决定产品研发节奏。

异步开发是很重要的业务流程再造的理念，意味着企业需要能力很强的产品架构设计师来将产品解耦为子系统以及更小的通用化组件，拆开子系统间的依赖关系。复杂高科技设备各个子系统的技术生命周期是不一样的，例如软件生命周期较短，电子元器件生命周期居中，而网络通信等基础设施技术的生命周期较长，所以各个子系统的新产品开发节奏是不同的，要异步开发才能避免相互影响研发进度。IPD 方法提出，产品的共用基础模块（Common Building Blocks，CBB）是 IPD 成功的主要赋能因素。CBB 是指可以在不同产品、系统之间共用的零部件、模块、技术及其他相关的设计成果。如果不同产品或产品线之间的技术和组件的共享程度低，产品种类的增长会给供应链、服务支持、制造成本等带来一系列复杂性的问题。产品在开发中应尽可能多地采用企业级的共用基础模块和技术，产品设计要考虑在系统、子系统、组件等各个层级设置标准化通用接口，便于对接标准化的组件，保证产品交付的质量和进度，降低产品开发的技术风险和成本。而每个组件要有相对独立的产品管理团队，即业务分层，这跟二十多年后出现的"微服务"治理有异曲同工之处。

IPD 的基础是基于团队的管理，技术、营销、财务、供应链等所有相关职能都要派代表积极参与到 IPD 流程里。IPD 采用了两个层级的管理模式：一层是跨职能的高管团队，称为集成组合管理团队（IPMT）；另一层是跨职能的开发执行团队，称为产品开发团队（PDT）。

IPD 流程由从市场研究到新产品上市、端到端的产品生命周期管理流程，以及五个阶段（或称"子流程"）组成。每个阶段之间有决策检查点（DCP），刚性地开展基于事实的阶段过关决策，通过决策才能进入下一个阶段，否则就继续停留在这个阶段，或者终止资金支持并停止项目。

- 概念 DCP：由 IPMT 召集的高管层评审由 PDT 管理的项目执行层构建的概念 DCP 提案，并将产品概念与交付预期进行比较。IPD 将产品研发看作企业的投资活动，IPMT 考量其他投资组合选择，决策该项目的投资价值。
- 规划 DCP：PDT 制订新产品开发的最终提案或计划，并与 IPMT 开会评审该计划。IPMT 决定是否继续投资。由双方团队签署合同，概述项目目标和容差。
- 可用性 DCP：PDT 将产品上市提案提交给 IPMT 进行评审，并帮助 IPMT 决定是否应该进行投资，使产品进入批量生产。
- 退市 DCP：PDT 评审产品的市场成效，并与 IPMT 开会就该成效开展评审，帮助 IPMT 决定是否撤回该产品。

每个 DCP 包括 PDT 准备的提案，由 IPMT 成员事先审查，并在简短的决策会议上介绍问题或重点。IPMT 被要求做出肯定或否定的明确决策，如果还有更多的材料需要补充，则暂缓做出决策，由 PDT 补充材料再议。

IBM 是 APQC 的发起组织之一，在 20 世纪 90 年代就使用了 APQC 的流程分级分类思想。IPD 流程模型被组织成"市场管理"和"产品开发"两层高阶流程，分别包括产品的市场经济评价和投资管理，以及具体研发项目的执行及产品生命周期管理。每个高阶流程进一步由粗到细分解为若干级：子流程（或阶段）、活动、任务（可能还不止一层任务细分）。DCP 则是衔接两层高阶流程的中间机制，在图 3-8 中，四个垂直的箭头表示 DCP 衔接，斜向的虚线箭头表示产品线管理团队授权启动产品开发项目团队开展产品开发的第一项活动：创建产品开发需求包。

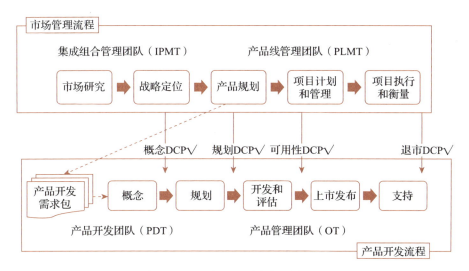

图 3-8　IPD 流程和对应的团队组织

例如，规划 DCP 在市场管理流程中，作为称为"管理市场细分"和"评估绩效"的子流程的一部分，到活动级，则称为"管理细分市场业务计划"，到任务级，则称为"开展 DCP 评审的任务"。而在产品开发流程中，它表示为"开发产品定义和项目计划"的子流程的一部分，到活动级，则称为"准备 DCP 包的活动"，到任务级，则称为"构建项目计划元素的任务"。

IPD流程框架由公司统一制定，到具体操作层面的"活动"和"任务"级别，则由业务单位和项目根据具体情况自行定义相关的流程模型，并建立标准化的流程培训体系，使用公司标准化的信息技术系统对其予以支持。

IPD是大型企业在20世纪90年代开展业务流程再造，建设流程型组织的经典应用。其背景是90年代中期IBM在郭士纳领导下开展了公司级的流程再造，目的是找到降低公司的销售费用、管理费用、研发费用的途径，同时又不削弱公司的市场增长和创新能力。这些变革使IBM的销售费用和管理费用在公司营业收入的占比从90年代初期的30%以上稳步下降到90年代末期的21%左右，使IBM的研发费用在公司营业收入中的占比从80年代中期的10%以上下降到90年代初期的6.5%左右，同时通过实施IPD，IBM新产品销售的增量和每年申请的专利数量在90年代后期则连年提升，降本增效的效果明显。

最初，产品研发流程再造工作是在IBM各个硬件、软件的产品线上分头进行的，形成了一些最佳实践后，公司层面才建立了流程再造团队，来集中设计和开发公司级的IPD流程，协调产品研发流程和其他流程体系的对接，例如产品管理、营销和销售管理流程体系。公司级流程再造团队在公司层面建立了对标管理体系，对内选择了包括当时如日中天的IBM个人计算机部门在内的六个领域的产品研发流程作为标杆，对外则选择了麦肯锡、PRTM、永道（Coopers & Lybrand）等咨询公司研究的计算机和科技公司同行实践，包括新兴个人计算机公司康柏（Compaq）——当时被认为是 IBM 个人计算机部门的主要竞争对手。IBM 以产品的研发投入、研发到上市周期（time-to-market）、新产品上市盈利周期（time-to-profit）等指标作为对标指标和改进目标，这些对标实践构成了后来发展起来 APQC PCF 的基础。

公司流程再造团队在对标以集中设计流程的基础上，与业务单元的流程再造团队合作，为流程模型的每个部分在每个业务单元建立试点。试点结果用于改进流程的设计和开发工作，并在每个业务单元内设置流程部署计划。具体流程部署是由业务单元内部驱动的，公司再造团队的流程专家和课题专家作为业务单元部署流程的内部顾问。业务单元的流程部署周期一般持续两年，在部署完成后，由公司和业务单元两级流程再造团队管理流程的持续改进，因为他们在流程部署中吸取了经验，能够识别并支持新的对标努力，对流程模型进行更改、优化，如图 3-9 所示。

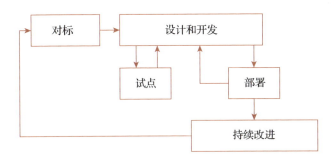

图 3-9　集成产品开发（IPD）流程再造的方法

3.4 结构转型

我曾经遇到过一家大型企业集团，董事长说要加强对战略客户（就是超大规模的客户）的营销，即整合公司下属若干个产品线的资源去集中对接战略客户，于是让公司战略部牵头搞个战略客户营销体系。战略部总经理就找了外部资源来给他做战略客户的销售管理系统。我说你这个思路不对，战略客户营销应该是一套新的业务流程，系统落地可以在你们现在的客户管理系统里进行优化，一个公司最好不要有多套 CRM 信息系统；即使要搞个独立信息系统，也应该请各个产品线的领导来共同参与，一起讨论方案。战略部总经理说不用找业务部门来讨论了，给他把流程和系统规划做出来，他去找董事长批准就行。很明显，他有自己的意图，他希望搞个自己能够单独控制的系统或者流程，把战略客户管理的职责落到他的地盘上，只有这样他才能指挥得动各个业务条线，做出来的业绩才能算到他头上。

用流程来做管理本意是打破部门藩篱，更好地促进协作。然而很多公司在顶层设计上就缺乏流程意识，不少公司甚至把管理权限授权和分级审批当作"流程"。当组织的流程化成熟度还不够时，就会缺乏"战略客户营销"这类跨职能的流程型工作的推进土壤，盲目推进流程设计反而会造成新的组织孤岛。

企业采用不同类型的组织结构以适应不同的业务环境，业务流程正是为了避免组织内部割裂，快速应对环境变化而产生的。组织发展历程分为职能型组织、事业部组织、矩阵型组织和能力网络组织等阶段，组织越现代化，越需要流程管理的手段。我们可以将前面两类组织看作传统型组织，而将后面两种组织认为是以流程管理为主导的流程型组织。请注意本书只是说后面两种组织类型更强调流程，并非流程在传统组织里就不存在或者不重要。

1. 职能型组织

按照不同的职能设立各自的部门，例如财务、生产、研发等。这种组织结构的管理职责垂直分层，下级对上级负责，决策效率高，但可能导致横向沟通障碍，缺乏产品、客户或项目的导向。这种传统组织结构适用于相对稳定的外部环境。

2. 事业部组织

将组织按照客户细分、产品类别或者区域等条线，划分为相对独立、对经营结果负责的事业部，每个事业部拥有自己的职能，例如财务、生产、研发等。这种组织结构可以更好地响应市场需求，但可能导致资源重复利用和跨事业部的协调困难。事业部组织适用于多元化或跨地域的企业。

3. 矩阵型组织

同时存在职能和多个业务条线的组织结构，形成交叉关系，员工向两个方向报告。这种组织结构可以灵活应对市场变化，但可能导致权责不清、决策滞后。矩阵型组织在复杂多变的环境中发展起来，适用于需要高度协作和创新的场景。

4. 能力网络组织

基于业务能力构建的灵活组织形式。组织高度扁平化，价值链上的业务能力形成一个个能力单元，例如销售、生产、研发、财务等，单元之间相互连接，形成协作网络而构成组织。与传统的部门划分不同，能力网络组织更注重业务流程和关键能力的整合，突出业务能力的灵活配置和协同作业，而非组织层级上严格的垂直或水平层级。

数字化是能力网络组织的关键使能因素。组织的能力单元也对应着相应的单元化、松耦合的数字化能力，这些能力可以快速组合或分拆，使企业更具灵活性和适应性，能够更迅速地适应市场变化。例如，华为供应链体系完成了80多个服务化子系统的改造和建设。通过将业务能力封装为服务并按场景调用和编排，华为可以快速响应业务的需求。华为进入智能汽车解决方案领域后，供应链快速匹配新商业模式，按照价值流重新编排和改造服务化业务能力，快速搭建流程和系统，大幅缩短了新业务的上市时间，如图3-10所示。

业务流程管理从20世纪90年代后期开始流行，当时全球大型企业在组织上已经形成了较为成熟的事业部模式，而ERP等新兴企业级信息系统加速了打破部门边界，以及横向协作的业务流程管理理念的普及。2005年前后，组织设计的发展趋势将横向协作的概念扩展到公司传统组织的边界之外，例如小米、苹果的手机供应链都是全球化协作，不但管理协约制造商，甚至会管理为协约供应商提供生产设备和原材料的上游供应商。此外，大型公司内的各个业务单元将共性的、同质化的业务流程梳理出来并使用共享服务：如果共享服务由公司内组织提供，则称为"内包"；如果由公司外的合作伙伴提供，则称为"外包"。

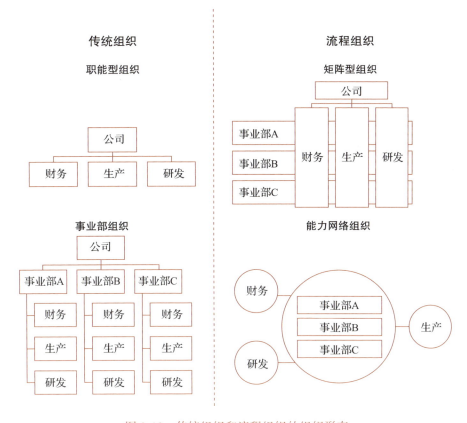

图 3-10　传统组织和流程组织的组织形态

今天，无论是外部价值链协作还是各种形式的共享服务，公司以管理总部和业务线为核心向外延展的组织边界都已越来越模糊。它不是传统组织的线性架构，而是按照业务能力构成公司的价值网络，像拼搭积木模块一样地组合，以至于很难分辨，或者也无须分辨哪些能力是公司的一部分，哪些不是。这样的组织结构称为"能力网络组织"或者"模块化组织"。

组织模块化设计的思路是将企业业务能力划分成若干能力组件，组件和流程具有对应关系，例如财务共享服务，将财务服务分解为若干共享能力，包括税务分析优化、应付发票处理、应收发票处理、员工报销处理、总账报表等。传统流程的任务串行关系以及组织职责是被固化在流程设计里的，很难从内部和外部重新寻源；而模块化、组件化的流程服务，可以用标准来衡量服务水平，利用服务等级协议（SLA）来确定运营的效率，形成动态变化的端到端的流程。而企业则可以在保持服务水平不变从而不影响总体效率的情况下，从成本、效率等角度考虑，在公司的内部和外部灵活切换服务来源，即实现业务流程的"内包"或"外包"。如图 3-11 所示，服务模块化流程设计与传统串行流程设计相比，更具备组织的柔性。

最近几年韧性组织建设是能力模块化的一个实例。企业的"韧性"是指一家公司在危机到来时吸收、减缓压力，在危机过后恢复关键职能，并在变化的环境中茁壮成长的能力。我们可以发现在新冠疫情期间，那些具备高韧性的公司在业务和管理上表现出了"能力网络组织"的特点,即由相对独立的、松散连接的模块构成,单个模块失效时不会导致整个公司体系崩溃。例如"运营模块化"和"财务模块化",前者在全球整合供应链的大背景下,寻求建立本地化的供应链闭环(local for local),降低在疫情下的全球供应链交付风险,而后者则强调在集团化运营体系下,建立业务单元间的财务风险防火墙机制。

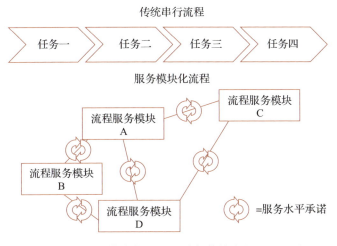

图 3-11 服务模块化流程设计与传统串行流程设计

企业组织只有流程化成熟度足够高,才可以进行服务化、能力化的改造。流程化成熟度与企业的组织架构、管理方法、技术应用、员工素质等多方面有关。流程化成熟度可以通过一些模型和框架来进行评估,企业在做基于流程的组织设计时,可以利用这些框架来评估现状,找到成熟领域进行试点,或者是找到差距进行相应的管理提升。

能力成熟度模型（Capability Maturity Model，CMM）最初是由软件开发管理专家开发出来，并在全世界推广实施的软件开发能力成熟度评估标准，主要用于指导软件开发组织的流程改进和生产能力评估。自 20 世纪 80 年代末推出以来，CMM 极大地促进了软件行业生产率和质量的提高。CMM 的核心思想源自流程改进的根源——全面质量管理，随着 CMM 在软件领域取得成功，在企业运营的相关学科领域，例如系统工程、集成产品开发、需求工程、人力资源管理、采购供应链等，也逐渐产生了相应的流程改进 CMM。2000 年后，这些学科的 CMM 融合，产生了能力成熟度模型集成（Capability Maturity Model Integration，CMMI）。

具备一定级别的 CMMI 资质是工程类组织承揽大型企业软件工程的要求。虽然 CMMI 标准来自软件产业，本身还在为了适应软件产业的技术发展而持续改进和完善，但是它提供了一个很好的从项目级到部门级，再到组织级的流程成熟度评估及改进的思路，可以供那些需要进行流程改进的企业参考，作为以流程为抓手的组织发展工具。

CMMI 将企业的流程化成熟度划分为五个层次。

- 初始级（initial）：组织的流程是非结构化的，没有明确的规范和标准。项目的成功往往依赖于个别人员的经验和技能，容易出现混乱和不可预测的问题，导致项目延期和质量问题。

- 受管理级（managed）：组织开始建立一定的基本的流程和标准，并对这些流程和标准进行管理和监控，但仍然存在一定的不稳定性和不一致性。组织重点关注项目的进度和成本，确保项目能够按时交付。
- 已定义级（defined）：组织建立了一套完整的流程，并进行了文档化和培训。定义并遵循流程，能够提高项目的可重复性和一致性。须注重对项目的风险管理和质量管理，以确保项目符合客户要求。
- 定量管理级（quantitatively managed）：组织能够通过收集和分析数据，对流程进行量化评估和改进。定义流程和项目的 KPI，通过数据驱动的决策来提高组织的工程能力。
- 优化级（optimizing）：对流程进行持续优化和改进，不断寻求创新和改进的机会，从而提高组织的竞争力和创新能力。

在通用管理领域里，BPR 之父迈克尔·哈默博士参考了 CMMI 的思路，在对多家国际领先企业流程管理的关键要素进行研究的基础上，于 2006 年提出了流程和企业成熟度模型（Process and Enterprise Maturity Model，PEMM），用于指导企业实施流程变革活动，提升流程管理水平。PEMM 回避了早年 BPR 理论里的大规模裁员、内部降本以获取变革资金等争议性话题，而将重点放在大规模的、跨职能的、以信息技术应用驱动的流程改进上。

PEMM 从流程和企业两个角度来评估企业流程管理的成熟度。在流程方面，流程要高效运行必须具备以下五个赋能因素（enablers），每个因素下又有2～3个变量。

- 设计：流程的业务目标明确，流程的输入、输出、负责人和绩效标准被明确定义，流程的构成、数据和指标等被文档化记录。
- 操作者：流程的执行者必须具备适当的技能和知识，遵循流程并且能主动改进流程，确保达成流程结果。
- 负责人：每个流程都有一位拥有相应权责的企业高管，要确保其开展了该流程管理的活动，为流程成效负责，同时拥有与该流程相关的人员任命评估、预算资金拨付、IT项目推进等权力。
- 基础设施：信息系统和人力资源体系是流程得以执行的基础设施。组件化、集成的企业信息系统和员工选、用、育、留、奖等人力资源体系，能够支持相应的流程管理。
- 衡量指标：基本全面的、企业级的流程绩效指标定义，经理人定期回顾这些指标，用于绩效改进和战略规划。

流程要高效运行还必须具备良好的企业环境，这些企业环境因素称为企业能力（enterprise-wide capabilities），有四个赋能因素，每个因素下有2～4个变量。

- 领导力：企业高层了解流程管理，将其视为企业管理的重要手段，同时在企业内对流程管理的必要性有全面共识，行为上以流程方式开展工作，风格上强调开放、协作、授权等横向领导力。
- 文化：企业的组织文化强调团队合作、重视客户、个人担责和持续拥抱变革等价值观。
- 专业技能：企业必须有大量员工和干部具备流程管理、项目管理、变革管理的技能和相关知识，这些知识在企业内沉淀为标准化且持续创新的方法。
- 治理机制：具备企业内甚至跨企业的流程模型，这些模型上能承接业务战略，下能用企业IT以及数据管理落地。（用流程模型来指导、整合各种项目和变革计划的优先关系，能够使流程委员会、流程负责人、流程执行人各尽其责。）

大型企业的流程化组织转型可以采用多种管理工具和模板，从规划到实施可分为八个循序渐进的步骤，如图3-12所示。

（1）流程和企业成熟度模型。通过采用上述迈克尔·哈默的PEMM模型，评估现有企业流程管理在设计、操作者、负责人、基础设施、衡量指标等方面是否到位，以及在公司总体环境下，流程管理相关的领导力、文化、专业技能和治理机制等方面是否成熟，找到流程管理在组织能力上的关键改进领域。

（2）价值驱动树。流程化组织转型要以公司价值创造为导向，通过识别战略驱动的公司价值点和逻辑上的驱动因素，找到流程变革的抓手：主要价值目标是什么？以什么因素驱动，通过什么进程来达成那些目标？如何衡量这些进程以及成功标准？我在本书中讨论了价值驱动的流程绩效指标识别方法，例如提高销售收入和营业收入是一级价值驱动因素，可以将其分解为提高公司各业务单元的交叉销售能力、提高销售生产力等二级价值驱动因素，而"提高公司各业务单元的交叉销售能力"又可以再分解成提高大客户的高利润产品销售收入、通过解决方案销售来提高单一客户销售收入、协调各个产品线的销售激励机制等三级价值驱动因素。

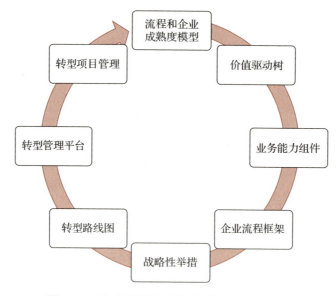

图 3-12　基于流程管理的组织转型的八个步骤

（3）业务能力组件。我在 1.3 节中讨论过的业务能力图是宏观的流程视图，在现有业务流程体系中，什么是企业可以形成行业竞争优势的差异性能力？哪些的效能比较低，哪些可以合并或者共享？可以从什么地方入手？图 3-13 是考查业务能力布局的运营模式决策矩阵，一个维度考量该业务能力是行业通用的（低人际互动），还是具备组织特性的（高人际互动），另一个维度考量业务能力是差异性的（追求效力），还是非差异性的（追求效率）。以供应链管理为例，具备组织特性和差异性的能力，例如与具备独特资源优势的战略供应商的关系，应该成为公司的战略优势，而行业通用、非差异性的能力，例如物流运输能力，可以作为利用外包的首选。不同企业可能有不同的战略考量，例如，有些制造业企业可能会将物流运输作为非差异性能力，而作为电商企业龙头的京东则将自有物流和快递交付视为战略优势来对待。

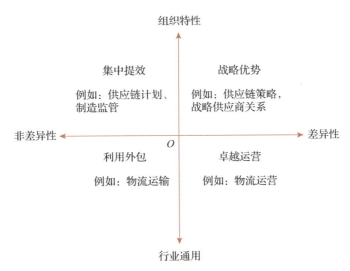

图 3-13　考查业务能力布局的运营模式决策矩阵

（4）企业流程框架。我在 2.4 节中讨论了企业流程框架的规划和应用，通过流程框架来识别有哪些正在进行的流程改进项目，这些项目是否和前述的价值驱动因素匹配，从业务能力组件中识别出的差异性能力可以在哪些流程领域得到增强？流程变革不可能面面俱到，公司的资源如何在重点流程领域进行优化分配？

（5）战略性举措。在 2.4 节中讨论的流程管理和 IT 治理的模式下，各流程域的企业流程负责人要和 CIO 就战略举措优先级达成一致，确定关键流程领域的变革目标。为了解决相关干系人的痛点，需要具备什么组织能力？

（6）转型路线图。流程驱动的组织转型不可能一蹴而就，这些战略性举措的执行需要对流程、组织、人员、信息和系统进行体系性的推进，要系统性地规划好业务能力从当前状态到未来状态的中长期演化路径。

（7）转型管理平台。复杂转型管理要利用大项目管理 PMO 机制，分解为若干子项目，分别建立项目计划、范围和里程碑控制，包括速赢型项目、试点型项目和推广型项目。对每个项目要找到关键变革抓手、改进方法论，例如精益改进、六西格玛等。项目间要具有模块化衔接的能力——这对业务设计和技术架构都提出了"模块化设计"的要求。

（8）转型项目管理。要把流程驱动的组织转型纳入公司总体战略规划、业务计划以及预算管理体系。大型公司战略执行的组织设计要和流程设计匹配，转型项目的费用要纳入公司的投资计划统一考虑，集中评审投资计划。

迈克尔·哈默等提出的业务流程再造在21世纪初曾经出现显著退潮，很多企业对业务流程管理似乎失去了兴趣。贝恩咨询从20世纪90年代初对全球企业最常使用的管理工具开展了持续30年的跟踪调研，2000年BPR在企业界的使用率跌至谷底，然而到了2007年后却东山再起，贝恩咨询当年的调研结果显示有69%的受访企业宣称在使用BPR。值得注意的是，跟业务流程管理同步兴起的还有另外两个新兴的管理工具："核心能力"，使用率为79%；"外包"，使用率为77%。

虽然贝恩咨询的报告里没有提到当时BPR退潮的具体原因，但我感觉这三个管理工具是有逻辑联系的，即聚焦核心能力，外包非核心业务，而业务流程正是保证新形态全球化组织的基础。这个阶段正是欧美公司全球化的高速发展期，代表性观点如托马斯·弗里德曼（Thomas Friedman）在《世界是平的》（*The World is Flat*）里讨论了互联网和信息技术进步促成了全球经济的转变，全球化给世界带来了深刻的影响。全球化趋势使信息、资金和人员能够更加自由地流动，共享服务是一个结果，它指的是企业通过外包业务流程、IT服务等，将某些行业通用的、非差异性的业务职能外包给能力合适而成本较低的国家或地区，以降低成本、提高效率，从而专注于核心业务。

全球化公司必须确保在全球各地的市场实现运营的本土化，贴近当地的顾客需求，同时在全球范围内优化运营体系和后台职能。

全球化集成要求：一是在最佳的地点进行布局和运营，有效地利用全球资源和技能，获得全球化公司在成本和技术上的套利优势；二是通过不断促进业务流程标准化以及业务能力专业化、模块化、服务化，使得财务、人力资源、采购、IT、技术交付等共享服务中心发挥效能，实现规模经济；三是将面向客户的产品、销售、客服等业务的组织重心下沉，让听得见"炮火"的队伍在一线及时做出决策。

流程驱动的全球化组织转型形成了一些新的运营框架，"三支柱"便是一个代表性模型。该模型适用于人力资源、财务管理、信息技术、业务流程管理、战略管理等行政和专业职能领域，通过共享服务中心（SSC）交付标准化服务，整合资源，降低成本，提高效率；构建专业领域的卓越中心（CoE），专家们通过知识、经验和最佳实践在特定领域内推动创新和实现卓越运营，为业务流程提供专业的支持；而专业领域的通才，即业务伙伴贴近业务一线，借助 SSC 和 CoE 的支持，扮演着业务领导的贴身参谋角色。

3.5　风控合规

流程管理在 BPR 衰退后回潮的另外一个驱动因素是企业风险管理。由于 21 世纪初的安然事件等一系列公司欺诈事件发生，美国政府加大了对上市公司监管的力度，风险和合规管理成为大公司的关键议题，业务流程是大公司开展风险管理和合规管理的重要抓手。

在美国，《萨班斯-奥克斯利法案》（Sarbanes-Oxley Act，SOX）

是有关公司治理和审计要求的详细法案,其中第 404 条款规定了管理层有责任对内部控制进行管理评估。该条款促使上市公司检查自身的财务内部控制体系,在必要时改进,并确保关于业务流程有充分的文档记录。它要求高管们能够证明,他们了解组织中的财务决策是在哪里以及如何做出的。全球会计师事务所则依据该法案要求,对企业内部控制体系以及财报信息进行审计。中国的上市公司也都有类似的合规监管要求。

为了符合 SOX404 的要求,美国上市公司间兴起了一波持续了数年的业务流程标准化运动,大公司们纷纷开始梳理不同业务单元以及不同区域与财务相关的业务流程,例如客户订单处理和收入确认流程、费用管理流程、采购和应付账款流程等,提升全公司的流程简化和标准化程度,从而确保合并报表的效率以及披露的财务信息的准确性。在这个过程中,大量的手工流程、手工账以及公司各个业务单元所使用的不一致的信息系统,被流程管理软件以及集团的一体化 ERP 系统取代。这些管理软件本身经过了严格的合规性审查和测试,已确保软件里的流程符合 SOX404 的要求。采用 SAP、甲骨文等公司的标准化 ERP 软件不但有利于企业降低定制软件的成本,而且也增强了审计机构对企业合规性的信心。

为了降低复杂的流程带来的风险,大公司在进行业务拓展或者公司并购时,都把流程统一和信息系统统一放在了优先级更高的位置。那些在制造、供应链、客户服务或者行政服务流程上采用外包服务或者共享服务的大公司,要求为其提供服务的合作伙伴提供有效内部控制的证据，以避免在相关业务流程中出现风险。为了减少流程中的人为操作失误，由计算机软件来自动处理流程的方式更受青睐。自动化控制的流程被审计机构认为更可靠，可以减少对其进行测试的频度，不过这对计算机系统提出了更高的安全控制要求，例如，许多公司要求密码至少有 8 个字符，由数字、符号、大小写字母组成，用户必须至少每三个月更改一次密码。如果连续多次输入了错误密码，系统将被锁定，这种做法就是从 SOX 实施后开始的。

在 SOX404 合规的大背景下，美国反虚假财务报告委员会下属的发起人委员会（COSO）等机构发布的《内部控制——整体框架》以及《企业风险管理——整体框架》帮助企业建立和评估内部控制体系，它们提供了一套被广泛接受的标准和方法，有助于公司满足合规的要求并建立更广泛的风险管理体系。

COSO 内部控制框架中的"风险评估"（risk assessment）和"控制活动"（control activities）与业务流程管理密切相关。前者要求对流程风险进行评估，一是公司要评估所有流程的成熟度，针对薄弱的流程领域，强化流程建设和流程培训；二是由流程所有者对所负责的流程进行评估，针对其中的风险项开展流程优化和强化执行工作。

控制活动则可分为以下三类：

- 预防型控制活动：例如政策、流程、职责分离、审批、访问控制等。

- 发现型控制活动：例如对账、例外报告、同行评审、内部审计等。
- 纠正型控制活动：针对在发现型控制活动中发现的问题、漏洞，采取补救和恢复措施，从而降低风险。

控制活动围绕相应的财务和运营流程展开，聚焦于流程的关键控制点。公司的流程所有者应针对关键控制点设计检查指标，并由独立的审计测试团队定期进行全样或抽样检查，产出检查报告。在美国大型企业里，通常会产出以下两类报告：

- 关键运营控制（Key Controls over Operations，KCO）报告。
- 关键财务报告控制（Key Controls over Financial Report，KCFR）报告。

这两类报告的结果，构成了管理层自评估（MSA）报告的评估基础。在我自己过去十多年的管理生涯中，接受来自总部委派的流程审计，并且根据审计报告产出 MSA 是定期工作。

企业为什么要做流程？答案可能是用流程标准化来保证质量，提升组织效率，支持信息化系统实施等，而根据我自己的企业实践经历，至少从上市公司的角度来看，我觉得风控是企业做流程管理最直接的驱动力和最基本的底线。即便组织不是上市公司，健全的流程也是公司干系人开展风险管理的基础。

我曾经工作过多年的 IBM 是通过规范化流程在流程中实施内控的标杆。图 3-14 展示了我所在部门的合同到收入这个端到端的流程。

244　业务流程：穿越从概念到实践的丛林

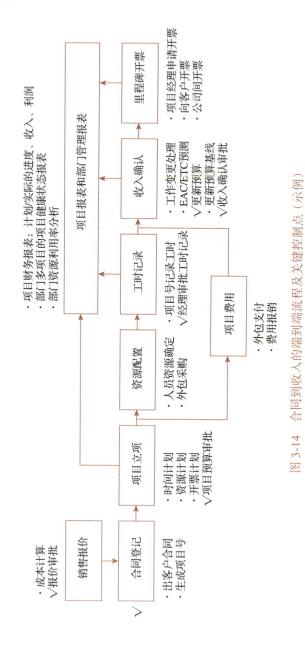

图 3-14　合同到收入的端到端流程及关键控制点（示例）

注：EAC（Estimate at Completion，完工估算），ETC（Estimate to Completion，完工尚需估算）。

这个流程里有 6 个关键控制点，IBM 称为"业务控制"（business control），这些关键控制点及其控制措施如下。

（1）报价审批：所有合同价格必须根据项目工作内容和预计金额，在公司内部进行成本计算。公司还会对项目分级，在技术、风险、资源等层面进行审核。没经过公司的报价审批流程，对客户任何形式的报价都是禁止的，就算是随口告诉客户一个大致的价格，也被称为"指导性报价"，会受到处罚。公司甚至会从员工的对外邮件中获取审计线索，发现是否有未经审批的对外私自报价的违规情况。

（2）合同登记：在客户那里中标后，要通过公司正式流程出具商务合同，合同签署后，要履行合同登记流程，生成项目号。每个合同一定要有项目号，项目号是成本费用归集以及收入确认的单元，也是公司最小颗粒度的利润中心。

（3）项目预算审批：每个项目号一定要有预算，公司所有资源一定要有标准成本用于做项目预算。预算不仅用于成本控制，而且根据会计准则，会计期间内项目收入的确认要基于项目的预算利润率，并按照当期实际发生的成本来配比收入，因而项目预算对于会计合规非常重要。只有经过项目预算审批后的业务，才能向下推进。

（4）经理审批工时记录：图 3-15 是 IBM 的项目财务模型，在报价阶段、项目立项以及项目执行过程中都须依据这个结构进行预算、成本控制、成本和收入确认。项目成本包括直接人工成本、差旅费用等,还包括风险预留,这些资金在项目进行过程中由项目经理按需申请使用,如果没有使用,就在释放风险后被公司收回作为项目毛利。作为风险控制手段,为避免出现错误的收入确认,要求工时和费用都必须按时、按项目号归集,如果某个时间段内出现各费用项与项目号不匹配的事件,会被视为违规风险,查实后相关人员可能会受到纪律处分。例如你某一天的工时记在了一个北京的项目上,而这一天你又有一笔差旅费用记在了另一个上海的项目上,这可能就会被认为是潜在的违规行为。为了准确归集人工成本,所有人员必须在每周五下班前提交当周的工时表。如果一年以内漏填超过三次,当年的绩效评级会被降低一级。

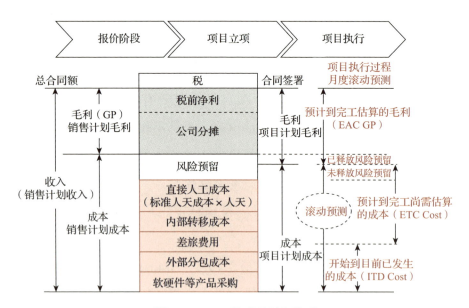

图 3-15　IBM 的项目财务模型

（5）更新预算：当项目进行过程中出现成本超支（cost overrun）时，一般有两种情况。如果预计完工毛利不发生变化，那么需要按时间调整预算分布，相应改变收入确认百分比；如果滚动预测确定完工毛利会下降，那么需要重新设定预算基线，相应改变收入确认。由于会影响到公司经营预算以及部门业绩，预算基线调整需要经过项目质量管理部、财务部、所属部门领导等多级审批。

（6）收入确认审批：对于项目型业务采用完工百分比法确认收入，即根据合同项目在每一个会计期间（通常是按月）的计划成本的实际发生额，来确定完工的比例，并配比确认当期营业收入。这是最重要的一个内控环节，对业务流程的规范性要求很高。第一，公司必须具备完善的标准成本体系，准确计量在项目中所使用的资源的单位成本以及数量；第二，项目启动时，必须建立每个项目的财务预算模型，明确项目的计划成本、计划毛利，这是收入确认的基础；第三，项目启动后，每月末的收入确认流程是：项目经理归集信息，确认从开始到目前（Inception to Date，ITD）已发生的成本，预计到完工尚需估算的成本并且逐月滚动分解，检查按开票计划匹配的收入计划及差异，并提交给事业部损益负责人。收入和利润是损益负责人的绩效指标，他有责任检查有关报告，确认当月成本和收入预测，将其提交给财务部门。财务负责人审核预测，并对当期收入确认记账。

质量标准是另一种形式的合规性要求，大多数在欧洲开展业务的组织都需要获得 ISO 9000 认证，旨在用书面的管理体系来证明公司业务流程的规范性，证明其符合相应的质量控制标准。在环境、健康与安全（EHS）领域，也存在多种国际和地区的合规标准，以确保组织在经营活动中保护环境、员工和公众的健康与安全，例如 ISO 14001 环境管理体系，ISO 45001 职业健康安全管理体系，美国职业安全与健康管理局（Occupational Safety and Health Administration，OSHA）颁布的 OSHA 标准，欧盟 REACH（Registration，Evaluation，Authorisation and Restriction of Chemicals，化学品注册、评估、授权和限制）法规等，这些都对生产、供应链、研发等运营业务的流程合规性做出了要求。

很多行业性的规范标准都对业务流程规范化提出了要求，列举如下。

（1）医药行业：用于规范药品生产过程的《良好生产规范》（Good Manufacturing Practice，GMP）和用于规范药品的运输、储存和分销等环节的《良好药品供应规范》（Good Supply Practice，GSP）。

（2）食品行业：用于规范从生产到消费的整个食品供应链的食品安全管理体系 HACCP（Hazard Analysis and Critical Control Point，危害分析和关键控制点）和 ISO 22000。

（3）金融行业：适用于信用卡组织的支付卡行业数据安全标准 PCI DSS（Payment Card Industry Data Security Standard）。

（4）能源行业：ISO 50001 能源管理体系标准，针对北美电网基础设施的安全标准 NERC CIP（North American Electric Reliability

Corporation Critical Infrastructure Protection，北美电力可靠性公司关键基础设施保护）。

（5）汽车行业：IATF 16949 汽车行业质量管理体系标准，ISO 26262 电气／电子系统功能安全国际标准。

（6）航空航天行业：AS 9100 质量管理体系标准。

涉及职能领域的法规也与对业务流程的设计和执行密切相关，与劳动者和用人单位相关的法规规定了雇佣关系中雇主和雇员各自的权利和义务，因此业务流程需要确保合规性、公平性和对员工权益的保护，例如：

（1）招聘和雇用流程：法规通常规定了雇用前的合规性要求，包括招聘程序的公平性、平等对待、反歧视等。

（2）工资和工时管理：法规规定了最低工资、加班报酬、工时限制等方面，这会影响到有关薪酬的管理流程设计。

（3）劳动合同管理：需要确保劳动合同符合法规要求，包括明确的职责、薪酬、工时等内容。

（4）安全与卫生：法规要求雇主提供符合国家职业卫生标准和卫生要求的工作环境和条件，这会影响到有关安全培训、事故报告和紧急情况响应等管理流程的设计。

（5）员工权益：法规中涉及年假、病假、产假等员工权益方面的规定，需要在相关流程中得到充分体现和实施。

（6）解除劳动合同：法规规定了用人单位解除劳动合同的条件和程序，为确保公正、合法、合规以及避免法律纠纷，需要设计相关流程。

基于合规要求对业务流程进行改造，我对此有切身的体验。多年前我曾给某大型制造企业实施 ERP 二期，在我介入之前，企业已经完成了一期实施。在一期系统方案中有这样一段流程：产品在成品入库准备销售时，都会打印产成品质保书，质保书上载明该产品的质量信息，以便今后进行追溯。如果当日产品有十个生产批次，他们会把其中一个批次送检，系统可以将通过检验流程产生的质检结果数据拷贝到其他九个成品物料批次上，这九个物料批次就不用再接受检验，可以一次性把物料批次的质保书打印出来。这样既可以提高物流、质检和质保书的处理效率，还能降低检验成本。

实际上，ERP 系统的标准逻辑不允许将一个物料批次的检验结果复制到其他物料批次上，一期的实施顾问为了满足需求，修改了 ERP 系统里物料管理、质量管理的标准功能。由于该变动在技术上相当复杂，投入了很多开发资源，对于这个方案的成功实施，顾问和企业领导都很自豪，还把"质检批次自动拷贝"方案作为项目实施的重要成果大张旗鼓地宣传，认为这是重大创新，改变了国外 ERP 系统不灵活、不适应中国企业管理实践的缺点。

然而，当我接手这个系统时，我感觉这个方案根据管理原理来看是错的。ERP 系统的标准功能不允许未经检验的物料批次拷贝质检信息，是有其业务流程控制的原因的。打个比方，厨房炒一锅番茄炒蛋，分成五盘上桌，这五盘菜算一个生产批次，你尝完一盘说味道不咸不淡，可以判断这锅的其他四盘味道也合适。但是如果今天厨师炒了十锅番茄炒蛋，你不能把其中一锅的味道评价简单拷贝到其他九锅上。从质量管理的流程合规性来看，质检抽样批次要和物料批次对应，质检抽样批次的检验结果只能覆盖到抽样来源的物料批次上，而人工指定任意的物料批次来拷贝抽检批的质检结果是不符合质量管理规范的。

该企业在应用 ERP 系统前，这样的质量管理流程已经推行了很多年了，可能他们自己也没觉得有问题。这种做法虽然省事，缩小了检验范围，节省了检验成本，但实质上是质量管理方面的违规行为。我认为不是 ERP 系统不灵活，而是他们在 ERP 系统里开发了错误的流程。后来在我负责的 ERP 二期实施过程中，多次论证了这个流程在质量合规方面的问题，最后在企业领导的支持下，取消了一期的开发方案，用回了系统标准流程。

3.6　绩效提升

绩效是一个人力资源管理方面的话题，它的管理学含义是指组织或个人在工作中的表现。绩效的衡量方式可以是最终交付的工作结果，也可以是工作中所展现出的效能。绩效的英文单词 performance 的原意，既指工作本身，也指工作的结果。人力资源管理领域的组织发展理论认为应采用干预的方法（即通过主动调整组织变量和环境变量）来提升个人和组织的绩效。传统的干预对象包括组织沟通、人员能力、工作环境、文化氛围等，人力资源部门操办的培训、团建、敬业度管理、组织变革等活动都是常用的干预手段。

20世纪90年代初，哈默、钱皮、达文波特这些工科背景的学者提出了将信息技术系统和业务流程相结合的组织变革方法——BPR。一批以教育心理学和培训技术见长的人力资源专家同样受到了业务流程这个概念的启发，他们传统上相信教育培训可以作为连接公司战略或组织与员工个人行为的纽带，也就是可以作为促进组织发展的干预手段，后来，他们发现"业务流程"可以替代"教育培训"承担起这个纽带的作用。这个通过业务流程来提升绩效的过程被称为"人力绩效改进"（Human Performance Improvement，HPI），有些人也称其为"人力绩效技术"（Human Performance Technology，HPT）。这个流派的几位主要倡导者也被高德纳公司等机构认为是业务流程管理思想的大师，和哈默、钱皮相提并论。

推动HPI的学者中有两位最为知名，一位是行为心理学家托马斯·F.吉尔伯特（Thomas F.Gilbert，1927—1995），他提出了"绩效工程"这个术语，他的核心思想是：①绩效的影响因子是行为和环境；②前因导致行为，而行为又导致结果。他认为教育培训虽然能够给人以知识，但无法给人的行为带来持久的变化，而绩效技术则研究如何塑造人类行为。他提出了"行为工程模型"（见表3-2），通过环境与个人，信息、手段与动机这个2×3矩阵中数据、资源、激励、知识、能力、目的这六大抓手，来提升组织和个人的绩效。

表 3-2 行为工程模型

因素类型	信息（Information）	手段（Instrumentation）	动机（Motivation）
环境	数据（Data） 1. 就绩效的适当性经常反馈相关意见 2. 对期望绩效的描述 3. 有关如何达到绩效要求的明确且相关的指导	资源（Instruments） 为了达到绩效要求，工作所需的工具、资源、时间和材料	激励（Incentives） 1. 依据绩效表现给予适当的财务激励 2. 可用的非货币激励，例如表彰 3. 职业发展机会 4. 低绩效的明确后果
个人	知识（Knowledge） 1. 为达成出色绩效而系统化设计的培训 2. 人员安排	能力（Capacity） 1. 为匹配能力峰值而对工作做出灵活安排 2. 工作辅助工具 3. 身体状况 4. 适应性 5. 选择	目的（Motives） 1. 评估个人的工作目的 2. 招聘匹配环境现实的员工

另一位是曾经担任美国培训与发展协会（ASTD）⊖研究和战略规划委员会成员的吉尔里·拉姆勒（1937—2008）。拉姆勒在20世纪70年代和吉尔伯特合作创办了Praxis咨询公司，后来他在继承吉尔伯特"行为工程模型"思想的基础上，和艾伦·布拉奇创立了RBG咨询集团，并对吉尔伯特的模型进行了改进。例如将"环境"拆分为"组织"和"流程"，从而提出了一个3×3矩阵的人力绩效改进模型，如图3-16所示。

⊖ 2014年，美国培训与发展协会（ASTD）更名为人才发展协会（ATD）。

图 3-16　拉姆勒 – 布拉奇人力绩效改进模型

资料来源：Rummler & Branche, Human Performance Improvement 模型。

拉姆勒认为任何组织内都存在三个层面的绩效：第一，组织层期望的绩效；第二，为了实现组织层的绩效，所有流程都需要达到绩效要求；第三，为了实现流程层的绩效，所有个人都需要达到绩效要求。为了提升绩效，各个层级是环环相扣的关系，例如如果组织层要将市场份额从 30% 提升到 60%，那么在流程层的订单处理时间就必须从 30 天减到 5 天，为此，个人上因未填完而积压的销售订单表格则必须从 13% 降到 0。

传统的绩效提升方法是：当经理人发现存在绩效问题时，他们会通过寻求资源来交付具体的解决方案，例如投入资金或者开展员工培训。HPI 认为这种方法是"头痛医头、脚痛医脚"。HPI 强调深入到流程环境中，去研究组织结果和表象问题之间的逻辑联系，采用可靠的分析工具，针对问题以及解决方案进行评估，找出流程当前状态和理想状态之间的差距，识别对组织结果产生负面影响的根本因素并将其消除。同时相应地提出改进要点和组织介入方案，例如信息共享、工作衔接、职责调整、技能提升等，可以通过开展项目的方式来改进流程以实现组织期望的绩效，并且跟进、评估并持续保持流程改进的成果。

HPI继承了全面质量管理的思想，强调人力资源管理角度的组织介入，也强调对信息系统以及事实测量和定量分析的利用，而企业端到端的价值流以及业务流程是其主要改进对象。

我多年前在某工程机械企业推进的一项咨询工作，就是采用了用组织绩效驱动流程绩效，用流程绩效来提出岗位要求进而改进员工行为的方法。尽管我做这项工作时还没有读到拉姆勒关于HPI的相关著作，但是现在回想总结时，我发现我的思路和方法完全符合HPI的理念。

Y公司是一家百亿级的工程机械制造企业。工程机械领域的业务挑战是市场需求波动大，购买相关产品的客户都服务于建筑工程行业，他们购买产品是为了将其投入到工地上去快速获取收益。因为建筑工期一旦拖延，就会直面赔款责任，所以有购买意向的客户一旦看好机器就需要立即提货，否则他们就去其他家购买了，而不像买汽车时，人们通常会在交订金后等待一段时间。然而，工程机械制造设备的生产与销售特点是小批量、多品种、产品结构复杂、供应链风险高。生产部门如果没有良好的物料需求计划指导，经常超量生产以免缺货之虞，就会造成大量的原材料和在制品库存。

因此，Y 公司希望借助 ERP 系统实现物料需求计划闭环，从而降低全公司库存水平（包括产成品、在制品以及原材料等各个环节的库存资产），缩短订单或产品的交付周期。

下面我们使用拉姆勒-布拉奇的人力绩效改进模型来分析如何满足 Y 公司的需求。

在组织层，Y 公司希望提升自己的市场竞争力，在目标市场里拥有对客户需求快速反应的能力，能够及时、准确、快速地交付客户需要的产品。为此，Y 公司需要建立强有力的计划体系来集中协调销售组织、生产组织和采购组织的工作。Y 公司的目标是：提高在制品周转率，降低在制品库存，缩短生产周期。

在流程层面，Y 公司可以以市场需求为输入，通过物料需求计划制订时间轴上的生产计划、采购计划以及确定各个库存环节的目标库存水平。为此，在销售预测、整机出货计划、生产计划下达、生产执行、生产投料、物料采购等环节上要做到环环相扣。对于销售、生产、采购等独立的部门，要通过"订单到交付"这个端到端的业务流程实现横向拉通。

在岗位层面，对于"订单到交付"这个端到端的流程，为了达到前述业务目标，销售人员、产销协调主计划人员、生产计划人员、车间管理人员、采购人员、库存管理人员、产品技术人员等一系列岗位上的工作人员都需要履行职责。例如产品技术人员要保证产品基础数据（如物料清单、物料需求计划中的数据）的准确性，库存管理人员要保证库存数据的准确性,生产计划人员要确保每天生产作业及时报工以及车间现场物料耗用信息及时录入,销售人员要确保销售预测的准确性以及目标的准时达成。只有这些基础数据足够准确,物料需求计划才能计算出准确的生产和采购要求。

所以我们用业务流程来提升绩效的逻辑是:经营结果的指标一定要用流程绩效的过程指标来保障。我们在图 3-17 所展示的这个横跨了销售、计划、生产管理以及制造车间的长流程里,选取了六个环节的 KPI,即六个环节所对应的岗位的职责要求:

- 销售计划准确性
- 主生产计划一致率
- 物料需求计划准确率
- 生产计划准时完工率
- 现场原料库存准确率
- 报完工及时率

为了推进这项提升流程绩效的工作,公司 CEO 亲自挂帅成立了流程绩效提升领导小组,被赋予了流程管理职责的 CIO 牵头成立了工作小组,我们作为外部顾问帮助公司确定了 KPI 的计算口径、数据治理机制以及考核细则。考核 KPI 的责任需要落实到相应的业务部门,业务部门可以通过在信息系统里操作业务所产生的数据进行持续跟踪。Y 公司提出了一个"照镜子"理论,即信息系统像一面镜子一样,可以反映业务的真实情况,只有一切业务在线操作，才能找到问题，从而明确绩效基线，持续改进工作。

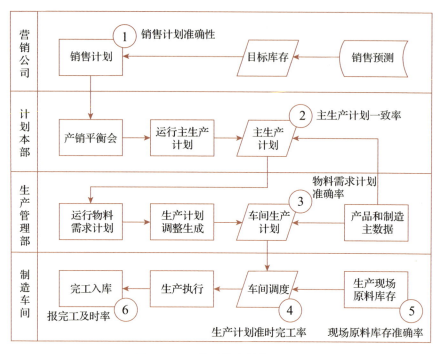

图 3-17　Y 公司的产销管理流程

工作小组派出专人和业务部门一起落实流程里的具体责任，督促责任人制定自己负责的 KPI 所在岗位的绩效提升行动计划，明确考核周期和奖惩机制。例如为达到第五项指标现场原料库存准确率，工作小组会定期检查盘点生产现场的原料，根据系统库存数进行核对，该指标的偏差能够反映现场物流的规范作业以及成本控制的情况；又如第三项指标物料需求计划准确率可以反映生产管理和物料控制的有效性，该指标是根据订单类型以及相关计划人员的职责，将生产计划的结果在一定时间周期和数量范围内直接转换成生产指令的直通比率，因此在生产过程中无须手工调整生产指令。这些指标按周期考核，以系统提供的数据为准，这就要求各个环节的人员严格按照流程操作，并且保证信息输入的质量。

相关业务部门向流程绩效提升领导小组签订了责任状，制订了明确目标、找出差距、检查提升的具体工作程序，为跟踪解决问题而制定了周日例会、问题清单跟踪、行动方案跟踪等制度。

从这些措施可以看出，企业的流程管理部门必须成为业务流程和绩效体系的指挥枢纽，这也面临着很大挑战——如果没有公司一把手的强力支持，涉及员工绩效评定甚至是奖惩措施的管理措施将很难推行。

这个基于流程的绩效提升项目持续了一整年。经过一年常抓不懈的改进，Y公司三大主要产品线的物料需求计划准确率逐季提升，从刚开始的65%左右，上升到一年后的95%以上，超过了原定的85%这一目标。因为计划链条的准确，Y公司在生产和采购环节执行到位，在制品库存大量减少。有两个产品线一年间销售额增加了20%，在制品不增反降各几千万元；另外一个产品线在产量大量增加的情况下，在制品库存没有明显增加。三条产品线的制造周期缩短了33%~61%不等。在原材料库存方面，Y公司清除了大量的库存积压和未清采购订单，除了保障生产的战略型物资储备外，还清除了大量无计划的采购和库存。

业务流程是衔接业务战略、经营目标与组织绩效、个人绩效的枢纽，而信息技术在生成、跟踪和反馈相关信息时具有重要作用，图3-18是咨询公司常用的通过业务流程来推动绩效提升的思维框架。业务流程出现以前的人力资源管理思想倾向于用教育培训的方式来衔接组织和绩效，而HPI则强调用流程设计和流程改进来替代这些旧的组织干预方式。流程绩效可以通过时间、质量、成本、客户满意度等要素来衡量，组织和流程的绩效需要通过岗位或个人的绩效来达成。

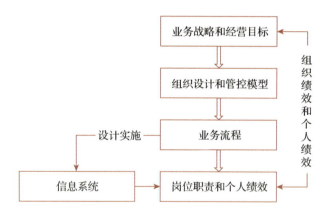

图3-18　咨询公司常用的通过业务流程来推动绩效提升的思维框架

在岗位和个人的层面上，传统的人力资源管理通过教育培训来提升员工的工作技能，通过人盯人的监管方式来提升员工的工作责任心和工作质量，从而达到期望的绩效水平。

今天，随着企业数字化转型的深入，企业所掌握的数据越来越丰富，而且随着人工智能算法的成熟，实现流程发现、流程还原的流程挖掘技术得以快速发展，流程绩效指标的数据可得性也越来越好。无论是20世纪90年代的HPI，还是我前面说的实施流程改进项目之前的Y公司，都是"流程基本靠走，数据基本靠手，管理基本靠吼"。新技术能在很大程度上辅助人员处理过去光靠人脑所无法处理的海量信息以及复杂的决策规则，基于流程的业务绩效提升进入了数字化阶段。

以市场营销中的"线索到商机"（lead to opportunity）流程为例。营销部门通过一个营销活动获取线索后，履行内部销售职能，与潜在客户初步接触，经过对线索的判断、评估后，将营销合格线索交给销售部门，销售部门判断这些线索是否值得跟进，对其筛选后形成商机，再进行后续的销售工作。今天的营销环境越来越复杂，获取线索的渠道越来越多（例如线下会议接触，从不同数字化渠道获得的客户问询等），而且线索生成的路径和对客户机会的优先级判断分布在不同人员处和不同系统中，因此如果仍用手工操作，不整合流程，就会导致线索转商机的转化率低，从而拉低营销活动的投入产出比。如果我们抓住几个流程KPI（例如营销合格线索生命周期、线索到商机的转化率、每营销合格线索的成本等），深入分析影响这些KPI的流程因素，采用人工智能和数字化手段来改进流程，就能提升市场营销的流程绩效。图3-19展示了线索到商机流程的绩效提升方法。

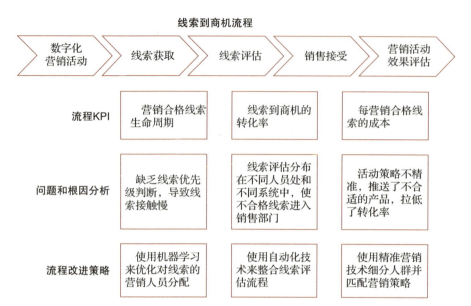

图 3-19　线索到商机流程的绩效提升方法

　　再以订单管理部门的订单交付流程为例。订单管理部门需要和负责客户联络的销售部门、负责仓库和物流的供应链部门、负责计划排产的计划部门、负责客户信用检查的财务部门等多个部门协作。客户下达订单后,订单管理部门需要经过信用审查、库存可用性检查、物流运力检查等一系列环节,才能对客户答交,安排货物发运。在这个端到端的流程中,可以抓住几个流程中的关键绩效指标,例如准时足量交付(OTIF)率、订单处理成本、客户满意度和净推荐值(NPS)等。只有找到影响这些指标的流程问题的根因,才能提出相应的流程改进策略。例如交付周期长的原因可能是信用审查时间太长,对此,可以从付款流程的历史数据中分析出按时付款的优质客户,在这种客户下单时自动跳过信用审查环节。而对客户给出答交的时间一般是历史交货时间的平均值,但是如果物流环节出现问题,不能按时交货,又没有及时与客户沟通,就会影响客户满意度。对此,可以利用信息技术手段全面掌控供应链可用信息,采用人工智能来实时生成答交时间推荐。图3-20展示了订单交付流程的绩效提升方法。

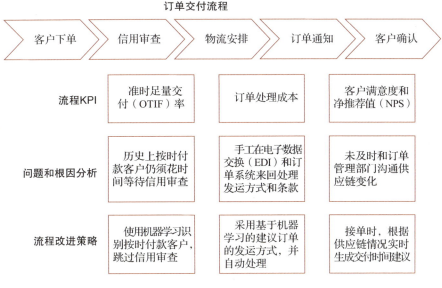

图3-20 订单交付流程的绩效提升方法

3.7 基于流程的成本

活动成本法(或称"作业成本法",activity based costing,下

文简称 ABC）是一种用于成本核算的管理会计方法，它识别组织中的流程和活动，根据每个活动的实际资源消耗，将每个活动的成本分配给相应的产品和服务。"活动"是构成业务流程的单元，因而 ABC 是一种面向业务流程的成本归集和控制方法。我认为 ABC 也可以叫"基于流程的成本"，虽然 ABC 是在业务流程管理体系之外发展起来的会计理论，但是 ABC 和流程管理发展有着密切关系。例如在 SAP ERP 的控制（Controlling，CO）模块里，就有 ABC 这一子模块，SAP ERP 里的成本要素就是"流程"和"活动"，通用 ABC 术语里的"活动动因"在 SAP ERP 里就叫"流程动因"。

产品成本是指形成产品的公司资源消耗的价值计量，分为直接成本（可直接计入构成产品的物料、人工和费用的成本）和间接成本（无法直接计入成本对象，需要通过一定的分摊方法才能分配进入到成本对象的费用，例如车间厂房折旧、水电能源支出、仓储物流费用、工厂管理人员工资、营销推广费用等）。和传统成本方法相比，ABC 将间接成本更合理、准确地分配到产品成本中。

从流程角度来计量成本的思想可以追溯到业务流程方法的理论源头之一——迈克尔·波特的价值链分析模型。价值链分析模型认为只有考量涵盖产品生产所涉及的所有活动，公司才能够准确地确定产品的成本以及公司销售产品所能获得的利润。业务流程再造强调消除不增值的无效活动，业务流程管理则强调分析流程活动的效率、质量和成本，识别流程改进机会，支持公司选择成本更低、产出率更高的产品或服务。这些管理理念都需要将流程和活动作为一种成本归集器。ABC 提供了基于业务流程改进的财务视角来支持业务战略或者组织变革的决策，例如哪段业务流程运行成本太高，应该用外包替代，或者目前业务流程里有什么增加成本的活动是没有必要的，应该精简相关的部门或组织。

准确的间接成本分摊有利于公司优化定价策略，识别每个产品真实的完全成本，发现哪些产品有成本忽视现象，定价低了，哪些产品被不合理地分配了不该承担的成本，定价高了。举个例子，五个朋友聚餐，共花了 1000 元，其中酒钱 500 元，菜钱 500 元，大家 AA 制付钱。传统成本法是每人平摊，各出 200 元。而 ABC 方法则是在研究流程后，发现有 2 人喝了酒，3 人没喝酒，那么没喝酒的人每人出 100 元，喝了酒的人每人出 350 元，这是更为公平合理的方案。这种基于 ABC 收集的成本信息和绩效测量，对流程、组织、定价等业务开展的管理，称为基于活动的管理（Activity Based Management，ABM）。

ABC 的基本原理是，资源耗用不是直接分摊进产品成本，而是先被分配到活动以及跨职能部门的业务流程中，形成以流程和活动为中心的成本池，然后再根据产品、订单、客户等成本对象的实际流程需求，将相应的活动成本分配到该成本对象上。从成本源（资源）向流程分配的特性对象叫"资源动因"，它解释了这个流程为什么要消耗这个资源，消耗了多少资源。而成本对象因为经过了某个流程，从而接收了相应的流程活动成本，驱动接收的特性对象叫"活动动因"（在不同语境里有时候也称为"流程动因""作业动因",实际上是一个意思),它将衡量为什么要使用这个流程,计算消耗了多少流程成本。借助前面的例子,聚会要喝酒是资源动因,喝酒是流程中的活动,500元酒钱是作业成本池,喝了酒的人需要摊酒钱就是活动动因。

活动成本法的原理如图 3-21 所示。

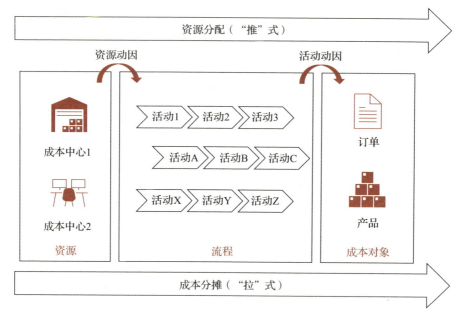

图 3-21 活动成本法的原理

虽然实施活动成本法能以更符合逻辑、更准确的方法将间接成本分配到成本对象上,但是它需要非常精细地分析企业的成本维度、业务流程和分配方法,这对管理标准化水平和信息技术手段的要求都很高。实施活动成本法的具体步骤如下。

- 确定成本分析维度，例如产品、渠道、客户，确定合适的分析颗粒度，确保能够提取到相应的数据。
- 确定成本对象，例如客户订单、生产单、服务过程中的一段等，成本对象可用于跟踪成本，并被分配到产品等最终成本分析维度上。
- 确定成本载体或在成本对象中进行的活动，活动是对流程的分解，活动构成流程。
- 在与成本对象相关的活动中，将直接成本和间接成本分开。
- 识别间接成本和活动之间的联系。
- 选择成本分摊方法。有些是由管理者主观评估，按周期直接分配；有些基于流程模板预设的分配条件和规则，按照产出的数量和价格来分摊。前者称为"推"式，由成本发送方归集成本并决定分配的金额；后者称为"拉"式，由成本接收方的实际耗用来决定分配的金额。"拉"是活动成本法中的核心理念，体现成本流转的路径和原因，使成本流更加透明和具体，但它实施的难度也更大，需要对成本行为有更深入细致的理解。
- 活动成本的关键假设是，所有的间接成本都是由业务流程中的不同活动所引起的，价值流优化需要识别成本驱动的活动，并相应地优化这些活动。

ABC 的产生，源于现代制造业和服务业已经在当代经济中占据了很大比例,间接成本在产品成本构成中所占的比例越来越大,同时,为了满足客户的个性化需求,产品品种越来越复杂,产品成本发生的不确定性也越来越强。很多情况下,不是所有产品都会产生一样的间接成本。例如,某种产品在一台昂贵的检测设备上花费的时间可能比其他产品多,但它们直接消耗的物料以及所需人工的数量可能是相同的,因此如何衡量这台机器的使用成本并且准确将其分配到特定产品上就很重要。随着第三产业的发展,项目型行业(例如工程建筑行业)或者服务行业(例如物流、金融、专业服务等)都希望能够将公共费用准确地分摊到具体的项目或客户上。

我在为一家连锁零售企业做咨询时,发现它的销售成本比较高,深入研究后我发现这是因为其销售督导人员的工作效率比较低,而根因是这家企业的商品品种繁多,系列性差,缺乏陈列标准和规范,所以销售督导人员在巡店时要花大量的时间来指导门店改进陈列。我用活动成本的思维,建议企业对某些门店的商品组合和商品数量进行调整,有效降低了销售成本。

咨询公司的后台工作人员(例如画 PPT 的美工人员),他们的工作中有些是为市场活动服务,有些是为客户项目中的某个阶段服务,而市场活动和客户项目可能也有关联,那么把后台工作人员的成本先通过资源动因分配到一些标准化作业上(例如营销支持、方案汇报支持),再通过活动动因分配到咨询产品或者客户项目的成本对象上,比向咨询产品或客户项目直接分摊更准确、合理。

ABC 兴起于 20 世纪七八十年代的美国制造业,由企业界和学术界共同发起的国际高级管理协会（CAM-I）推进，1988年美国会计学家，平衡计分卡的提出者罗伯特·卡普兰和罗宾·库珀开始大力宣传这种管理会计方法。1999年，彼得·德鲁克在《21世纪的管理挑战》一书中解释了活动成本法。他指出，传统的成本会计关注的是做某件事的资源消耗，而活动成本法额外记录了"不做"的成本，比如停工等待时的时间成本。

如图3-22所示，"活动"处于流程管理和成本管理的交叉点。从成本分配视角来看，活动是衔接资源和成本对象的中间环节，可以解释二者的因果关系；而从流程视角来看，活动则是衔接流程的成本动因和绩效衡量的中间环节，它可以解释流程绩效的成本原因。

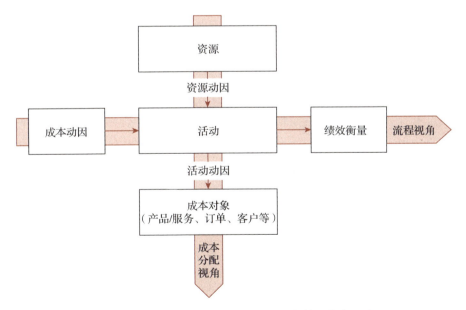

图3-22 "活动"处于流程管理和成本管理的交叉点

因而在流程管理体系里，ABC 是衡量流程绩效的几个主要指标（效率、质量、成本指标）中的成本指标的方法。我们可以从流程而非产品的角度来分析流程成本，其内容如下。

- 活动分析：在流程模型的开发中，分解流程，开列活动清单。
- 成本归集：用活动来承载间接成本的资源消耗。以使用人工为主的服务行业，没有有形物料，成本的可变因素更多，更需要用活动来归集成本。
- 活动跟踪：识别每个活动的所有资源动因，完整跟踪每项活动的总投入成本。
- 衡量输出：明确活动的可量化输出，匹配活动的单位成本。
- 成本分析：分析成本动因是为了识别流程成本的驱动因素，找到非增值活动是流程改进的目标。

活动成本分析在流程工程体系中属于流程建模的后续工作，它通过基于流程模型的企业信息系统的数据来分析活动成本，同时利用其他的数据工具来支持仿真、监控等流程动态分析，从而发现优化流程的机会。如图 3-23 所示，活动成本分析的数据通常来源于执行业务的信息系统，而分析结果反馈给业务建模（包括流程建模和数据建模）。

ABC 的难点在于如何从业务中取得符合资源、活动和成本对象的颗粒度要求的数据，并且利用规则来分摊，只有极少数的大型 ERP 系统具有内置集成的 ABC 功能。从 20 世纪 90 年代末 ABC

理论流行以来，就有第三方的商业智能软件具备与 ERP 系统对接，从 ERP 系统取数并生成活动成本数据及报表的能力。由于 ABC 的成本维度非常复杂，且涉及复杂的组织结构和总账结构以及外部数据源（例如业务流程细节通常在 ERP 系统之外的核心系统中），所以凭借 ERP 系统的技术架构难以完成高性能的活动成本分析，今天，主流的 BI（商业智能）软件都能提供比 ERP 系统的原生功能更为强大的活动成本分析功能，不过 ERP 仍是提供 ABC 分析数据源的主要手段。

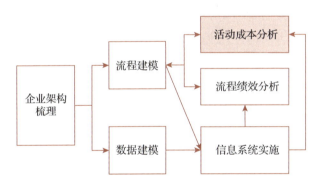

图 3-23　活动成本分析在流程工程体系中的定位

中国的快递物流行业发展迅速，几家行业头部企业都实施了 ABC，但快递物流行业成本核算的逻辑和分摊规则仍然很复杂。快递物流行业从寄方寄件到收方收件的业务流程很长，涉及收件、派件、运输、分拨、中转甚至海关查验等一系列活动。每单快递的直接成本涉及揽收、包装、装运、运输、卸货、投递等活动，间接成本包括客服中心、转运中心、分拨中心等场所的场地费用、人员费用和运营费用等。快递的成本需要在多个客户或多票运单之间分摊，而且快递服务的产品类型多，在货物类别、路线距离、运输方式、重量、体积等方面都有所区分。中国快递企业的商业模式也相当复杂，快递网点既有自营的，也有加盟的。

快递物流企业的领导希望能及时、准确地掌握全网业务状况，从产品类型、区域、线路、客群等维度，精细化地核算成本和收入，测算利润，从而发现问题并进行关键决策（例如资源布局、运力调度、新产品开发、定价促销、大客户报价等）。

服务行业和制造业的不同之处在于，其成本构成以间接成本为主，大多通过活动信息来处理，而非通过领料与发料来归集。

领先的快递物流企业应用了如下的管理会计数字化体系来实现活动成本分析。第一，要建立规范的业务流程体系，实现各个环节的活动标准化和资源消耗标准化，建立关于人工、设备折旧、材料以及服务资源的标准成本体系，支持对运单的标准成本、计划成本的核算。第二，在业务运营中，要通过数字化方式采集实际发生的活动信息（例如实际揽投、装卸、运输、投递的情况），记录每单计划外的费用（例如车损、索赔、破损、丢失、拒收等），从而计算出实际成本。第三，在信息系统方面，运输管理系统（TMS）负责处理运单、运力、人员、合同、流水等业务运营的详细信息；ERP系统是核心记账系统，它通过清分和计费结算系统，从核心业务系统调取业务执行数据，以实现对客户的计费和开票，以及网点和加盟商之间的清分。之后需要将记账信息传到ERP系统里记财务账，部分费用也在 ERP 系统里直接记账,同步完成 ABC 及产品成本的管理会计记账信息。第四,现代化的技术架构采用商业智能平台,从 ERP 以及其他系统中提取数据,基于精细化的数据颗粒度和复杂的分摊逻辑,提供包括 ABC 在内的成本和盈利分析。其体系架构如图 3-24 所示:

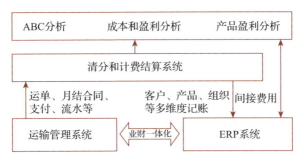

图 3-24　活动成本管理在快递物流企业中的实现

今天,随着流程挖掘技术的发展,流程挖掘更容易分析出每个活动的实际资源投入来源,获取资源消耗数量(例如人员工时),使 ABC 更加容易操作。

第 4 章

流程管理数字化

CHAPTER 4

先僵化,后优化,再固化。
——任正非

随着业务流程概念的普及，企业日益寻求用 IT 工具来管理业务流程，或者说用 IT 工具来"落地"设计好的业务流程。这里有个很重要的概念需要澄清：用于"业务流程管理"的 IT 工具，是指"管理业务流程的 IT 工具"，还是"用 IT 工具来管理业务，从而实现业务流程"？即 IT 工具的对象是"流程"还是"业务"？前者指向所谓的"业务流程管理系统"，后者则指向处理业务、记录事务信息的各种企业 IT 系统，比如 ERP、CRM 系统等。

　　自二十年前 ERP 系统进入中国起，很多人认为 ERP 系统就是业务流程管理系统，以为上了 ERP 系统就能看到自己企业的业务流程长什么样、实际怎么在跑了，这是一个很大的误解。虽然说 ERP 系统确实和业务流程有很紧密的关系，但是 ERP 系统里本身并没有业务流程（大型 ERP 系统包含工作流功能，但是国内实施项目时很少用）。ERP 系统是一个以企业核心业务数据库为中心，对企业数据进行增删查改的信息系统。它记录了与业务流程相关的业务对象（例如客户、订单、物料等）的信息和事务，但是并不记录流程本身的信息。

能够让用户感知到流程的信息系统被称为流程感知信息系统（Process-aware Information Systems，PAIS），它包括在每个业务领域里执行流程的信息系统，以及可以把执行活动连起来实现流程自动化的系统。BPMS 属于后者，它做到了"流程管理的流程"的数字化，包含流程识别、建模、部署、执行、监控、运维、改进等环节，这些环节中有不同的工作角色，例如负责流程识别的业务管理人员，负责流程建模的流程设计人员，负责流程部署的 IT 工程师或者系统实施工程师。由于工作角度和方法不同，他们会使用不同的 IT 工具，其中最重要的是流程执行的工具——工作流软件，还有业务用户实际操作流程的各种用户界面，包括工作流客户端、企业应用软件（ERP、CRM、OA 系统等）以及各种 SaaS（软件即服务，包括电子邮件服务、线上差旅费控等）。

技术栈是指某项数字化工作中使用的一系列技术和工具的组合，通常包括开发工具、架构管理、模型库、数据库、用户界面等。这些技术和工具共同构成了一个完整的数字化工作环境，覆盖工作的全流程。流程管理同样涉及对企业级的流程管理技术栈的构建，本章将详细介绍企业流程管理技术栈的构成。技术栈的选择通常取决于企业流程管理的具体项目需求、人员技能、企业总体 IT 架构以及其他因素。

4.1 流程管理技术栈

业务流程管理数字化就是利用信息技术来协调、整合流程的三个相关因素（人员行为、企业信息系统以及物联网信息），从而产出特定的业务输出。根据高德纳公司的定义，一个完整的业务流程管理系统应该包括以下几个基本要素。

- 一个图形化界面的系统，使业务流程专家或业务专家能够用图形化交互的方式来搭建业务流程模型。目前流程模型的事实规范是 BPMN 2.0，这种流程模型可以以可视化的方式来支持流程自动化机制，例如工作流引擎配置、流程机器人部署。
- 一个流程模型库，可以注册、存储、管理构成流程模型的模型元数据。

- 一个流程执行引擎，执行已经定义好的业务流程模型，编排、调度流程上的每个流程活动（包括人员活动、调用企业信息系统或服务、系统间集成、连接物联网设备等）。最近几年新兴的机器人流程自动化（RPA）也属于一种流程活动的执行类型，它运用软件机器人来模拟人类在信息系统中的操作。
- 工作流状态管理及规则引擎，可以属于流程执行引擎的一部分，也可以单独存在，用于处理复杂流程的活动状态管理以及流程走向的规则，基于分析、优化的算法可以提供智能化的决策支持，实现流程自动化。

除了对这些要素的管理外，还有一些其他的企业级 IT 应用被认为和 BPM 系统有关，包括企业应用系统集成、低代码开发、个案管理、流程挖掘/流程智能、商业智能等，它们都属于广义的 BPM 系统的范畴。BPM 系统从 20 世纪 90 年代开始发展，它真正在企业得以大量应用是在 2005 年以后。我认为舍尔教授在 20 世纪 90 年代提出的业务流程管理四层参考架构在今天也是适用的，企业流程管理者和信息系统架构师可以用这个参考架构来规划企业的业务流程管理技术栈以及相应的架构。

舍尔教授提出的 ARIS 模型可以将企业数字化流程管理类比为一个制造业企业的四层信息系统，包括企业管理层、监控调度层、生产执行层和设备作业层，它涵盖了业务流程管理从规划到运行的四个层面的数字化：一是流程设计层，用图形化的方式建立流程模型；二是流程管理层，通过流程运行反馈的数据来管理流程绩效，监控流程执行情况；三是流程执行层，执行流程中的工作任务，处理业务对象（例如订单、申请）在流程中的流转；四是企业业务应用层，向流程活动提供面向这些业务对象的数字化服务，如图4-1所示。

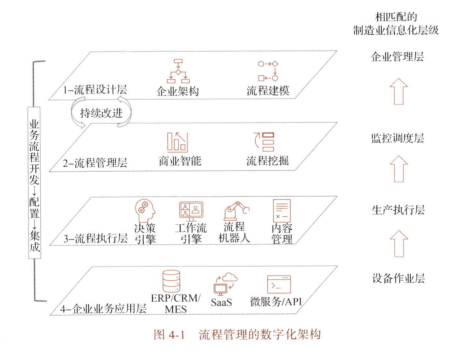

图4-1 流程管理的数字化架构

基于图4-1所示的架构，我们接下来把企业在流程管理上可能用到的信息技术工具罗列归类，需要说明的是，以下各项并不完全互相排斥,这些跑道互有交叉。从厂商的角度看,某家厂商的产品可能既有其专长,也会覆盖到其他跑道;领先的企业级软件公司则提供多种产品,例如 IBM、微软、甲骨文等公司提供流程建模、工作流自动化、应用集成、流程挖掘等多种不同的产品,因为并购等原因,它们甚至会在同一跑道里有多个产品。

1. 流程设计层

无论是出于企业咨询、业务优化、组织设计等管理目的,还是建设信息系统这样的技术目的,只要业务流程分析师(或称业务架构师)识别、分析、描述业务流程,用易于理解且能被信息系统实现的结构化方式来建立流程模型,他们就是在流程设计层开展工作。

BPMN 2.0 是目前流程设计的事实性规范,它建立了一套标准化的用于业务流程建模的图形符号,旨在促进那些需要记录流程的业务用户、流程分析师等非 IT 人员,与使用计算机程序语言来实现流程的 IT 开发人员之间的沟通。

BPMN 2.0 提供了两种变式:一是描述式 BPMN 2.0(BPMN 2.0 Descriptive),即"业务精简版",它包含一个 BPMN 2.0 标准对象的子集,目标用户为业务用户以及流程负责人;二是可执行式 BPMN 2.0(BPMN 2.0 Executable),即"专业全面版",它包括所有标准 BPMN 2.0 对象,其目标用户为实现流程的工程师们,包括技术建模以及从软件中执行流程逆向工程(即"流程还原")的人员。在流程设计层，企业可能用到的信息技术工具如下。

流程梳理工具：用来做概要性的流程梳理工作，供业务用户和流程工程师来画概念性流程图，使用简单直观，生成的流程模型易于理解，便于非技术背景的沟通，例如微软 Visio、ProcessOn 等工具，甚至 PPT 也可以。它们可以使用描述式 BPMN 2.0 或 ANSI，甚至是自由格式，所生成的非专业模型还可以利用技术手段，在下文所说的"流程建模工具"里转化成专业模型。

企业架构管理工具：价值流图、业务流程图和数据模型等是企业架构和业务架构制品的几种形式，所以企业架构管理（EAM）工具也可以用于业务流程建模，EAM 工具大多遵循企业架构的事实性标准 TOGAF。SAP 拥有 PowerDesigner、LeanIX 等多个 EAM 工具，而传统的大型流程建模工具（例如 ARIS）今天也在向 EAM 工具的方向发展。

流程建模工具：按照严格的流程标记方法和规范（例如 EPC、BPMN 等），由专业的流程工程师、业务分析师进行手工或半自动化的流程建模，形成拥有流程元数据、流程实例的流程模型库，管理流程创建、版本控制、发布浏览、作废淘汰等生命周期事件。这类工具最有代表性的就是前文提到的德国软件公司 Software AG 的 ARIS。这种工具利用工程化方式开发出来的模型，和前述"流程梳理工具"产出的模型相比，因为专业性和技术性更强，不够直观，人们的阅读体验较差，不适合用于内部沟通。不过因为这种模型对流程的表述更精确（它可以用于企业标准存档，也是"机器可读"的），所以可以将它交给下文提到的工作流软件来自动运行。

国内提供相关产品的有博阳精讯、杰成合力等公司。在国内的企业管理实践中，每个流程有很多为了便于用户阅读而存在的无法用可视化流程模型表达的说明文档和辅助性文档。例如华为的吕克先生在一篇文章中提到，在华为的流程管理实践中，"业务流程文件建设绝对不是一张流程图画完就 OK 了，而是一个由一系列相互配套但又各有侧重的若干文件组成的文件包建设……通常包括涉及本业务流程的政策、程序、操作指导、模板、检查表等五个文件或表格"。所以国内这类产品的特性是特别强调对与流程模型相关的规章制度类非结构化信息及文档的管理，这些手工文档型流程指引，也能弥补国内企业在流程执行层（例如工作流、ERP 等）方面数字化水平不够的短板，使流程从设计到执行形成闭环。

2. 流程管理层

流程管理层涉及与流程相关的数据分析类系统。业务流程责任人使用这一层的信息系统评估流程有效性，协调调度流程，监测流程绩效。如果把流程比喻成一家工厂的设备和生产线，那么流程管理层就是工厂的生产调度中心。工厂接到一个订单后，生产调度中心会看哪条生产线有产能可用，分配过去。当工厂产能出现瓶颈时，生产调度中心会分析堵点在什么设备上。同样，当把工作分配到流程里时，流程管理层可以评估流程的运行容量，以及预计的成本、时间。管理者还希望能看到流程绩效数据，分析业务绩效和流程绩效的关系，从而发现流程改进的机会。商业智能是有关企业业务结果的数据分析和展示，常被称为"管理仪表盘"。我们今天汽车的驾驶舱里，不仅有速度计、指南针、能源量表这些仪表盘，还要有 GPS 导航仪，流程智能就是企业运行的导航仪，凭借它我们可以知道在业务流程这条路上走到哪里了，是不是走对了，下一步要走向哪里。

商业智能：从企业业务系统中提取数据，结合其他数据源，对这些业务数据进行分析，以可视化、可交互的方式向用户展现业务指标的实现结果，从而总结出对业务的洞察。商业智能常被称为管理驾驶舱或者管理仪表盘，它的信息与业务直接相关，例如销售收入、产品毛利率、人均产值、现金流、客户满意度等，企业管理者利用商业智能的信息来辅助加大促销、优化成本、提升价格、调整产能等业务决策。商业智能既可以支持战略层决策，也可以支持操作层决策，操作层可以通过数据分析来优化营销投放策略或者改进成本构成。

流程挖掘：在传统的管理咨询或者管理改进中，"业务流程梳理"是手动执行的，咨询顾问或者业务分析师对企业员工展开观察，进行面对面的访谈，收集业务操作中使用的表单或者报表，手工绘制业务流程图。这种方式不仅费时费力，准确性也不太高。而流程挖掘是利用工作流软件和 ERP 等核心业务系统中的流程活动的事件日志数据，通过流程算法来对业务流程进行提取发现、运营分析和可视化的软件工具。任务挖掘工具可以捕获用户界面中的特定事件和用户交互，是最小颗粒度的流程挖掘，它可以用于发现部署流程自动机器人的机会。流程挖掘可以结合前述的流程建模工具使用——流程建模是启发式的手工建模，而流程挖掘则是把实际在信息系统里的操作自动还原成流程，这方面的功能也称为"流程发现"。流程挖掘是BPM工具领域最近几年出现的新兴技术，Celonis公司打开了这一技术领域的市场，国内流程挖掘领域的创业公司有望繁信科技等，传统的工作流厂商、ERP厂商以及新兴RPA厂商也纷纷进入这个领域。

流程智能：基于流程挖掘技术，同时融合其他数据源和数据科学技术，提供对流程的分析洞察，包括对流程绩效、流程合规性的实时监控。流程智能可以帮助公司识别流程瓶颈、提高运营效率。它可以为运营管理人员提供如下信息：存在哪些作业事项，谁在做这项工作，完成这项工作需要多长时间，平均等待时间是多少，瓶颈在哪里……从而辅助运营、优化决策（例如业务流程改进、精益六西格玛、敏捷组织转型、持续优化等）。当分析的数据源除了流程智能关注的数字化业务流程的数据外，还包括流程中相关的其他运营数据（如机器设备物联网数据、人员活动捕捉数据等）时，这样的增强型流程智能也被称为运营智能（Operational Intelligence，OI）。其应用场景包括企业IT系统运维的基础设施性能监控，物流业务的运输跟踪，呼叫中心和共享服务中心的话务、工单处理等。运营智能是比流程智能宽泛一些的概念，或者说流程智能是运营智能的一种类型。运营智能和流程智能都可以用信息大屏的形式呈现，例如生产运营中心的指挥调度大屏。流程智能的一个新发展方向是根据智能洞察来调度并操作执行企业核心系统，Celonis 公司称其相关产品为执行管理系统（Execution Management System，EMS）。前述的流程挖掘厂商大都进入了流程智能领域。

3. 流程执行层

流程中的每个活动都会处理信息对象，这个信息对象可能是由人来处理的非结构化信息，即数字化的文本信息（例如一个电子邮件或者传统 OA 系统里的一个文件），也可能是结构化信息，即需要填写并提交的一个表单（如员工入职登记表）。流程活动还可能不由人来操作，而是一个系统动作，当两个顺序相接的活动都是系统动作时，活动与活动连接，可能意味着两个系统连接。例如，在 CRM 系统中调用客户信息生成活动邀请函，再传到邮件系统里发送给客户，就涉及 CRM 系统和邮件系统之间的接口。控制这些信息对象和数据按照设计好的流程来连接、流动，就构成了流程执行，这样的控制流称为工作流，而处理这些工作流的系统则称为工作流管理系统。

一个工作流实例产生于一个流程模型。流程模型定义了一个工作流里的工作任务及流转逻辑，流程模型里的抽象化类型则在工作流里被具体业务对象填充。以流程模型里的"处理订单"活动为例，订单是一个抽象化类型，到了一个工作流实例里，则作为一个具体的订单对象（如 No.12345 订单）而存在。当流程模型驱动产生工作流实例时，流程模型里的组织单元（或角色）以及系统功能也可以被指定为工作流里具体的某个人以及某个具体被调用的系统功能或服务，这样就能实现信息对象在工作流里的自动流转了。

WfMS（工作流管理系统）常被称为"工作流引擎"，因为它是一个包含了控制数据（工作任务、组织角色、信息对象等）和控制逻辑，但是本身并没有用户界面的"无头"系统。它可以调用 ERP 等企业信息系统，也可以将作业指令（代办事项）推送到有用户界面的信息系统（最常见的就是邮件系统、协同办公系统等）。WfMS 是衔接流程设计和业务操作（例如在 ERP 或飞书系统里操作）的应用，它可以导入流程设计层产出的流程模型，用工作流引擎来执行预先定义的流程，执行过程通过工作人员操作客户端应用或者调用 ERP、CRM 系统等来完成，因此 WfMS 可以说是业务流程管理落地中最重要、最核心的信息系统。工作流管理联盟在 1993 年制定了工作流术语表、参考模型、工作流系统的架构、接口规格和互操作性标准等，工作流管理参考模型如图 4-2 所示。

历史上存在过的多种流程执行的建模和接口规范，目前都统一到了 BPMN 2.0，主流的开源工作流引擎软件有 jbpm、Activiti、Flowable、Camunda 等。以 WfMS 为基础，软件产品公司为了解决不同应用场景的用户需求，出于商业目的包装出了各种名称的软件产品，如 OA 系统、协同软件、BPM 系统、aPaaS（application Platform as a Service，应用程序平台即服务）、无代码平台、数字流程自动化（Digital Process Automation，DPA）、动态个案管理等，其实质都是流程执行。

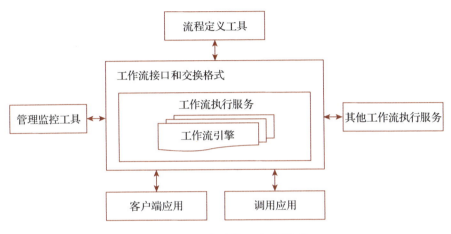

图 4-2　工作流管理参考模型

有人将 BPM 系统分为三种类型：以文档为中心的，关注公文、合同等文档的流转；以集成为中心的，无须人员操作，关注系统集成；以人员为中心的，关注人员操作，如申请、审批。无论流程的操作前端是什么形式，内核都是下述这些流程执行技术。

文档工作流引擎： 以文档（非结构化信息）为信息对象，需要通过人的加工、审阅、批准等操作，使文档的内容和状态发生变化。这是早期出现的工作流软件的模式，以 IBM 的 Domino、微软的 SharePoint 等平台为代表，符合或者兼容工业标准的工作流技术规范。国内 OA 系统早期基本上参考这种模式，主要用于审批处理。最近十多年来，由于技术的发展，这种工作流模式逐渐被数据库驱动的现代工作流引擎替代，不过它还是有其特定用途的，例如在行政公文管理、合同管理、共享服务中心等场景里，这种工作流模式仍在广泛使用。

企业内容管理（Enterprise Content Management，ECM）： 企业内容管理与文档工作流带动的无纸化办公模式紧密相关。它处理企业文档的生成、存储、索引、内容集成、内容协作和归档等，包括通过OCR等途径生成数字化媒体，使合同、供应商发票等文件在业务流程中被电子化处理，代表性厂商或产品有Documentum、IBM的FileNet、Adobe、OpenText等。主流ECM厂商的产品一般都具备工作流引擎，这属于文档中心型BPM系统；企业实施BPM时，是将工作流引擎和ECM系统分开还是使用整合的平台，需要根据流程管理的具体情况来设计合理的架构。原则上说，如果要支持文档、人员和集成等多种BPM模式在企业内并存，那么ECM和BPM可能会是相对独立的系统。例如，新员工入职需要填写一个员工入职登记表，这个表格会产生一个PDF文件用于存档，那么就需要ECM系统来管理这类文档，而入职流程则须处理文档生成、内容集成（入职文件里的员工姓名和人力资源数据库集成）和审批等环节。

现代工作流引擎： 现代工作流引擎符合WfMC标准的工作流系统架构规范，以基于数据库的结构化信息、以"表单""任务"的形式代替非结构化信息，结构化信息由相关人员在工作流转的活动中操作处理，从而在工作流中实现人与人的协作，完成较为复杂的流程业务逻辑，并且和外部系统集成。这是工作流软件的主流技术路线。现代工作流引擎在 2000 年后开始兴起，由于出现时间比文档工作流引擎晚，大多数这个品类的软件都提供向前兼容文档工作流的功能。代表厂商有 Ultimus、K2、IBM（Lombardi 产品）、Appian 等；炎黄盈动和奥哲是目前国内 BPM 领域的主流技术供应商。这类工作流软件强调用户交互友好，需要自建客户端应用，或者利用其他用户端接口，将流程任务以待办事项的方式推送给用户，在后台将人员输入的信息与企业系统集成。为了使工作流的设计、创建、修改、管理更为方便，低代码和无代码开发近年来成为流行的工作流开发方式。

企业应用集成（Enterprise Application Integration，EAI）：也称为系统集成的中间件。20 世纪 90 年代，企业使用越来越多的信息系统，每个系统都是孤立地解决某个业务领域的问题，系统与系统之间不能连通，形成了信息"孤岛"或者"烟囱"。业务流程执行需要打通跨系统的信息，用 ERP 这种集大成的企业信息系统来替代多个系统是一种方式，在系统之间通过一个集成工具来连接则是另一种方式，这种集成工具就是企业应用集成。2000 年后，随着互联网的发展，EAI 不仅包括了企业内的信息系统集成，还包括了企业间基于网络服务将各自企业的信息系统和基于网络服务的应用打通的系统集成方式。2010 年后，企业内系统集成技术和基于网络服务的系统集成技术等多种技术路线开始融合，每个应用程序都提供标准的接口供其他程序调用，不过需要专业人员编写代码完成集成工作；企业的 API（Application Programming Interface，应用程序编程接口）可以用单一的集成平台来集中管理、调度，从而形成整合的业务流程。SOA 则是这个阶段出现的企业应用系统的架构风格，它通过将原来系统里紧耦合的业务功能进行解耦，封装为可重用的"服务"，使这些服务可以在整个企业范围内被发现、组合和重用。ESB（Enterprise Service Bus，企业服务总线）是 SOA 的一种实现方式，它通过提供消息传递、服务编排和其他集成功能，来实现 SOA 中服务之间的通信和集成。打个比方，各个应用系统的接口就像是电源插头，而 ESB 是插线板。简而言之，SOA 是现代企业应用系统的架构风格，有利于 EAI 的实现，而 ESB 则是一种集中总线式的、非多个应用间交叉的、点对点集成的 EAI 技术。

EAI 是实现"以集成为中心"的 BPM 的技术。EAI 本身关注系统和系统之间的数据交换流向，然而，企业实际业务流程运作是三种 BPM 类型的混合，因而在 BPM 环境下的 EAI，除了涉及应用程序到应用程序间的数据流，还包括在数据流中输入、查看、更新数据的人工交互。早期发展起来的 EAI BPM 有微软 BizTalk、Tibco、webMethods（被德国软件公司 SAG 收购，近日 IBM 又从 SAG 收购了这块资产）、SAP PO 等。近年来 EAI 向云上转化，提供相关产品的软件公司有 Salesforce 旗下的 MuleSoft，还出现了很多新兴的基于企业 SaaS 的 API 进行集成的 EAI BPM，例如 Zapier。"以集成为中心"的 BPM 由于其无人化特点，今天它和另一种无人化系统集成工具 RPA 一起，共同构成了企业"自动化"

的基础。

流程规则引擎和优化器：规则引擎用于定义、管理和执行预先设定的业务规则。这些规则通常基于条件和动作，当某些条件得到满足时，会触发相应的动作。规则引擎支持组织复杂业务流程的流程走向的自动化决策。规则引擎在金融、保险、医疗保健等领域有广泛应用，例如，在银行的信贷管理流程中，可以根据申请人的资信审查结果，使用规则引擎自动批准或拒绝贷款申请；在保险公司的保单管理中，根据特定条件调整保险费率；或者根据医疗保险索赔的规则进行索赔决策。优化器用于在复杂的情况下找到最佳解决方案以支持决策，它使用数学和算法来分析和优化业务流程、资源分配或决策。优化器的原理是考虑到多个变量和因素，在给定的约束条件下寻找最优的决策路径。例如，零售企业根据不同时间段的客流情况，计算门店服务人员的固定用工和浮动用工比例，从而灵活调配劳动力资源；当一笔交易因为多种因素被算法识别为有风险时，信用卡的风控机制可以触发阻止支付流程；供应链管理中的自动补货流程，通过综合考虑断货带来的销售损失风险以及订货周期、运输成本、超储风险等，自动计算优化后的补货方案，当库存水平达到动态目标值时，可以自动触发补货流程。规则引擎适用于简单的业务规则，而优化器则适用于解决复杂的、涉及多个因素和约束条件的问题，动态求出最优解，二者是流程自动化的"智能大脑"，匹配工作流引擎使用，可以适应不断变化的市场和业务环境，使流程运行更智能。

机器人流程自动化（RPA）：RPA 是 EAI 之外的另一种系统集成方式，适用于没有提供对外接口机制的系统。其原理是利用软件机器人执行重复的、规则性的任务，让它模拟人类在不同系统的界面层进行操作，而不需要从系统底层来集成。RPA 通过识别屏幕上的元素、填写表单、点击按钮等方式，模拟人类和系统之间的交互。虽然它不像传统集成方法那样深入系统内部，但它能够通过用户界面连接不同系统，执行事先定义好的任务。这样的方式使 RPA 在短时间内能够实现系统集成和自动化任务。

前述的流程设计和建模环节可以确定哪些流程适合自动化，这些流程可以通过部署 RPA 实现自动处理。使用 RPA 自动处理工作流中已识别的重复性任务，可以减少手动干预，提高任务执行的准确性和效率。RPA 还可以用于 BPM 系统和其他业务应用之间的集成，使工作流中的任务可以自动操作系统，连通任务在流程中的上下游。RPA 是一种非侵入式的系统集成方式，可以在不修改现有系统的情况下实现系统之间的数据交换和协同工作。可以用 RPA 来快速响应业务变化，通过调整 RPA 流程来满足新的需求，而无须进行大规模的系统更改。BPM 系统的监控功能还可以实时跟踪业务流程绩效，通过 RPA 的执行日志和指标来评估流程的效率，进行必要的优化。

总之，RPA 是业务流程执行层最近十年来新兴的应用，有助于提高组织的灵活性，减少人工操作的错误。它自 2015 年起开始快速发展，代表性新兴厂商有 UiPath、Automation Anywhere 等，这类厂商大量渗透到流程建模、工作流引擎、流程挖掘等其他 BPM 赛道，IBM、微软、SAP 等传统的企业应用和 BPM 大厂则通过收购来获取 RPA 产品。

动态个案管理： 也称为灵活工作流工具，用于处理随机（ad-hoc）产生、结构化程度低，但是业务请求重现度高的工作个案，主要应用于客户服务、研发协同、现场销售等场景中。典型的 IT 服务、客服中心软件都以个案管理见长，如 ServiceNow 的产品。这类软件和现代工作流引擎有一定交叉，但是技术路线略有不同，通常它们也被其厂商称为 BPM 软件。但个案管理的工作流模型不采用 BPMN，而是采用称为 CMMN 的建模规范。

低代码/零代码/aPaaS： 此类产品提供可视化工具来快速编辑工作流。前述的现代工作流引擎、EAI 等有较多的代码工作量，需要专业人员去开发流程，而在最近 5 年开始盛行的低代码平台无须写代码即可完成工作流搭建，这可以被认为是前述工作流引擎的技术升级。大多数传统工作流软件今天都给自己打上了低代码平台的标签，也出现了很多新兴的低代码软件产品，如西门子 Mendix、国内的简道云、明道云等。当然，低代码并不只包括流程生成，它也包括数据模型和业务对象的生成。

4. 企业业务应用层

业务人员在流程活动中使用企业信息系统来查询、记录信息，例如用 ERP 系统处理销售订单信息、采购订单信息，用 CRM 系统处理客户信息，如果没有工作流的牵引，那就需要员工按照流程要求，主动进入到企业信息系统里操作，即"人找信息"。而工作流的作用就是把流程数字化后，将流程任务、信息系统、人员自动匹配，实现流程上的"信息找人"。企业业务应用层上的信息系统就是为业务流程执行提供信息服务的，列举如下。

企业核心系统：为业务流程提供信息服务的信息系统，包括 ERP、客户关系管理（CRM）、产品生命周期管理（PLM）、人力资源管理（HCM）等各种通用性企业管理核心系统，也包括企业使用的各种行业性、职能性的业务处理信息系统。ERP 是典型的企业核心系统，实现了物流、信息流和资金流三流合一，它通过信息技术支持企业运营的标准化和流程化。

企业核心系统和工作流系统有衔接，一部分活动是在企业核心系统中操作或者其信息被工作流系统调用的，另一部分活动则是在工作流系统中由人工操作的，所有活动由工作流引擎整合起来。企业核心系统的代表性厂商有 SAP、甲骨文、Salesforce 等，国内 ERP 主流厂商有用友、金蝶、浪潮等，这些企业核心系统厂商大多也提供自家品牌的工作流引擎。

办公自动化（OA）：这是中国特有的应用软件品类，以文档工作流、现代工作流和 EAI 等工作流引擎为内核，打造出了一些企业办公场景里通用的标准化流程，如出差、报销、采购申请、公文流转等。2000 年以后，这种有中国特色的企业软件开始出现，因为中国企业普遍没有使用邮件的习惯，同时对审批有很高需求，所以需要一个兼具信息沟通和文件审批的用户操作界面系统。国内主流的 OA 软件厂商有泛微、致远互联和蓝凌，它们在发展早期，大都使用第三方工作流引擎，近年来都换成了自研的工作流引擎。从前文提到的工作流管理参考模型来看，办公自动化就是工作流引擎的客户端应用，其目的是让员工可以操作流程，并且可以通过 OA 系统来访问或介入系统集成的自动化流程。国内早期的 OA 系统是基于文档工作流开发的，最近这些年国内 OA 系统的工作流引擎基本都升级了，早些年国内曾经有 OA 和 BPM 孰优孰劣的争议，今天在国内市场上仍有"OA 软件"和"BPM 软件"的说法，其大致区别是：前者大多指提供标准化功能、开箱即用的工作流软件，后者则指可以用来为企业定制开发工作流及用户应用的软件。

软件即服务（SaaS）：SaaS 是传统企业应用软件通过互联网以订阅服务的方式交付给用户使用，它既可能是 ERP、CRM、HCM 这样覆盖较长的业务流程的复杂企业应用，也可能是邮件、电子签名等在业务流程中提供单一功能点的数字化服务。一般主流 SaaS 都提供了标准化的应用程序编程接口（API），供流程管理软件调用，以实现流程自动化。例如有些 SaaS 提供电子签名认证，企业的合同处理流程就可以通过 API 连接这些外部 SaaS，完成合同的电子签名。

工作管理（work management）软件：工作管理软件可以说是新形态的 OA。近年来随着敏捷组织模式的流行，随机工作流和小组协作的软件有很大发展，它们旨在帮助组织有效地组织、分配和跟踪任务，提高团队的协作和工作效率。其典型功能是任务分配和追踪，即将任务分配给团队成员，跟踪任务的执行进度，并且为团队成员提供实时协作和沟通工具，促进信息共享和团队合作。这类软件更适合非结构化工作（协同和个例）和半结构化工作（项目），代表性产品有国外的 Asana、Jira、Adobe Workfront 等，国内的飞书、企业微信、钉钉等。

微服务和 API：自从企业应用软件出现后，业界一直在探索怎样使相关软件既能满足企业级应用对复杂流程和信息集成的需求，又能够灵活适应不断变化的企业内外部环境。软件工程的模块化在 20 世纪 90 年代后期成为一个热门的话题——能不能把 ERP 等紧密聚合的复杂企业系统，拆分成若干个松散耦合的模块组件，每个组件可以单独开发、维护、更新，根据业务流程来灵活组合。SOA 作为一种设计理念和架构风格，强调通过服务的组合来构建应用程序。服务是独立的、可复用的功能单元，可以通过网络进行通信。这种架构风格旨在提高系统的灵活性和可维护性，使不同的系统和应用能够以松散耦合的方式协同工作，即流程形成于服务的串接。微服务是近年来流行的一种 SOA 实现方式，是在 SOA 理念的基础上发展演变而来的架构模式。它将应用程序拆分为一组小型的、独立的服务。每个微服务都有各自的数据存储技术和可以独立部署的开发团队。微服务架构旨在提高系统的可伸缩性、可维护性和可扩展性，强调比 SOA 更小、更自治的服务，例如订单处理可能是

SOA 下的服务，而微服务架构可以将订单处理拆解为客户信息管理、价格管理、可交付性检查等更细的服务。微服务通过 API 将自己暴露给外部调用机制，业务流程引擎通过 API 来集成和调用微服务。API 不仅衔接组织内部的业务服务，还衔接组织外部的流程，例如，处理采购订单的流程可以接入物流公司的 API，从而跟踪供应商送货的物流状态。

BPM 技术栈是企业数字化转型的基础，然而，很多中国企业的数字化基础是比较薄弱的。一方面，业务人员不习惯通过操作信息系统来开展业务；另一方面，业务和数据的标准化、规范化程度低，导致企业业务应用的基础薄弱，业务流程运行只能做到手工传递信息，自动化程度低，业务流程管理从设计到实施不能形成闭环。流程管理和数字化要形成"业务流程化、流程标准化、标准数据化、数据在线化"的衔接关系。虽然上述四层 BPM 技术栈比较复杂，但企业可以根据自身情况来灵活构建流程管理数字化架构。企业内与流程管理和执行相关的不同角色，在不同的场景中分别使用不同的系统，如图 4-3 所示。

（1）业务流程分析师分析、提炼企业业务，使用流程建模工具来构建流程模型，这些模型存储在流程仓库里，供流程实现的 IT 工具使用。业务流程分析师还可以通过流程智能工具来仿真模拟各种流程变化的策略。

（2）企业系统开发工程师构建数字化工作流，通过系统集成中间件或者机器人流程自动化等自动化工具来编排、调用、自动化各个企业应用系统的服务。他们还构建数据仓库来存储流程实际运行产生的流程事件数据和业务数据。

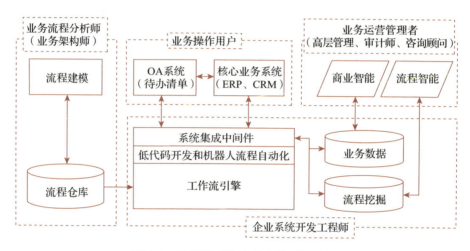

图 4-3 流程管理数字化中的不同角色

（3）业务操作用户在各种企业应用系统里处理与业务相关的事务，这些事务由流程连接，可以实现流程对用户操作任务的引导以及流程流转的自动化。

（4）业务运营管理者可以从流程数据和业务数据中获得对流程的洞察，进行流程优化；审计师可以通过流程智能工具观测流程运行是否合规。

4.2 业务应用软件

企业软件包括供业务人员直接使用的应用软件（应用软件又分

为商品化套装软件和定制化软件），还有供半专业人员使用的平台型和工具型软件，例如数据中台、低代码开发平台等，以及面向软件开发技术人员的基础软件，例如开发语言、中间件、数据库管理软件。

业务流程管理推动了企业应用软件以及 SaaS 行业的发展，因为区别于定制化软件的商品化套装软件的普及，使结构化的、标准化的流程管理在企业里成为可能。企业业务应用的套装软件（下文简称"套装软件"或者"企业管理软件"）是指将企业的业务流程、数据管理等开发为标准化的、开箱即用的功能的，由业务用户直接使用的大型应用软件，其目的是实现企业级的、跨职能的信息整合，让业务人员和管理人员在特定的业务领域内，可以获得来源唯一的准确信息。

套装软件里并没有流程，它是若干功能的集合。业务流程和套装软件是两个不同维度的事情，套装软件把不同业务流程里相同的业务操作抽象为标准化的软件功能（例如企业的客户订单处理、产品设计、生产、交付等），并把这些功能打包成一个软件包；而根据不同的业务场景（例如按订单设计并生产、按订单生产以及客户服务）使用软件包里的一组标准化功能就会形成业务流程。套装软件和定制化软件不同的地方在于，定制化软件一般不考虑对标准化业务进行抽象，可能一个业务流程就是一系列特定、专有的功能构成。图 4-4 展示了套装软件的标准化功能和各业务流程之间的组合关系。

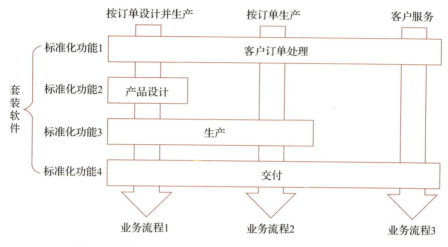

图 4-4 套装软件的标准化功能和各业务流程的组合关系

套装软件是 20 世纪 80 年代发展起来的企业级 IT 服务模式。电子计算机在第二次世界大战后出现并进入企业，但企业应用由于成本高昂在当时并不普及，需要专业人员根据企业需求来定制开发软件程序。20 世纪 80 年代，随着小型机服务器、个人计算机以及计算机网络渐次出现，企业级计算技术的成本下降，软件开发工程师在成本和数量上都不能满足企业快速增长的需求，于是在欧美的发达国家，企业开始应用功能标准化的套装软件，并结合系统集成公司提供的"实施咨询"服务（即通过业务流程咨询结合少量定制的方式，帮助企业应用套装软件，以节约开发成本），这逐渐成为从大型集团到中小型企业都普遍接受的企业级信息系统的实现方式。

20 世纪 90 年代初兴起的企业管理核心系统——ERP 是套装软

件的代表，随后其他企业级管理领域出现了一系列套装软件，例如销售和营销管理领域的 CRM，人力资源管理领域的 HCM，产品研发管理领域的 PLM 等。今天，套装软件已从本地安装的形式向云服务全面转型。SaaS 不只是通过互联网向用户交付软件功能，用订阅方式来收费的一种产品，它更是软件行业商业模式的一次革命。SaaS 增长型年金化的价值提取模型不同于传统软件的许可证加维护费模式，在销售、定价、营收管理、客户服务等方面的运营模式都和本地安装形式的软件有所区别。

中国的企业管理软件行业起步于对欧美套装软件的学习。20 世纪 90 年代末，欧美的 ERP 套装软件随着中外合资企业对它的应用而进入中国，当时随着中国加入 WTO 进程的加快，一些境内企业尝试通过实施套装软件来引进现代化的信息管理方式，境内企业境外上市在信息披露合规方面也对企业采用软件进行管理提出了要求。

2005 年前后，中国企业界学习国外先进管理经验蔚然成风，以国央企为主的大企业掀起过一轮实施 ERP 的热潮，顺带使 BPM 系统一度非常热门。当时 BPM 软件公司宣传的理念被很多企业接受：用专业的 BPM 工具去开展业务流程建模，利用 BPM 系统和 ERP 系统之间的接口，把 BPM 系统里做好的模型自动"喂"到 ERP 系统里去，就能在 ERP 系统里自动实现配置，未来如果业务流程有调整，只需要改一下流程图，ERP 系统里的配置就自动调整好了。然而经过几年的尝试，企业纷纷发现这种说法只是一种不切实际的幻想，原因是企业的实际业务流程无论是在 BPM 系统还是在 ERP 系统里都是不可视的，BPM 系统绘制的业务流程和信息系统中实际执行的业务流程是"两张皮"。BPM 系统驱动信息系统实现自动开发或配置，走不通并不是因为系统接口的技术问题，而是因为企业的流程化管理水平太薄弱，业务操作太不规范。

企业管理软件对企业运营的信息进行了三个层面的抽象。

层面一：哲学抽象。

将企业万象的存在、状态、行动、关系和逻辑，在哲学层面上抽象为"元模型"，例如事物是由对象、类型、特性、形态、状态、控制、触发、机制等构成的。这个抽象过程构成了企业软件的底层逻辑。Java 等高级编程语言、数据库管理软件、中间件软件等通用技术开发平台，就是哲学抽象的信息技术工具。

层面二：应用抽象。

软件系统中基于哲学抽象的元模型（从信息系统最底层的元素——数据，到用户交互界面的功能和服务）构成了系统。有些软件本身包含了从数据到应用的标准化业务含义，就像采购订单里的表头信息包括供应商、商务条款，内容信息包括采购物料编码、价格一样，用户可以直接使用这些含义，这就是 ERP、CRM 等套装软件的原理。

有些软件则是用户可以在数据对象、业务对象（若干个数据对象的组合）、业务服务（若干个业务对象的组合，具体业务逻辑通过代码来表达，服务间通过开发 API 建立连接）和信息系统（若干个业务服务的组合）等由细颗粒度到粗颗粒度的层面，自定义这些技术对象的业务含义，即对数据、组织和流程进行建模，再利用这些模型搭建出可用的业务应用。这种"半成品"式企业软件的典型形式就是"低代码"开发，在云时代也称为 aPaaS。

这两类软件可能是互相构建的，前者可能就是用后者开发出来的，或者后者是从前者中衍生出来的，只是它们呈现出的产品市场定位不同。

从企业信息技术应用的策略来说，究竟是用功能固定的套装的 ERP 等通用业务软件或者 MES 等专业业务软件还是用一个百搭的、非 IT 人员就可以开发企业应用的低代码平台来搭建起企业的应用系统，这目前在市场上是一个有争议的话题。随着 SaaS 越来越普及，还有一种路线是用低代码开发平台把企业使用的各种 SaaS 连接起来，用户界面完全使用各种 SaaS，以减少流程中的手工介入，这种方式就是所谓的"自动化"路线。

层面三：实施抽象。

系统实施是通过结合技术实现和管理变革，使企业运营在信息技术的帮助下达到目标状态。在这个过程中，需要对组织、流程进行业务模型的抽象、优化，而不是简单地将现有操作模式搬到线上处理。相关参与方需要就这些业务目标达成一致，就关键问题进行决策，在咨询顾问的促成下达成转化。打个比方，一家餐馆的菜单上有"红烧牛肉面""酸菜红烧牛肉面""猪肝汤面""肉臊拌面"等，手工点菜就是直接报菜名，而如果用系统来处理销售下单流程，可能不会直接呈现这种"硬编码"菜名来让客户下单,而是将菜品抽象成"面条""浇头""汤"等选项,从而优化订单、计划和生产流程。

具有标准化功能的套装软件是传统的大型企业解决方案软件的主流。实施具有标准化功能的套装软件的决策逻辑如图4-5所示,企业解决方案软件匹配流程数字化的要求如图4-6所示。

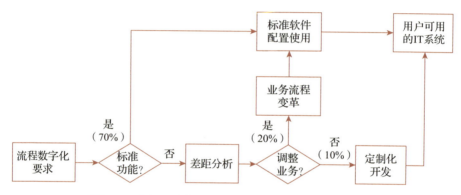

图4-5 实施具有标准化功能的套装软件的决策逻辑

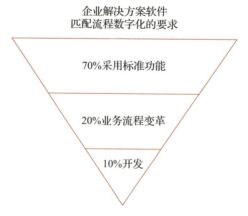

图4-6 企业解决方案软件匹配流程数字化的要求

以 ERP 系统为代表的具有标准化功能的套装软件遵循上述决策逻辑和要求。为什么 ERP 系统对企业业务流程的标准化要求这么高呢？这可以通过 ERP 系统和财务管理软件的对比来说明。财务管理软件用于业务发生后的"事后记账"，它是对手工会计的数字化处理。在事后手工记账的场景下，业务缺乏实时、逐笔的联系，触发财务人员记账的依据是资金收付的凭证。而现代企业的会计假设是"权责发生制"，即在涉及收入、成本、费用、资产变动等的业务发生的同时，就应该将收入、费用计入当期损益账，并同步更新资产负债表和现金流量表，这种假设构成了 ERP 系统"物流、资金流和信息流"三流合一的基础。权责发生制的会计核算操作起来逻辑比较复杂，和收付实现制相比，多出了预收预付，应收应付，发票处理，期末成本结转等信息处理环节，但是其好处是体现了企业实时的真实经营情况。

在现代大型企业的经营环境下，如果用手工来处理权责发生制会计会非常麻烦，而 ERP 系统能利用基于事务处理的数据库的技术特性来实现业务财务记录的同步处理，它甚至可以实现业务和多套权责发生制的平行记账（例如财务会计和管理会计同步，或者大型跨国集团中多国会计准则的同步），因而 20 世纪 90 年代以来，ERP 成为全球大型企业不可或缺的核心管理信息系统。这种通过业务操作自动同步产生财务记账的机制，对业务标准化也提出了很高的要求，只有标准化的业务类型，才可以按照预先定义好的规则生成记账凭证。在 ERP 系统中，业务类型和记账规则还必须做到可配置、无须硬编码，从而提高其扩展性，这样既可以灵活调整系统来适应业务流程的变化，又可以保证会计信息的合规。

ERP系统通过三个步骤来实现业务和财务的集成：第一，业务人员在系统里处理核心业务活动，例如制造业企业的采购、生产、库存、销售等活动，或者物流企业的接单、运输、仓储、派单、收款等活动，或者人力资源外包服务公司的签约、订单、履约、开票、清账等活动，对这些核心业务活动的处理可能属于ERP系统的功能，也可能需要在外部专业系统中操作；第二，这些业务活动事先都有标准化作业类型的定义，活动和活动串接起来就是流程，所以一旦操作了某个活动，其业务信息记录可以通过系统预设的规则，自动转换成用于记账的财务记录；第三，财务系统根据自动生成的财务记录，再根据会计准则或者管理口径，分别生成财务报表和管理报表供管理者使用。ERP系统覆盖了企业与产生财务信息相关的所有业务活动；不直接产生财务信息的活动记录不属于ERP系统的管理范畴，例如销售人员与客户的互动，产品研发人员设计图纸，或者员工休年假等都属于企业其他信息系统的管理范畴。

ERP套装软件对企业通用业务流程进行了高度抽象，使其变成了标准化、可配置的业务模型，其中包括组织、活动、文档、数据等构成流程的信息对象。这避免了对单一企业的业务实践进行"硬编码"，一个企业的做法搬到另一家企业就无法适用的情况，而是可以根据具体业务实践调整系统配置，以适应不同业务流程的需求。以SAP ERP的物料管理和采购管理模块为例，其包含的业务流程以及相关信息如下。

（1）业务场景

- 库存物料采购
- 消耗性物料采购
- 寄售处理
- 委外采购处理
- 库存转储处理
- 服务采购
- 内部转移采购
- 计划协议采购

（2）核心流程

- 物料主数据处理
- 供应商主数据处理
- 物料处置
- 采购请求处理
- 采购请求分配
- 向供应商询价
- 供应商报价处理
- 计划协议处理
- 采购合同处理

- 采购订单处理
- 服务提交记录
- 发运通知和确认处理
- 带参考的收货处理
- 检验批创建
- 检验批完成
- 检验结果记录
- 带参考的发票处理
- 发货处理

（3）业务对象

- 采购请求
- 采购订单
- 报价征询
- 供应商报价
- 框架协议/服务合同
- 发运通知
- 采购信息记录

（4）组织单元

- 逻辑系统
- 工厂

- 采购组织
- 采购组
- 存储地点
- 仓库
- 存储类型
- 货位
- 评估范围

从业务流程再造时代开始，ERP 套装软件就成为企业信息化最核心的应用，它适合大多数行业，既适用于制造业，也适用于各种服务行业，业务人员可以直接在 ERP 系统里记录业务。中小型规模的企业用一个集成的套装软件可以解决大多数企业信息化的问题，这也有助于降低其 IT 的总体拥有成本。如图 4-7 所示，业务人员、财务人员和管理者通过操作同一个集成的系统，可以保证企业数据来源的唯一性。

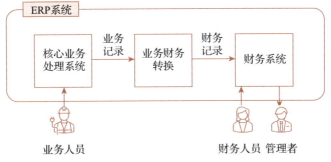

图 4-7 独立处理企业业务的 ERP 系统

有些企业的业务环节比较复杂，标准 ERP 软件无法处理业务操作中的细节，此时，业务人员不是在 ERP 系统中记录业务，而是在专业业务处理系统中操作（例如物流公司有"核心物流系统"来处理运单、运输、仓储、开账等业务流程；金融机构有"核心银行系统"来处理账户、资金、客户、契约等流程；制造业有专业的"制造执行系统"来处理生产排产、制造工艺、车间管理等流程；电商公司有"电商专业系统"来处理订单、商品、物流等流程），待业务活动完成后，需要记账的业务记录通过"业务财务转换"的机制从专业业务处理系统传到 ERP 系统的财务系统中。这种 ERP 系统和专业业务处理系统并存的架构，常见于业务比较复杂的大型企业，或者市面上标准 ERP 软件的功能不能满足业务记录的要求，需要由专业业务处理系统分担的情况。在这种复杂的企业系统环境下，企业需要一个业务流程管理系统来触发流程，调度各个系统之间的任务和顺序流转，自动通知人员进入各个信息系统操作，或者完成系统外的流程操作。在数字化时代，业务流程管理系统和商业智能是 ERP 系统的重要扩展对象。包含业务流程管理系统和商业智能的扩展 ERP 系统如图 4-8 所示。

4.3　从流程管理到自动化

业务流程数字化的目的是组织运行过程的数字化和自动化。各种形式的企业业务应用，无论是高度集成的单体信息系统，还是模块化的业务功能性应用,还是颗粒度更小的"微服务",都要完成业务流程中每个事务的信息的记录、存储和计算。而业务流程管理的数字化执行则是把这些事务串接起来,编排事务处理的先后关系,根据一定的规则把待处理任务推动到一个业务应用里去,由该业务应用按照业务逻辑自动处理任务或者由业务人员在业务应用中处理任务,再返回到流程中进入下一个活动,直到业务流程结束,达到企业期望的状态。

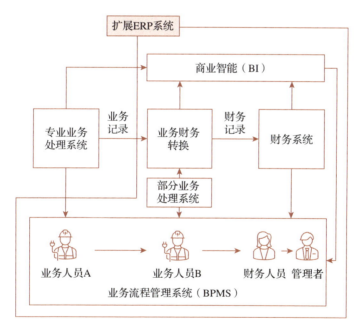

图 4-8　包含业务流程管理系统和商业智能的扩展 ERP 系统

业务流程数字化的引擎是工作流管理。前文提到,业务流程管理系统有三种类型,一是以文档为中心的业务流程管理系统,指由一个工作流系统来处理非结构化信息（文本或影像文件）的流转，经过几轮审批和多人输入，最后达到流程的目标。它可以不使用固定的信息格式，内容形式比较自由。常见的用途是各种合同、法律文件、公文报告或会计凭证的处理。通过电子邮件传输就是一种典型的、简单的文档工作流，审查、批准、电子签名、影像处理、存储归档等是文档工作流的主要功能。用户在系统界面上处理流程就是操作文档格式的对象，这种形式是国内流行的办公自动化（OA）软件早期所常采用的技术路线，近年来随着技术发展，已经逐步被其他工作流技术取代，不过一些老旧的文档工作流系统仍然在被使用。以报销为例，一个文档是由报销单文本和发票影印件等附件构成的，其流转过程可能如图4-9所示。

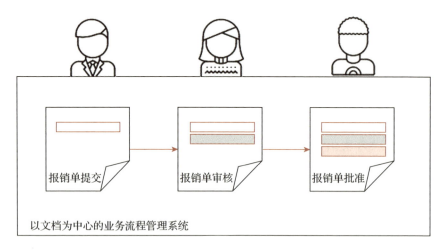

图4-9 以文档为中心的业务流程管理系统

二是以集成为中心的业务流程管理系统，指不同业务角色在各个既有信息系统或者不同的 SaaS 的原生用户界面上操作事务，而这些事务是通过一个工作流系统来实现编排、调度、连接的。例如，员工在差旅费控 SaaS 平台上确认他的差旅报销信息，电子发票信息通过第三方 SaaS 平台传过来，而审批信息自动传到办公协同 SaaS 平台上供上级审批，然后该笔报销自动传到财务系统里记账，记账通过后，传到资金系统里给员工打款，如图 4-10 所示。用户执行流程时，不使用额外定制化开发的流程管理软件，这可以尽量省去人员介入，还可以借助人工智能或者规则自动完成某些步骤。跨系统集成方式可以采用 API 或者 RPA。当前流行采用低代码、无代码的方法来快速开发和编辑业务流程、流转规则、数据匹配，定义系统接口规则，这种方式适用于有多个具有标准化接口条件的 SaaS 或系统的工作环境，是新兴的工作流方式，可用于行政管理、数字化营销等。其优点是集成简单，不改变用户的使用习惯，但对企业的数字化应用基础要求较高。

三是以人员为中心的业务流程管理系统。以人员为中心的业务流程管理是目前最主流的数字化工作流方式，和以集成为中心的业务流程管理相比，这种方式需要由业务人员在定制化开发的工作流系统界面输入信息，处理流程活动的衔接。和以文档为中心的业务流程管理不同的是，流程任务的信息对象不是非结构化信息，而是由数据库驱动的结构化信息，这些业务信息以数据库表单的形式被组织起来并进行流转。相比于文档工作流，这种数字化工作流更便

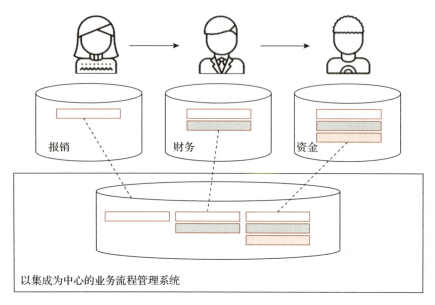

图 4-10　以集成为中心的业务流程管理系统

于同工作流系统之外的企业信息系统进行数据传输和信息集成。例如，构成一个报销单或者一个工单的信息需要通过多个步骤才能生成，每个步骤里都有相关人员输入、添加、审批相关信息，最终这些信息会被传入企业信息系统中，如图 4-11 所示。

这三种业务流程管理系统的实现方式，其技术原理和技术架构有所不同，在大型企业里，这三种方式大多是同时存在的，分别应用在不同的业务场景中。

我在前文中提到，舍尔教授提出的业务流程管理四层参考架构和制造业信息化的四个层级有概念上的对应关系。今天，制造业已经利用各种智能制造、工业 4.0 技术进入了智慧工厂、无人工厂的阶段，而业务流程也利用大数据、物联网、人工智能等技术实现了业务流程自动化，且越来越少人化、无人化，这和制造业智能化的含义是一样的。

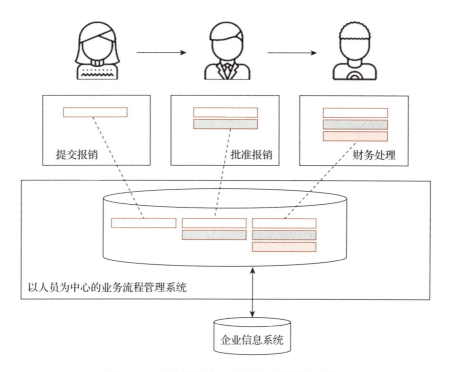

图 4-11　以人员为中心的业务流程管理系统

不同类型的数字化业务流程可以整合到一个企业级技术架构中，形成企业流程自动化和智能化的平台，将业务流程自动化转型为业务自动化（business automation）。

我们来看看企业里有哪些工作可以自动化，哪些难以自动化。

企业内存在如下三种模式的工作,其中第一种和第二种可以实现自动化,但是所使用的自动化技术有一定差别,简单重复的程序性工作可以用规则简单的 RPA 直接替代人,决策逻辑的知识性工作则须利用机器学习、人工智能等方式来替人做出过程决策,再指挥软件机器人行动,可以称为"AI+RPA"。第三种复杂探索的创造性工作很难实现自动化,仍然以人类工作为主,不过信息技术(例如人工智能 Copilot)可以起到辅助作用。

- 简单重复的程序性工作:标准化的步骤程序,很少的决策规则或者决策点,定义完善的相关领域知识,合规性要求高,每个流程实例都是对标准化流程的重复。例如制造业生产线、商品零售销售、会计账务处理等。
- 决策逻辑的知识性工作:步骤程序中有多种决策分支,存在很多决策规则和决策逻辑,必须根据多变的应用环境来查找使用相关领域知识,每个流程实例是有决策逻辑的标准化流程的不同变体。例如设备维修、企业面对面销售。
- 复杂探索的创造性工作:有非标准化的业务流程,需要在过程中摸索前进,随机确定步骤程序,启发式地工作,随时征询专家意见或者由专家做出决策。例如新产品研发、软件产品开发、咨询、内科医生诊疗等。

目前关于企业级的业务自动化有狭义和广义的理解。狭义的是对 RPA(也称为数字化劳动力或数字员工)的应用,指的是利用

RPA自动操作流程任务或者完成系统间的任务衔接。广义的业务自动化（或称超自动化）既包括RPA，还包括工作流引擎、文档处理、内容服务、流程挖掘、人工智能决策引擎、低代码开发工具、API集成等，甚至有些从业者会把ERP、CRM系统以及各种SaaS也划进"超自动化"的范畴。

业务自动化可以支持各种工作场景，如前文已经介绍过的结构化工作和非结构化工作、确定性高的工作和确定性低的工作。过去我们把流程建模和流程执行等的组合称为业务流程管理（BPM），而数字流程自动化（DPA）是最近几年传统BPM厂商在数字化转型时代升级包装的结果，它也吸引了很多新兴的数字原生企业加入这个领域。DPA并没有一个公认的明确定义，和BPM相比，其理念反映了企业信息技术应用在流程管理方面从信息化到数字化的转变，它也完全继承了BPM的功能和覆盖范围。DPA的特点如下。

- 更强调以流程用户为中心，而非以流程管理为中心。
- 强调RPA使用，支持各种形式或者各种厂牌的RPA。
- 基于云原生的新一代企业应用系统架构。
- 利用低代码快速构建云原生的企业应用以及自动化工作流。
- 企业应用和业务服务在公有云上交付、集成。
- 应用流程挖掘来实现对业务流程实际运行情况的洞察。
- 企业内外的云服务生态整合，例如整合第三方应用、表单或服务（电子签章、数据、AI等服务）。

- 广泛而深入应用人工智能,既包括诸如智能文档识别、语音识别、智能语音交互等,也包括基于机器学习和预测分析的决策规则及决策优化。

与 DPA 相比,业务自动化更强调通过应用数字化技术来实现企业的无人化。无人化就是用技术去替代人,那么人在组织内的行为(例如在工作中怎样管理文档,提取、消化文档里的信息,在不同的应用程序之间来回操作,获取知识和意见以做出决策,和机器自动完成的任务一起协作等)都将成为自动化技术替代人的机会。IBM 指出了业务自动化技术和人类工作的对比,见表 4-1。

表 4-1 业务自动化技术和人类工作的对比

	人类工作	相应的业务自动化技术
手	操作电脑	任务挖掘、RPA
眼睛	从非结构化文档中捕获信息 观察监控仪表盘,获得运营洞察	文档数字化处理 运营智能
左脑	制定业务政策和业务规则	决策引擎、运营智能
右脑	从感觉到认知	机器学习
记忆	管理、分享非结构化信息,并将其转换成结构化信息	智能内容服务
中枢神经	编排、推进、协调工作	工作流自动化

基于表 4-1 中的业务自动化技术,一个典型的业务自动化平台应该具备的功能特性如下。

工作场景自动化:对各种类型的端到端工作流、非结构化的个例工作等进行建模、自动化、生命周期管理、监控和优化,以提高流程设计和实际任务执行之间的一致性。根据人工智能驱动的任务优先级和行动决策建议，提高流程运营效率，并提升无人介入的流程直通处理率。

管理企业文档和内容：实现企业文档全面无纸化，从文档中自动提取出结构化信息的内容，以减少或消除人工输入和错误，提高效率和生产力，并智能洞察内容，例如发现违规、欺诈风险，或者对文档智能分类归档；为所有类型的内容提供安全管理，以实现即时访问，将文档连接到业务应用程序上，确保风险控制和合规，例如在应付账处理流程中，可以自动提取供应商发票的影像文件中的信息，与 ERP 系统中的采购发票信息进行对照。

使用业务规则自动化决策：从流程的历史事件中捕获业务规则，并将规则应用于流程的自动化执行和控制，以支持流程变革或调整，提高业务决策的一致性、可审计性和可预见性。

使用机器人自动化人工任务：通过记录任务来创建软件机器人，以自动化处理重复任务，替代人工，消除人工操作时因复制粘贴和数据输入导致的错误；对于精确性低的人类互动和业务处理工作，还可以创建智能聊天机器人、操作机器人智能体等，释放人力去做更高价值的工作。

监控和分析业务流程：从自动或手动流程中捕获事件和日志，以实现实时业务活动监视，收集流程相关洞察，揭示流程改进以及智能自动化的机会。

业务自动化平台的构成如图 4-12 所示。

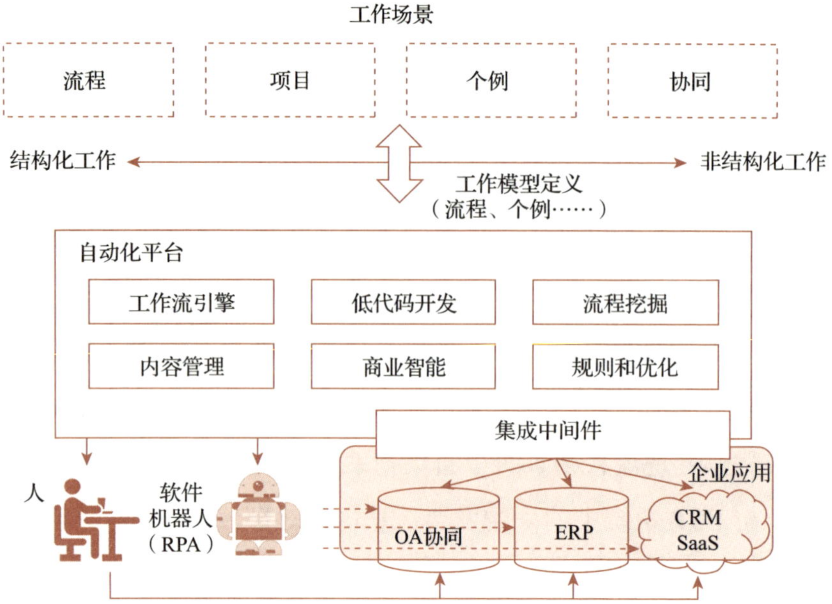

图 4-12 业务自动化平台的构成

  一个集成的业务自动化平台，可以改进业务用户和白领工作者操作日常任务的方式。最理想的情况是，公司将会从所有业务能力的自动化中获益，然而，公司并不可能使所有的业务全都自动化，许多业务仍然依赖线下人工互动来处理，如银行贷款、保险理赔、订单处理、货物或人员的移动、付款或报价。出于这个原因，业务自动化的实现一般从实施工作流开始。解决方案架构师和设计人员可以使用业务自动化平台上的功能组件，组合出如下各种自动化场景。

- 用工作流引擎来管理和执行一系列活动及任务，这些活动可能支持各种结构化的和非结构化的工作场景，这些场景既有短则几秒钟的事务处理，也有可能长达数年的项目型工作，更多的是几天到几周的一个端到端的流程，例如一个销售合同登记流程，或者对一个客户服务请求的处理。为执行流程相关的数据，可能需要在一个定制化开发的用户界面里，由用户以表单的形式输入内容。流程本身的数据是持久性存储的，用户能够随时跟踪每个流程执行的状态，管理者可以用流程仪表盘纵览企业运营情况。
- 在处理某些任务时，需要从内容管理系统调取文档信息，即前文所述的以文档为中心的业务流程管理和以人为中心的业务流程管理这两种方式的结合。在工作流中也会对文档进行修改和管理，工作流管理和内容管理之间可以建立双向连接。
- 在某些大企业里，内容管理系统可能挂接了多个在云上或者本地的企业数据内容仓库，企业自动化平台可以访问、更新这些系统记录。
- 如果流程活动的信息输入不是以表单形式呈现的结构化数据，可以通过数据捕获技术（例如 OCR、人工智能语音转文字、文档布局识别、条形码或 QR 码等）从非结构化的文档中提取数据。
- 工作流除了访问驻留在内容管理系统中的信息之外，通常还与其他企业系统和应用程序交互，交互方式可能是点对点的直接对接，也可能通过集中的集成中间件机制，例如 ESB、应用程序编程接口（API）管理，或者数据"抽取、转换、加载"（Extract，Transform，Load，ETL）机制。

- 基于简单规则的业务逻辑或者基于复杂规则的优化器可以提高业务流程的智能化处理能力。有些业务的决策可以基于企业政策或者行业法规，例如，由于航空公司的飞行员在连续飞行了一段时间后必须强制休息一段时间，所以基于该规定的决策可以用于约束飞行员的排班流程，在流程中自动调用某个飞行员的历史飞行数据，经过验证后产生排班结果，而不需要人工介入；有些业务的决策是基于计算的，例如产品配置、强制性搭配服务或者价格计算等业务，需要考虑客户等级、产品特性、区域渠道等多种因素；而基于优化算法的决策比基于简单规则或计算的决策更复杂，这种决策方式使用大数据分析、人工智能和机器学习，以目标选择和约束条件为前提求取最优解，它可以用于评估信用卡支付风险、库存水平和自动补货需求以及面向顾客的商品智能推荐等业务场景。业务事件、规则和算法需要在决策管理平台创建、管控、维护和部署，同时给流程挖掘和运营智能提供决策依据。

- 工作流可以调用和编排软件机器人，使其模拟操作人员操作键盘、鼠标、屏幕的动作来执行任务，例如将数据输入信息系统的用户界面。反之，工作流亦可通过软件机器人从外部应用程序或文档中提取数据。
- 决策服务可以直接支持软件机器人的工作，无论是基于简单规则还是基于优化决策，都能使软件机器人更智能，更适应不断变化的业务逻辑，更好地完成复杂工作。被决策服务赋能的软件机器人称为 AI+RPA，区别于简单作业的传统 RPA。
- 多个软件机器人可以分别直接操作不同应用程序的界面，通过软件机器人之间的交互，实现没有 API 的应用程序之间的连接，这也是狭义的业务自动化的含义。
- 可以利用软件机器人从文档等非结构化信息中提取内容，将其转化为结构化数据，并且重复执行任务，自动更新其他系统。例如在招聘流程中，软件机器人可以从候选人的简历文本中解析出关键词，根据招聘职位的需求进行智能匹配，它可以将简历中候选人的关键信息输入到招聘系统里，并将面试通知分别发给候选人和面试经理。
- 基于 SOA 的原则，决策服务也可以被其他企业应用软件以 REST（表述性状态转移）服务的方式调用。
- 每个业务自动化的功能组件都可以将事件信息发布到运营智能中，运营智能的大数据平台和仪表盘功能可以实时可视化展现 KPI。
- 基于企业应用程序生成的事件和日志，以及对这些应用程序的用户操作信息的抓取，流程挖掘允许业务分析人员发现流程模型，并收集对流程绩效和流程合规性的洞察，以促进基于分析的流程改进。更改流程前可以进行流程仿真，以帮助流程、决策和任务的自动化或优化。

第 5 章

流程智能

CHAPTER 5

流程挖掘是从现有的事件日志中挖掘知识以发现、
监控和改进实际流程的技术。
——流程挖掘之父威尔·范德阿尔斯特
（Wil van der Aalst）教授

回想一下我们在企业优化流程时面临的挑战——实际执行的流程往往与制度规定的流程不一致。企业根据业务设想规划的流程，可能与实际流程有着巨大的差异，但大多数企业都没有发现流程设计与流程执行两层皮的问题。这种差异不一定是因为有人故意犯错，它更可能是企业为适应不断变化的环境以及业务运营方式改进的结果。几十年来，企业一直在烟囱式的、碎片化的业务系统中构建流程和运行业务，尽管多年来企业所沉淀的流程改进方法有一定的价值，但确实无法应对这种差异所带来的挑战。

传统的业务流程梳理，在执行时主要是通过调研、访谈流程所有者和参与者，让他们描述流程中发生了什么来实现的。这个过程可能涉及白板会议、大量便利贴的使用，以及很多人的参与。虽然这个过程会有一些收获，但传统的业务流程梳理方法依赖人的观点和想法，其结果可能是主观和偏颇的。而且这个过程复杂且耗时，以至于当所有工作完成后分析结果时，流程可能已经发生了变化。

数字化时代的流程挖掘则是利用实际运行的流程在信息系统中留下的足迹大数据，通过智能算法来获得客观、完整的流程视图。管理人员和业务人员对流程的观察是实时的、自助式的，因此可以迅速采取纠正措施。并且这种观察可以持续进行，企业可通过不断深化对流程的理解来持续改进流程。

2020年，我和团队给一家金融机构做一个客户服务流程和组织优化的咨询项目，我们花了很多时间来提取现有流程，希望通过评估共性业务服务来进行与之相关的业务能力的区域共享。后来我提出了流程挖掘的解决方案思路，并且在我的公众号上写文介绍流程挖掘，这可能是国内业界最早介绍流程挖掘技术的文章。我认识到，利用流程挖掘来帮助企业进行运营优化，是数据驱动业务中实现敏捷工作的重要手段，企业方也应该以CoE等形式培养自身的流程挖掘能力。

上一章我们讨论了企业业务自动化，流程挖掘可以为企业业务自动化部署提供一份作战地图，现在新兴的业务流程挖掘厂商正在努力成为新形态的企业业务自动化基础平台，本章也将讨论这个趋势。

5.1 什么是流程挖掘

流程优化是一门管理的艺术，它基于实际运行中的企业流程展开。传统的流程优化方法需要记录和描绘流程的各个步骤，根据流程产出的数据统计结果或者流程用户的感受和反馈来识别并解决问题，我们在 2.2 节中讨论过的六西格玛的 SIPOC 模型、DMAIC 五步循环法就是典型的这样的方法。流程优化对企业来说可能是一项复杂的、精确性低的工作，近年来，流程优化方法在不断改进，流程挖掘就是其中新兴的技术手段，它可以比作业务流程的"X 光机"——以特殊的方式帮助企业透视流程实际运行的情况，找出效率瓶颈，并采取措施消除差距。

流程挖掘的工作原理是提取企业信息系统中的事件日志，并根据日志数据还原出实际的业务流程图，这个过程也被称作"流程发现""流程还原"。经过多年的信息化建设，企业的业务流程在信息系统中执行，留下了数字化足迹，有一些企业还具备了相对完整的数据平台。很多业务流程通常要跨系统、跨部门运行，由多个员工共同执行，而业务流程被数字化后，可能跨越不同的信息系统。流程挖掘从大量的企业系统数据中提取出业务在各个信息系统里的足迹数据，并用流程图来直观形象地呈现流程中各节点在实际执行中的流转情况。一个流程实际运行的情况可能与该流程最初定义的方式相符，也可能不相符。流程往往会随着时间的推移而变化，无论曾经有多么周详的规划，流程执行都可能偏离轨道，并且随着时间的推移，路径中的偏差可能成为常态。除此之外，新产品线的出现、企业的变化、市场的变化以及其他因素的变化都可能强行引发流程变化，从而影响现有流程的效率。企业是否能高效地更新和优化流程，取决于它对流程执行的了解和实时监控是否到位。

流程挖掘技术并不新，它的原理和算法最早出现时距今已经有20多年了。近年来，流程挖掘迅速升温的主要推动力来自企业数字化发展到新阶段后所产生的应用需求，这些需求使流程挖掘技术取得了快速发展，举例如下。

- 流程挖掘算法的质量在适应度、简单性、泛化性、精确性等方面有很大提升，流程语义更完整，使算法还原出来的流程模型更准确。
- 通过整合流程事件数据，支持跨组织、跨系统（CRM、ERP等多个系统）、跨业务领域（例如采购到支付、订单到收款等端到端流程的业务领域）的流程整合。
- 实现流程事件数据和业务数据的底层融合，从而为分析和预测流程变化对业务指标的影响提供支持。

流程挖掘是一种利用大数据、人工智能来自动产生流程模型的技术，它的优势如下。

- 客观性：流程挖掘提供了基于事实和实际数据的洞察，企业可以审计和分析这些数据以改进现有的流程。
- 效率和准确性高：流程挖掘取代了更费力、复杂、主观的人工流程研究，前者效率更高、成本更低，并提高了结果的准确性。
- 避免系统分裂和替换：流程挖掘以无侵入的方式对企业现有的信息系统展开操作，可以将其视为IT基础设施外的"包裹层"。

流程挖掘可以支持企业既有的业务流程管理思想，利用数据科学来实现更智能的分析性、预测性的流程管理，流程挖掘和流程管理的关系如图5-1所示，智能化流程管理的应用场景如下。

- 为流程运行的效率、质量、成本等卓越运营因素提供洞察。
- 识别流程的瓶颈环节,例如产能、供给。
- 验证流程变革的假设,在投入实施流程变革举措前进行仿真模拟。
- 预测流程问题或者流程进展状态,例如,一个订单交付流程现在进展到什么状态了,还需要多少时间能交货?一个进行中的保险理赔请求还需要多少时间能处理完?
- 发现流程违规情况,识别风险因素,例如,有多少采购收货和发票处理缺失了之前的采购请求提交和审批记录?
- 分析并为业务策略优化提供建议,例如有多少紧急订单需要交给外协工厂生产?下个月产能有多少还没利用足,怎样优化产能?
- 发现流程简化和优化的机会,例如,新的设备维修处理流程和旧的相比,平均设备停机维修时间减少了多少,可靠运行周期提升了多少,还有多少改进空间?

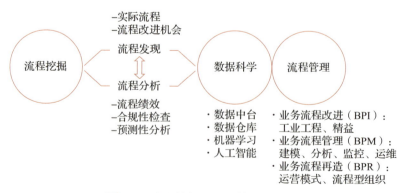

图 5-1 流程挖掘和流程管理的关系

5.2　流程挖掘的应用

流程挖掘的第一步是获取流程数据，业务流程中的一个活动在信息系统中处理了一个业务对象后，业务流程路径上就会形成一个瞬间停留点，该活动同时也在信息系统中留下了一个足迹，而发票处理、服务工单处理、外卖下单、店家接单、快递转运等事件的数字足迹就是事件日志数据。事件日志中包含了什么样的信息呢？每个单独事件至少有如下三个重要的流程相关数据。

- 案例 ID：这是被操作的业务对象唯一的标识符，每个流程案例都有一个案例 ID。
- 活动：描述了案例经历的流程活动，即流程用户的行为。
- 时间记录：记录了案例在流程中经历各个活动的确切时间。

流程挖掘的原理如图 5-2 所示。

在含有时间戳的事件日志中，企业可以找到许多关于流程每个步骤及每次偏差的详细信息。例如，可以从信息系统的采购订单（PO）处理流程中，提取到订单创建、审批、执行和发送等事件及其发生时间。除了案例 ID、活动和时间记录这三个主要流程相关数据外，许多事件日志还包含更多业务的详细内容。例如，采购订单流程的事件日志可能会记录涉及的供应商具体信息，如果是报销审批流程，其事件日志可能包含金额以及其他信息。流程挖掘工具有多种方法可以获取这些数据。简单的方法是从事务处理信息系统中导出一份逗号分隔值（CSV）格式的事件日志文件，然后再将文件导入流程挖掘工具中；而最理想的方法是将流程挖掘工具链接到业务信息系统数据库或者企业数据平台上，获取实时数据，这样可以不断同步最新的流程数据。

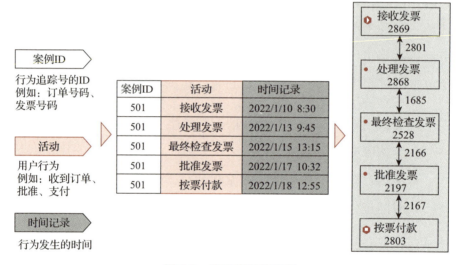

图 5-2 流程挖掘的原理

流程挖掘的第二步是利用获取的流程数据，用算法来还原出按照时间顺序排列事件的实际流程，并通过可视化的流程图直观呈现。一个流程会被反复操作，每次操作形成一个流程案例，因为通常有不止一种路径来完成某个业务，所以每个案例可能走一样也可能走不一样的路径。流程挖掘工具用所有案例的事件日志数据还原出端到端的流程图，将所有案例的路径叠加在一起，揭示出流程中所有路径的变化，有些人因此把用流程挖掘形成的、被发现的流程模型叫作流程的"数字孪生"。

企业设计的流程可能如图 5-3 中左边的流程图所示,并且企业希望这是最常见的路径,然而当有足够多的路径和偏差时,全流程图(图 5-3 中右边的流程图)看起来像一盘缠绕在一起的面条。

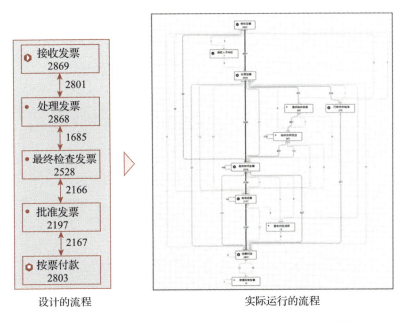

图 5-3　运用流程挖掘来发现实际流程运行路径(示例)

流程挖掘需要用算法在事件日志数据与流程模型之间架起桥梁,这些算法可以利用事件日志输出可视化的流程模型,比如符合 BPMN 2.0 这个流程模型事实规范的流程图。流程挖掘算法属于人工智能的一个领域,它需要从简单、海量、纷繁复杂的事件日志数据中理解流程步骤之间的顺序和因果关系,处理流程中的并发现象、数据噪音、相似度识别、复杂路由结构、事件频率、长距离依赖关系、聚类合并等，从而生成可视化的流程图。这就像 GPS 导航根据定位数据就能计算并绘制出路线，并判断出移动物体是自行车还是汽车。目前这类算法的成熟度在学术上还在持续发展中。

流程挖掘的第三步是分析流程。流程的路径变化可能会对业务绩效产生显著影响，利用流程挖掘工具可以深入探究流程效率低下的原因，发现如下常见的问题。

- 流程中的瓶颈在哪里？
- 是什么原因导致一些案例执行延迟？
- 哪些资源超载？
- 哪些活动最常被跳过？
- 哪些资源会产生偏差？

对于不标准的流程路径或低效率的流程，流程挖掘有助于开展定量分析并运用人工智能技术来帮助识别低效瓶颈，业务人员因而能够定量地验证或者自我探索如下的流程改进假设。

- 这种特定的路径是如何影响某个流程 KPI（比如运营成本）的？
- 自动化如何缩短流程周期时间？
- 流程中自动化步骤的百分比是多少？
- 遵循既定流程的案例占多大比例，不遵循既定流程的案例占多大比例？

以应付账款流程为例，一项研究发现，处理每张发票的平均成本为 17.42 美元，而表现最好的公司只用花费 6.84 美元就能达到同样的效果。如果企业对自己的实际流程有清晰的了解，能找出降低每年处理成百上千张发票的成本的方法，就会实现巨大的费用节降。在应收账款流程中也有类似的研究。某机构对欧洲市场的调研结果显示，企业平均应收账款天数为 29.9 天，而标杆企业的这一数值仅为 8 天，这意味着如果进行流程改进就能够极大提高运营资本的周转率。流程挖掘工具可以帮我们比较不同维度（例如不同团队、不同业务单元或不同地区）下的流程执行情况，进行流程绩效对标，找出优秀的流程执行者或识别流程的问题点，继而将分析后得出的经验教训、最佳实践和解决方案提供给企业整体运营体系。图 5-4 展示了运用流程挖掘工具分析和比较两个地区处理发票所需时间的差异的结果。

流程挖掘的第四步是流程挖掘的应用，最常见的方式是一致性检查（conformance checking）。当企业在有理想或计划的流程路径的情况下，又通过流程挖掘得到了实际被执行的流程路径以及全面可衡量的流程偏差时，可以通过一致性检查来衡量实际流程符合预期流程的实例的占比或者是偏差的占比。偏差可能造成时间、成本、效率、质量方面的问题，也可能带来企业内控的合规风险。企业如果已经有相对完善的 BPMN 2.0 或者遵循其他流程建模规则的流程模型，就可以将真实数据与流程模型做对比，类似于全量样本的穿行测试。

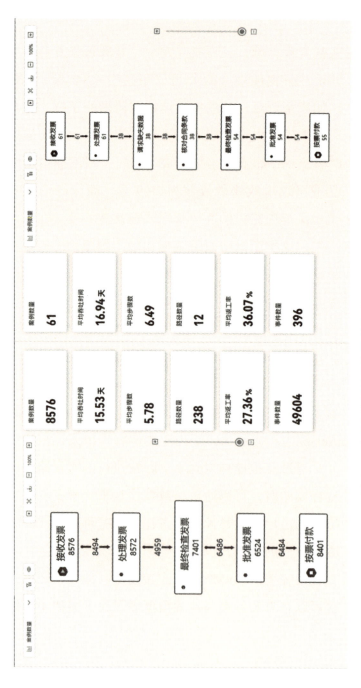

图 5-4 对两个地区处理发票所需时间的流程分析和比较

目前流程挖掘在企业的应用领域除了流程架构师在开展流程优化时进行流程洞察、模拟外，还有利用一致性检查来支持合规性审计（无论是内部审计还是外部审计），如图5-5所示。在现实中，大多数流程偏差可能都是违规行为，会造成公司的财务损失，因此公司对于识别未计划的流程过程并引入适当的预防性措施来纠偏会非常感兴趣。例如，我们对某家企业的发票付款流程进行挖掘后发现，理论上采购订单应该在供应商送货及递送发票前就发给供应商，但某企业实际上经常出现供应商已经送货，发票也递交过来了，采购人员才在系统里补采购订单的现象，这种流程偏差可能就指出了潜在的内控方向。

流程挖掘还可以应用于对企业数字化转型的规划。随着企业上云和业务自动化的需求深入，使用流程挖掘可以发现现有的企业信息系统（例如ERP、CRM等）中究竟存在哪些实际运行的流程以及它们的运行情况如何，企业从而可以决定如何将这些流程无缝迁移到云平台上。此外，通过流程挖掘还可以发现哪些流程环节和工作任务中存在手工操作、信息断点或者效率瓶颈问题，企业对此可以采用流程自动化手段（API集成、RPA等）来实现超自动化。可以说流程挖掘是企业上云和部署业务自动化必不可少的智能规划工具。在流程挖掘的发源地欧洲，大多数流程挖掘厂商都是从ERP生态里成长起来的公司，它们最初主要的挖掘对象都是SAP ERP系统里的流程，而SAP ERP作为很多大公司的核心系统，目前面临着上云甚至在云平台上重构应用的挑战，这使流程挖掘成为ERP上云的必备工具。

342　业务流程：穿越从概念到实践的丛林

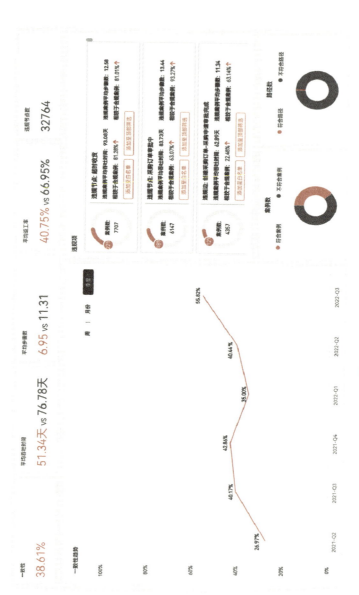

图 5-5　流程一致性检查

流程挖掘的第五步是和商业智能结合使用，主动为业务导航，支持业务决策。商业智能对企业信息系统处理业务所产生的信息进行分析，以可视化、可交互的方式展现企业业务的分析结果。有些企业的"领导大屏"就是一种商业智能形式，其用户是企业高层和业务管理者，这可以辅助他们的业务决策，从而改善业务结果。很多企业领导喜欢既关注结果，又关注过程，流程挖掘恰好能满足这个要求。

　　流程智能与企业数字化的关系就像 GPS 导航仪与驾驶的关系。过去没有 GPS 时，只能依靠纸质地图规划路线，开车过程中靠肉眼观察，这就像企业数字化中的手搓模型。现在几乎每辆车都配备了 GPS，行驶路线在驾驶过程中清晰可见。就如同每辆车都要装个 GPS 一样，每个企业都需要采用流程智能，以清晰了解自身业务实际运作状况，知道自己在业务流程这条路上走到哪里了，是不是走对了，下一步要走向哪里。商业智能则相当于车里的仪表盘，展示速度、油量等行驶时需要参考的自身状态信息。今天我们开车时面前有仪表盘和 GPS 导航仪两个指示工具，随着企业数字化的深入，未来管理企业也应该有商业智能和流程智能相结合的双显示工具，流程智能可以支持商业智能的预测性分析。

　　商业智能和流程智能并存的情况如图 5-6 所示。

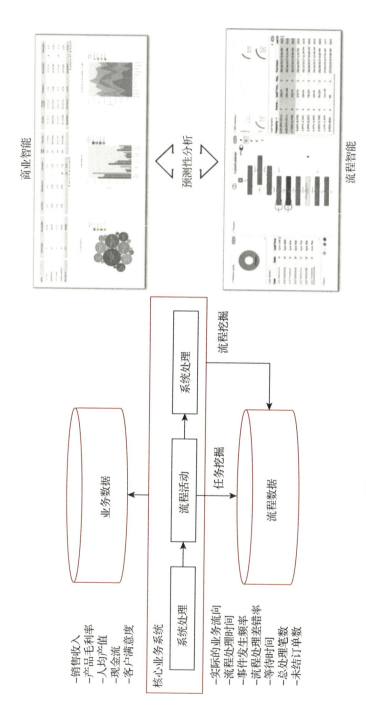

图 5-6 两种业务分析并存：商业智能和流程智能

5.3 任务挖掘

到目前为止，业务人员们可能会想，流程挖掘听起来当然很棒，但是那些发生在业务系统之外的流程或活动怎么办呢？它们是没有事件日志可以利用的，那就什么都不能做了吗？在"把大象放进冰箱里"的活动中，如果冰箱是个信息系统，那么它可以记录冰箱门什么时候开，什么时候关，但我是什么时间点"拿起"大象的，它就不知道了。任务挖掘就是用于解决这个问题的。任务挖掘技术可以收集用户桌面活动数据以及其他一切可能被数字化的行为，它与流程挖掘一起，可以帮助企业尽可能获得展现流程运行情况的最全面、最深入的视图，最终支持业务自动化的实现。

如前文所述，事件日志可以告诉企业采购订单何时被创建、批准以及何时完成和发送，但它并不包含执行这些工作需要在电脑桌面进行的相关操作。例如，有员工填写了采购订单，核对金额，并将收据与发票匹配。这个活动发生在处理采购订单的系统之外，但对于理解采购订单过程非常关键。任务挖掘会将这类活动考虑在内，并可以增加一些额外的见解，比如员工需要花费大量时间通过电子邮件找到完成采购订单任务所需的所有信息。任务挖掘和流程挖掘的关系如图 5-7 所示。

流程挖掘的数据源是系统里的事件日志，而任务挖掘的数据源主要来自用户作业端的操作足迹。任务挖掘的原理是在用户的电脑桌面上安装一个录屏"监控器"，当员工执行任务操作计算机系统界面时,"监控器"可以对用户和系统的界面交互行为进行捕捉和智能分析。这需要一些巧妙的技巧和技术,例如可以从扫描文件中提取文字的 OCR 技术、视频识别等物联网技术。这些技术结合自然语言处理(NLP),基于机器学习算法来理解员工在桌面上的操作,并找出影响业务结果的模式,任务挖掘的具体机制如下。

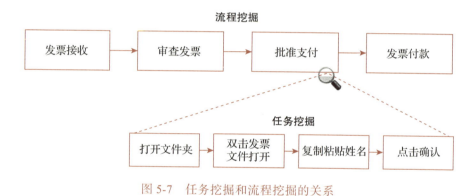

图 5-7　任务挖掘和流程挖掘的关系

(1)捕获数据:主要是捕捉鼠标点击、键盘输入、窗口切换、滚动、屏幕截图和其他动作的电脑桌面操作动作的数据,以及各个动作的时间戳,以创建关于用户活动级的事件序列。

(2)添加业务背景:这就是 OCR 起作用的地方,收集屏幕上的所有文本和数字,根据用户执行的命令、使用的工具、操作的频率等,形成对用户任务的描述,将正在发生的事情添加到业务上下文背景中。例如,当监测到用户在操作供应商信息和海关信息时,人工智能可以判断这应该是一个进口采购的任务。

(3)活动聚类:利用 NLP 和人工智能技术理解每个动作,并将动作聚类为它们所属的某个概括性的活动，例如"查找订单上的供应商信息"。

（4）匹配业务数据：基于已经识别的动作信息（可能包括常见的操作顺序、特定工具的使用习惯等），使任务挖掘软件能够将用户正在做的事与企业信息系统中的特定业务数据进行关联，发现用户在执行任务时的模式和规律，让企业真正理解动作是如何影响业务结果的。

（5）任务模型构建：基于挖掘到的模式，识别和描述用户执行的具体任务，这有助于理解用户是如何完成特定工作的。构建任务执行的模型可以更好地理解和可视化用户的操作流程，它可以是一个任务级流程图或者以其他形式呈现，这有助于组织理解和改善用户互动体验，提高操作效率。

（6）任务挖掘和流程挖掘相结合：任务挖掘的目标是理解用户在数字化环境中的工作流程，从而改善系统设计、用户界面和工作流程，最终提高业务流程的效率、质量，实现流程自动化。

还记得第2章提到的流程改进的鼻祖、研究建筑工人砌砖动作的弗兰克·吉尔布雷思的"工作简化"吗？今天的任务挖掘和流程挖掘与其思想是一脉相承的，只是被研究的工作从砌砖墙变成了敲键盘，由管理大师来观察工人活动变成了由人工智能来分析员工活动，但是其目的都是通过活动的简化、标准化来优化并自动化组织的流程。

前文提到流程挖掘是企业上云和部署业务自动化的规划工具，而任务挖掘则是为了发现潜在的业务自动化机会（包括确定适合使用 RPA 的任务，或者发现可以通过 API 连接外部系统或集成服务以实现数据交换或者系统间互操作的机会）——通过分析员工在计算机桌面上的数字足迹，任务挖掘可以揭示业务流程中的重复性和规则性任务，这些任务可能是 RPA 的理想候选应用对象。例如，任务挖掘发现员工经常在电子邮件系统和电子采购系统之间复制、粘贴信息，那么就可以设置一个 RPA 来自动操作这个过程，或者用 API 来集成这两个系统。

流程挖掘和任务挖掘是两种不同的技术、算法，它们的业务关注点不同，但是又有高度的相关性。这两个领域在过去五年都出现了很多创业公司，其中流程挖掘和传统 BPM 厂商多在一个赛道里合作并出现融合的案例，任务挖掘则大多和 RPA 厂商在一个赛道里融合，而这两个赛道目前又在业务自动化的大趋势下出现合流的趋势。

5.4 流程智能的发展

流程挖掘是从学术界产生，后来被发现商业应用价值的技术。20 世纪 90 年代，业务流程管理系统和工作流管理系统逐渐受到关注，这些系统能够捕获 ERP 等企业信息系统的事件日志，为流程挖掘的研究提供数据基础。荷兰埃因霍温技术大学威尔·范德阿尔斯特博士及其团队利用德国数学家卡尔·亚当·佩特里发明的离散并发系统的建模方法"佩特里网"开展了一系列业务流程建模、工作流管理的流程管理科学研究，提出了最早的流程挖掘算法（可以输入事件日志，输出佩特里网模型），并且首次使用了"流程挖掘"这个词。2000年后，流程挖掘逐渐扩展到更复杂的流程拓扑和流程场景，算法也更加先进，输出的流程模型更准确、可读性更好，因而流程管理领域开始出现以模型驱动向以算法驱动转型的趋势。

BPM之父舍尔教授在20世纪80年代末发明的流程工程模型中就提出了流程数据分析和流程监控的概念。2002年，高德纳公司提出了业务活动监控（Business Activity Monitoring，BAM，即以业务流程里的活动为对象，以仪表盘的形式来监控、分析流程活动数据）的概念；和佩特里网方法接近的离散事件动态分析技术（比如"复杂事件处理"，简称CEP，该技术可被理解为，系统接收到三个事件：教堂钟声响了、一个穿着黑色礼服的男人和一个穿着白色礼服的女人走出教堂、纸花在空中飞扬，系统根据算法推断出这个复杂事件——婚礼）在21世纪初开始应用于运营智能、政府情报分析、股票交易、金融反欺诈等领域；利用事件日志的大数据进行分析的软件也于21世纪初出现在企业IT系统的性能监控分析领域。这些和流程挖掘相近的技术和应用理念，都推动了流程挖掘技术的产生。

威尔教授是当今全世界最有影响、论文被引用次数最多的计算机科学家之一，2004年，他的团队发布了首个流程挖掘开源软件ProM，随后市场上开始出现商业化流程挖掘软件。为了解决流程挖掘技术发展中流派众多、标准不统一的问题，2009年威尔教授倡导电气电子工程师协会（IEEE）发起了一个非营利组织"流程挖掘工作小组"，起草了一系列流程挖掘相关的技术规范和准则，形成了开放的事实性行业标准。在流程挖掘工作小组发布的《流程挖掘宣言》中阐明了几种主要的流程挖掘应用：流程发现、一致性检查、差异分析、绩效挖掘等，奠定了流程挖掘软件的市场方向。

随后几年，流程挖掘在欧洲逐渐兴起。出现了 Celonis、Fluxicon、ProcessGold 等商业软件公司，欧洲大企业如西门子、博世、飞利浦等，都开始使用流程挖掘来支持流程优化。流程挖掘也成为分析 ERP 流程的标配。2018 年后，在企业数字化转型和上云的趋势下，传统的 SAP ERP、Oracle ERP 核心系统面临着新一轮升级换代的浪潮，许多大型软件商开始注意到流程挖掘的价值。在接下来的两年中，微软、SAP、IBM 等企业级软件大厂，以及 UiPath、Automation Anywhere、Appian、iGrafx 等 RPA 和 BPM 厂商纷纷收购了市面上绝大多数的独立流程挖掘公司，流程挖掘一下子由一个创业公司市场变成了成熟软件商竞争的领域。这也使具有良好的产品力和市场运营能力的 Celonis 在流程挖掘软件市场一枝独秀，2021 年其估值达到了 110 亿美元，成为欧洲估值最高的独角兽软件公司，在中国市场上带动了一轮流程挖掘创业热。

中国的大企业从 2000 年起开始流行 ERP 系统，然而画在业务蓝图里的流程图和实际运行的流程"两张皮"的问题一直困扰着中国的企业管理者。十多年前，市场上一度有一种说法：企业可以使用 BPM 系统来进行业务流程建模，然后通过 BPM 系统和 ERP 系统之间的中间件实现 BPM 系统里的流程模型和 ERP 系统配置的打通，这样不仅可以用 BPM 系统里的流程模型来驱动

ERP 系统中的数据标准和流程执行，而且还能做到当流程有变化时，只要调整了 BPM 系统里的流程模型，就能自动改变 ERP 系统配置。尽管这种方案在技术上并非完全不可行，但是这种从流程到系统的正向的、模型驱动的系统工程模式会受到企业业务成熟度、技术可行性等诸多限制，实际上很难实现。而流程挖掘恰恰是一种从系统到流程的反向的、算法驱动的系统工程模式，能够从分析的角度来解决业务和系统"两张皮"的问题。2020 年之前，国内没有专门从事流程挖掘的专业人士和企业，仅有个位数的大企业尝试了国外的流程挖掘软件。最近两年，国内开始出现流程挖掘软件公司，相信这会对中国企业的 BPM 和 ERP 应用带来极大改变。

流程挖掘进入商业应用领域的时间不长，经过发展，这一技术目前产生了以下五个走向。

1. 经典流程挖掘

经典流程挖掘的最大的价值是为企业提供完全的流程透明度，其应用场景有两点：流程分析和一致性检查。如果将企业比作人类，经典流程挖掘就是医院里的 X 光机。

2. 业务自动化

经典流程挖掘能让用户看到实际流程，但没有办法从流程挖掘界面直接指挥、调度和执行流程。上一章我们讨论了业务自动化，BPM

里的流程模型是流程自动化的路径基础,通过 RPA 或 API 可以沿着数字化流程路径将 ERP 等业务执行系统连接起来,同时 BPM 平台上的规则和决策引擎将引导流程沿着路径上的复杂决策的逻辑走。

流程挖掘技术则提供了另外一种自动化思路,它用反向流程建模的流程挖掘平台来代替传统正向流程建模的 BPM 平台,利用流程挖掘的结果来判断、预测某个流程活动结束后的下一个步骤,然后用 RPA 或者 API 自动将流程进行到流程挖掘平台所预测的步骤,实现业务流程发现问题、解决问题的闭环。传统 RPA 的局限性是当用户界面发生变化时,这个用户界面的 RPA 就不能用了,因而业务自动化理想的方式是利用 API 或者类似的程序接口方式将流程指令和业务执行系统进行深入连接,这样既可靠,便于维护,也可以处理复杂业务逻辑,尤其是在与对 SAP、Oracle、Salesforce 等大型系统的服务调用相结合时。例如,流程挖掘平台发现 ERP 里未交订单信息积压过多,分析原因后,自动发邮件通知供应链部门或者销售部门去处理。基于以上思路,流程挖掘领域的领先厂商 Celonis 提出了执行管理系统的概念,如此一来,流程挖掘除了起到 X 光机的作用,还起到了医生的作用——X 光机发现问题,医生就能直接针对问题"做手术",流程挖掘甚至还能自动地触发"手术准备"。图 5-8 解释了四种业务自动化模式的应用前提。

执行管理系统之于传统流程挖掘的进化体现在它可以实时接入企业的生产数据库,以增量的方式读取企业业务系统里的实时数据,根据流程运行的情况,借助人工智能来做出对流程下一步动作的推荐，由人员在可视化流程界面下达工作指令，通过 API 或者调动合适的 RPA 来执行业务系统里的标准流程步骤，后续根据流程实际执行的绩效来积累改进经验，持续优化流程。

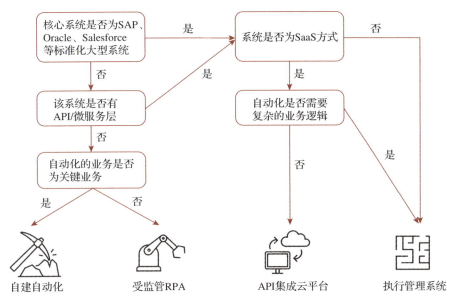

图 5-8　四种业务自动化模式的应用前提

3. 流程资产管理

20 世纪 90 年代末 SAP ERP 刚上市时，曾经和流程建模工具 ARIS 有紧密合作，实施 SAP ERP 时推荐使用 ARIS 来做流程建模，这种"先流程建模，后系统落地"的正向建模方式已经成为欧美大企业多年的习惯。最近这些年全球大企业的 SAP ERP 向 SAP S/4HANA 升级迁移的过程中，利用流程挖掘来分析流程模型从而制定迁移策略的做法使流程模型管理再次达到新的高度。而中国的现实情况是工业化和信息化的历史都较短，企业信息系统实施和运维的过程大都很粗糙，大量系统和业务流程涌现出来，又很快被更新的所取代，没有留下流程模型的资产，所以很多中国企业的现状是有无数使用中的数字化应用，但是没人明白流程是怎么跑的。在这种情形下，可以通过流程挖掘来从现有信息系统萃取出流程资产（不仅有流程图形式的流程模型，还有流程 KPI、人员角色、组织结构、权责分配、标准操作规程等信息），这些流程资产以结构化的方式被管理，并且与企业信息系统的业务数据实时联通，从而能够有效地洞察流程绩效，控制流程版本，如图 5-9 所示。

4. 流程数字孪生的应用

运用流程挖掘技术所形成的动态流程模型是对现实世界流程事件的复制，流程挖掘技术解决了人工创建的静态流程模型不能反映业务流程实际执行情况的问题，但是流程挖掘技术也存在一定的局限性。由于生成流程模型的数据仅仅来自处理流程事务的事件日志，而不涉及该业务发生时真实世界的场景信息（宏观的场景信息如物流运输行业可能受到天气和社会活动的影响，房地产业可能受到利率的影响，零售业可能受到季节变化和促销因素的影响等；微观的场景信息如企业供应链交付流程的效率下降可能是生产设备检修的原因，也可能供应商的问题），因此单纯的流程挖掘还不足以对流程进行准确的动态分析、预测优化。

第 5 章 流程智能 355

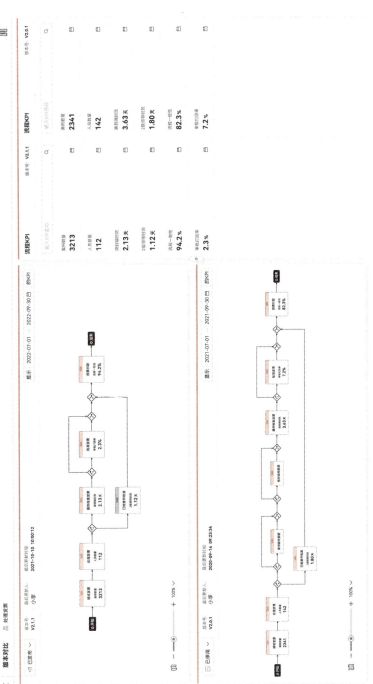

图 5-9 流程版本和流程绩效监控

如果我们把流程发生时真实世界里的多个场景数据源整合到流程里，就形成了更具有场景视角的流程模型，即"流程数字孪生"，它可以用来仿真、监控、预测和操纵流程。流程仿真技术已经有较长的历史了，传统上采用系统动力学、离散事件、组织行为仿真等数据科学来模拟制造、物流、客户服务等运营流程，以及公共安全、流行病控制、社会运行等宏观环境动态。当把这些技术和流程挖掘相结合时，就能基于流程模型来进行业务预测和优化。

我们以某消费品企业的供应链优化预测为例。该企业从工厂、物流中心、区域配拨中心到经销商门店存在非常复杂的物流网络。通常，供应链设计优化的重点是仓网规划，即根据产品类别合理设置库存地点、运输路线等。然而在仓网设计既定的前提下，不同的运输路线（即不同的流程）有不同的交付周期期望值，当渠道经销商向工厂订货时，如何根据交货周期的动态预测来优化订货时间点，使从工厂到仓库的准时性最高，从而提高库存周转率，降低仓储费用？

我们可以基于历史订单以及运输数据，利用流程挖掘技术，还原从订货到收货的端到端物流运输流程，再结合业务场景的数据（例如零售终端销售数据、天气数据、节庆数据、不同商品的订货批量要求等），建立起这个流程的数字孪生，针对各种影响因子来做流程预测，例如，促销活动、订单量、降水量变动可能会对物流交付事件造成什么影响？

如果有一个关键工具能够将向工厂下单的时间推迟一天，而不影响门店库存可用性的话，就将给仓储成本带来大幅节降。决策工具的下单策略，可类比为你开车出门时，会先打开 GPS 导航仪看看系统推荐的多条可行路线，GPS 导航仪会根据不同路线的环境情况告诉你选择各路线所需的行驶时间，然后你选择一条最符合你偏好的行车路线出发。

5. 业务智能体

使用人工通用智能（Artificial General Intelligence，AGI）来驱动业务执行，可类比为无人驾驶汽车。传统人工智能是指机器通过分析数据、学习趋势、模式、规律，形成接近人类的归类、分析和推理能力；而人工通用智能是指"智能体（或称智能代理）"感知环境、做出反馈、理解或学习人类所能完成的任何智力任务的能力。

流程是一种结构化的工作过程，就像是有板有眼的一套拳法，而业务智能则指由事件来驱动智能体自动执行任务的过程，智能体得心应手，不需要预先定义的操作脚本，它能根据对人类提出目标的认知和自己的智力来"出招"，达到"无招胜有招"的境界。过去一年来，"生成式人工智能"大火，设想一下，如果人工智能根据你的提示不是生成一段文字或者一张图片，而是生成了一项任务，这个数字化任务接下来可以调用信息系统或者物联网的服务，而且你可以和人工智能进行持续对话，这就构成了为达成目标而执行的"生成式流程"。

业务流程颗粒度可粗可细，人类提示给智能体的目标可能是

"我要让公司明年利润增长 10%",也可能是"请给昨天下订单的最重要的客户发货"。人工智能根据通用知识、企业环境等已有知识对目标进行分解,明确所需的行动和任务,并自动驱动任务在 IT 系统中执行,在执行中检查完成情况,智能制定优化策略,或者根据人类对其执行情况的反馈来持续迭代任务,最终达成所设定的目标。与企业相关的各种内部和外部的规章制度、业务流程等,都是训练基于通用大模型的人工智能形成特定企业知识的材料,因而流程挖掘的终极价值是积累企业知识,最终的业务执行要交给人工通用智能去处理。业务自动化的发展方向是业务智能体,今天,在处理数字化流程方面,已经出现了一些业务智能体的原型应用,其架构的特点如下。

- 和多种通用大模型有标准化的接口。
- 能够生成和管理与大模型交互的提示(prompt)。
- 具有对决策过程和行动任务的记忆。
- 利用 AI 来操纵机器人执行任务。
- 管理任务链的生成和迭代。
- 集成部署云平台上的各种服务。
- 集成其他各种互联网服务(例如搜索)。

写在后面

感谢读完本书，最后我还有几句话想送给本书的读者。

对 CEO 的建议：

1. 流程不但是管理制度，而且是工作文化。
2. 流程管理始于业务设计，终于任务设计。
3. 开展业务流程变革不要想着一次就能把大海煮开，要在企业内特定的业务领域按项目进行。
4. 业务流程管理是长期的基础性工作，需要企业积累能力，建立企业级的流程治理机制。
5. 流程管理必须依靠信息技术，它是工程化的管理活动。
6. 业务流程是企业资产，要持续对其投资，企业也会因此持续获得收益。

对流程工作者的建议：

1. 既要做流程管理的技术专才，又不能成为自满于流程技术的老夫子。

2. 要做企业全部或部分业务领域的知识的通才，成为业务领导的伙伴。

3. 跟随领先企业的最佳实践和行业标准。

4. 与战略、财务、人力资源、IT等企业管理领域的管理者一样，流程管理者的职业成功也需要很强的横向领导力。

5. 大型企业可能存在细分的流程管理职位，如流程架构师、流程工程师等，而在中小型企业里不可能有规模化的流程管理组织，其流程工作者需要成为全才。

参考文献

[1] ELZINGA D J, GULLEDGE T R, LEE C. Business process engineering: advancing the state of the art [M] Norwell: Kluwer Academic Publishers, 1999.

[2] DAVIS R, BRABÄNDER E. ARIS design platform：getting started with BPM [M] London：Springer-Verlag London Limited, 2007.

[3] KIRCHMER M. High performance through business process management：strategy execution in a digital world [M] 3rd ed. Cham: Springer International Publishing AG, 2017.

[4] ROSING M, SCHEER A-W, SCHEEL H. The complete business process handbook：Body of knowledge from process modeling to BPM, volume1 [M] San Francisco: Morgan Kaufmann, 2014.

[5] DUMAS M, ROSA M, MENDLING J, et al. Fundamentals of business process management [M] 2nd ed. Heidelberg: Springer-Verlag GmbH, 2018.

[6] HARMON P. Business process change: a business process management guide for managers and process professionals [M] 4th ed. San Francisco: Morgan Kaufmann, 2019.